Christian Jakubetz lebt als Autor, Dozent und Berater bei München. Seine journalistische Laufbahn führte von Tageszeitungen über das ZDF und N24 bis zu SevenOne Intermedia.

Christian Jakubetz

Crossmedia

UVK Verlagsgesellschaft mbH

Praktischer Journalismus
Band 80

Bibliografische Information der Deutschen Nationalbibliothek
Die Deutsche Nationalbibliothek verzeichnet diese Publikation in der
Deutschen Nationalbibliografie; detaillierte bibliografische Daten sind
im Internet über http://dnb.ddb.de abrufbar.

ISSN 1617-3570
ISBN 978-3-86764-044-2

© UVK Verlagsgesellschaft mbH, Konstanz 2008

Einband: Susanne Fuellhaas, Konstanz
Einbandfoto: iStock International Inc.
Satz: Claudia Wild, Stuttgart
Lektorat: Christiane Kauer, Bad Vilbel
Druck: fgb · freiburger graphische betriebe, Freiburg

UVK Verlagsgesellschaft mbH
Schützenstr. 24 · D-78462 Konstanz
Tel.: 07531-9053-0 · Fax: 07531-9053-98
www.uvk.de

Inhalt

Vorwort

Es ist schon etliche Jahre her: Damals, als ich die Deutsche Journalistenschule besuchte und noch keinen Gedanken daran verschwendete, sie eines Tages zu leiten, stand ich am Ende der Ausbildung vor einer schwierigen Entscheidung: Sollte ich Zeitungsredakteur werden – oder doch lieber Radiomann? Ich hatte Angebote aus beiden Medien, beide begeisterten mich, jedes auf seine Art. Eines allerdings war klar: Zeitung und Radio zusammen, das würde nicht gehen, es musste also eine Entscheidung her.

Dieses Entweder-oder erscheint uns heute fast unvorstellbar. In Zeiten, in denen Journalisten ganz selbstverständlich sowohl Texte schreiben als auch Videos oder Audios produzieren, wirkt die frühzeitige Festlegung auf eine ganz bestimmte Mediengattung wie ein – nicht einmal sehr liebenswerter – Anachronismus. Noch dazu, da schon damals, als noch kein Mensch an Bits und Bytes, an Internet, DSL und W-LAN dachte, die Deutsche Journalistenschule nichts anderes machte als das, was heute lautstark gefordert wird: Journalisten trimedial auszubilden. Ich hätte also schon damals das nötige Handwerkszeug parat gehabt, um sowohl für eine Zeitung als auch für das Radio oder das Fernsehen zu arbeiten. Nur, dass das damals überhaupt nicht zur Debatte stand.

Bevor ein Journalist seinen endgültigen redaktionellen Bestimmungsort erreichte, musste er also bisher eine schwerwiegende Entscheidung treffen. Es ging um eine Weichenstellung, die nicht immer, aber häufig die Richtung für das ganze Berufsleben vorgab: Print? Radio? Fernsehen? In was für einer Redaktion soll der Schreibtisch stehen? Ein Journalist war demnach nicht einfach einer, der Inhalte für Medien erstellt hat, sondern einer, der sich immer auch sehr stark über ein Präfix definierte: Zeitungs-Journalist. Radio-Journalist. Fernseh-Journalist.

Mit der Digitalisierung und dem Erstarken von Online-Medien hat sich dies massiv geändert. Nicht nur, dass mit »Online« ein neues Präfix für den Journalisten hinzugekommen ist. Vielmehr ändert sich gerade unser komplettes Berufsverständnis. Wir erleben, wie es immer selbstverständlicher wird, dass der Journalist erst einmal nur Journalist ist, ganz ohne einleitende Mediengattung am Wortanfang. Dass seine primäre Aufgabe es ist, sich zunächst mit Inhalten zu beschäftigen und dann erst mit der Plattform, die er zu bestücken hat.

Muss man das bedauern? Es hat in jüngster Zeit immer wieder kritische Stimmen gegeben, Warnungen, die inhaltliche Qualität gehe den Bach runter, sollte aus dem gut ausgebildeten und auf ein Medium spezialisierten Journalisten plötzlich die viel bemühte eierlegende Wollmilchsau werden. Und in der Tat muss man solche Einwände sehr ernst nehmen: Wenn Unternehmen Crossmedia, multimediales Arbeiten aus einer Hand nur als Mittel zum kostensparenden Zweck wahrnehmen, dann ist absehbar, dass dies nicht gut gehen wird. Vielmehr dürften wir dann einen ziemlich unverdaulichen Mix aus Inhalten erleben, die von Journalisten erstellt werden, die vieles ein bisschen, aber nichts richtig gut können. Das kann niemand wollen – und das wäre schließlich auch eine absurde Definition des Begriffs Crossmedia. Crossmedial fit sein, so wie ich es verstehe, heißt vor allem: In verschiedenen Medien denken zu können, ihre technischen und dramaturgischen »Gesetze« zu verstehen und Themen entsprechend aufzubereiten.

Allerdings: Um die vielen neuen Dinge, die auf uns zukommen, richtig gut und nicht nur oberflächlich zu beherrschen, ist eine intensive Auseinandersetzung mit dieser Thematik nötig. Wir werden uns nicht nur Gedanken über neue Ausbildungspläne und -wege machen müssen, sondern werden auch neue Ansprüche formulieren und neue Definitionen für einen guten, gehaltvollen Multimedia-Journalismus entwickeln müssen. So spannend all die neuen Entwicklungen sind, so faszinierend ihre Möglichkeiten: Die Grundpfeiler des Journalismus dürfen nicht erschüttert werden. Egal, wie multimedial die Zeiten noch werden, gutes, solides Handwerk bleibt weiterhin die Grundlage unserer Arbeit: gründliche Recherche, das Prinzip, immer auch die andere Seite zu hören, die Mühe, sorgfältig zu bewerten und auszuwählen und die Sachverhalte verständlich darzustellen; all die Dinge eben, die uns erst die Legitimation geben, der vierte Stand im Staat zu sein.

Wenn wir über journalistische Qualität in diesen Zeiten des Umbruchs diskutieren, sollten wir uns über eines einig sein: Neue Technologien und Neue Medien sind per se weder gut noch böse, sie bieten einfach nur Möglichkeiten. Möglichkeiten, die wir als Journalisten zum Nutzen unserer Leser, Hörer und Zuschauer verantwortungsvoll einsetzen können – oder auch nicht. Ich bin sehr dafür, das Erstere zu tun.

Begreifen wir also die »Medienrevolution« als eine Chance. Als eine, die Journalisten in ihrem Berufsleben nicht allzu oft bekommen. Wir können jetzt ein unglaublich vielfältiges Medium gestalten, wir können neue Ideen entwickeln und Maßstäbe setzen.

Ulrich Brenner
Leiter der Deutschen Journalistenschule, München

1 Einführung

1.1 Warum Crossmedia?

Bevor man beginnt, viele Antworten zu suchen, sollte man möglicherweise erst einmal eine Frage stellen. Eine ganz einfache: Warum eigentlich? Warum diese ganzen Debatten über das Thema Crossmedia – und warum jetzt auch noch ein ganzes Buch darüber? Über kaum ein Thema ist im Journalismus in den letzten fünfzehn Jahren so viel diskutiert worden wie zunächst über Online-Medien und in der Folge über crossmediale Optionen und Entwicklungen sowohl für Journalisten als auch für Medienhäuser. Und mittendrin in diesen Diskussionen über Verknüpfung und Vernetzung, über den Weg vom gedruckten Text bis hin zum selbst geschnittenen Video tauchte diese Frage plötzlich auf einem der zahllosen Panels der letzten Jahre auf: Warum eigentlich? Warum sollen Journalisten, die ihr Leben lang gut damit zurechtkamen und gleichermaßen beschäftigt waren, ihre Zeitungen, Radiostationen und Fernsehsender mit Leben und Inhalt zu füllen, jetzt plötzlich auch in ihnen völlig fremden Bereichen arbeiten? Noch dazu in solchen, in denen sie sich naturgemäß wenig bis gar nicht auskennen, von denen sie, um die Sache beim Wort zu benennen, schlichtweg keine Ahnung haben. Von der »eierlegenden Wollmilchsau« hat man übrigens im halbwegs historischen Kontext schon vor 25 Jahren gesprochen, als die Zeitungsverlage sich anschickten, ihre Journalisten nicht nur zum Schreiben, sondern zudem auch noch zum digitalen Ganzseitenumbruch zu verdonnern. Man empfand das seinerzeit bereits als eine Ungeheuerlichkeit und dementsprechend verpönt war diese Idee: Wenn wir alle nur noch »Redaktroniker« seien, so die Argumentation damals, dann bleibe die journalistische Qualität zwangsläufig auf der Strecke. Die Argumentationen heute klingen nicht sehr viel anders, nur dass kein Mensch mehr auf die Idee käme, die digitalen Arbeitsabläufe in den Redaktionen wieder rückgängig zu machen.

Aber mal im Ernst: Wäre es nicht für alle Seiten vernünftiger, wenn die Schreiber einfach weiter schreiben, die Rundfunkleute Radio machen und die TV-Journalisten ihre Fernsehbeiträge betreuen? Schließlich ist die Dimension der Veränderungen, die mit der zunehmenden Digitalisierung auf uns zukommt, eine ganz andere, unvergleichlich größere als die Einführung des Ganzseitenumbruchs am PC. Ebenfalls nicht zu vergessen: Mit der einigermaßen rigiden Trennung von Mediengattungen ist der Journalismus in den letzten fünfzig Jahren gut gefahren. Und wenn er es mal nicht tat, dann waren daran sicher nicht die fehlenden crossmedialen Verknüpfungen schuld. Lassen wir demnach doch alles einfach so, wie es jetzt ist. Dann wäre das ganze Gerede von Crossmedia obsolet und jeder könnte sich auf das konzentrieren, was er am besten kann. Keine Risiken mehr für die Qualität, so einfach könnte das sein.

Dafür spricht im ersten Augenblick durchaus einiges. Der Haken daran: Diese sehr strikte und rigorose Arbeitsteilung widerspricht erheblich der Entwicklung, die Medien im Zeitalter der Digitalisierung nehmen. Um es salopper und pragmatischer zu formulieren: Der »point of no return« ist längst überschritten, es gibt kein Zurück mehr. Insofern sind die gerade eben noch genannten Argumente dafür, es doch einfach bei dem zu belassen, wie es früher war, eine Gespensterdebatte. Und schließlich ist es ja nicht nur so, dass diese Entwicklung nur Risiken in sich bergen würde. Bei genauerer Betrachtung bietet sich eine ganze Reihe von Chancen, die Journalisten in ihrem Berufsleben nicht allzu oft geboten bekommen. Wie oft beispielsweise kann man die Gestaltung von völlig neuen Inhalten und von völlig neuen Medien aktiv mitgestalten? Wenn man, offen gesagt, eine solche Herausforderung nicht als ungemein spannend ansieht, sollte man sich eventuell grundsätzlich überlegen, ob man im richtigen Beruf gelandet ist.

Aber was eigentlich ist jetzt so neu, so spannend und so herausfordernd an dieser rasenden digitalen Entwicklung? Zwei Dinge sind entscheidend. Das eine: Wir leben in einem Zeitalter des Überangebots an Medien. Das bedingt, dass sich Konsumenten aus einem noch nie da gewesenen Berg an Inhalten das herausnehmen können, was ihnen am besten gefällt. Der Konkurrenzkampf um die wichtigste Währung für Journalisten – nämlich Aufmerksamkeit – wird sicher größer und härter. Das zweite: Die Digitalisierung macht Medien durchlässig und mobil, das Trägermedium, früher von ganz entscheidender Bedeutung, spielt heute nahezu keine Rolle mehr. Nichts und niemand ist mehr an seine frühere Plattform gefesselt, dementsprechend spielt es für uns als Journalisten auch nur noch eine untergeordnete Rolle, ob wir für eine Zeitung oder einen Fernsehsender arbeiten. Umgekehrt klammert sich auch der Konsument immer weniger an ein bestimmtes Trägermedium. Medien aller Art – gleichgültig ob Texte, Bilder, Audios oder Videos – sind inzwischen theoretisch auf so vielen Plattformen, Trägermedien und Endgeräten konsumierbar geworden, dass die Frage, für welche Art der Nutzung man sich entscheidet, viel stärker als früher von der jeweiligen Nutzungssituation, den Gewohnheiten und den Vorlieben des Konsumenten abhängt. Der Konsument aber befindet sich keineswegs mehr in einer Art Abhängigkeit vom Angebot. Kein Mensch *muss* darauf warten, dass morgens seine Zeitung im Briefkasten liegt. Wenn sich jemand auf den neuesten Stand der Dinge bringen will, muss er nicht warten, bis das Radio Nachrichten sendet. Und schließlich: Wer das »heute-journal« des ZDF sehen will, muss dazu nicht fernsehen. Er muss nicht mal mehr einen Fernseher haben. Und wenn er es auf die Spitze treiben will, muss er es nicht einmal *sehen*, man kann es auch als Audio-Podcast *hören* (wie viel Sinn allerdings das Hören einer Fernsehsendung ergibt, sei erst einmal dahin gestellt). Eine Rolle wird künftig viel mehr als früher auch spielen, wo sich der Nutzer gerade befindet. Im analogen Zeitalter war der Konsum von Medien zwangsweise weitgehend auf zuhause beschränkt, von Zeitungen und Radios abgesehen. Um noch einmal das Beispiel »heute-journal« heranzuziehen: Man kann es inzwischen auch an jedem beliebigen Ort sehen, unabhängig von Frequenzen und Empfangsmöglichkeiten. Fernsehen ohne Fernseher und ohne Bindung an irgendein Programm oder irgendeinen Sender – man muss sich das noch einmal in aller Ruhe überlegen, um zu begreifen, was da in den vergangenen Jahren überhaupt passiert ist. Die Hülle ist tot, der Inhalt ist hingegen lebendiger denn je.

Wir müssen (ob es uns passt oder nicht), nüchtern betrachtet, nur eines: Reichweite erzielen. Wir müssen unseren Nutzer dort abholen, wo er sich befindet, wie müssen ihm das geben, was er will, wann er will, wo er will. Die Zeiten, in denen er, unser Nutzer, sehnsüchtig darauf wartet, dass morgens um 6 Uhr die Zeitung im Briefkasten liegt, wir ihm in den Mittagsnachrichten im Radio sagen, was heute in der Welt passiert ist und um 20 Uhr in der »Tagesschau« noch mal die Welt darlegen, sind Vergangenheit, den Takt der Mediennutzung geben wir nicht mehr länger vor. Übrigens auch nicht mehr die alleinige Meinungsbildung. Von Tom Buhrow stammt der schöne Satz, früher seien beispielsweise Moderatoren von Nachrichtensendungen wie der Prophet auf dem Berg Sinai erschienen und hätten im Stil einer Predigt ihre Nachrichten verkündet. Heute, so Buhrow weiter, stehe auf dem Berg eine Webcam und das Publikum würde vom Propheten erwarten, dass er mit ihnen chattet. Wir sollten uns also vermehrt nach dem richten, was andere von uns erwarten könnten. Nebenbei bemerkt: Eine solche Erwartungshaltung der Nutzer an Journalisten sollte auch unser Selbstverständnis dahin gehend verändern, dass wir unseren Beruf zunehmend auch als Kommunikation, als Dialog und als Interaktion verstehen. So ist das nun mal – erneut ganz nüchtern betrachtet –, wenn sich die Verhältnisse auf einem Markt ändern.

Einhergegangen mit diesen Verschiebungen auf dem Medienmarkt sind auch dramatische Veränderungen in der Mediennutzung. Erstmals hat 2007 eine Mehrheit aus der Altersgruppe der 14- bis 19-Jährigen angegeben, dass das Internet für sie das Leitmedium Nummer eins sei – gerade mal gut 10 Jahre, nachdem sich das Web zu einem halbwegs ernst zu nehmenden Medium entwickelt hat. Auch alle anderen Eckdaten weisen in diese Richtung: Fragt man junge Menschen, auf was sie am ehesten verzichten könnten, nennen sie zumeist eine Zeitung. Internet und Computer erscheinen einer überwältigenden Mehrheit hingegen als völlig unverzichtbar. Man muss sich das mal vor Augen halten: Wenn man es schon nicht sehr überraschend findet, dass Jugendliche auf eine Tageszeitung ziemlich schmerzfrei verzichten können, dann ist es doch erstaunlich, dass Computer und Internetzugang inzwischen sogar wichtiger sind als Fernsehen und Radio. Vor noch einem Jahrzehnt wäre eine solche Entwicklung völlig undenkbar gewesen. Es passt übrigens ins Bild, dass generell gedruckte Medien als Wissensspeicher vom Publikum immer weniger akzeptiert werden. Sogar der ehrwürdige Brockhaus verkündete Anfang 2008, nicht mehr in Buchform publizieren zu wollen. Stattdessen soll Brockhaus jetzt zu einer Marke als Wissens-Navigator im Netz werden. Nicht, weil man beim Brockhaus auf einmal die Nase voll gehabt hätte vom gedruckten Wort. Vielmehr reagierte man dort ganz einfach auf veränderte Ansprüche und letztlich verändertes Kaufverhalten bei den Kunden. Und streng genommen ist die ganze Geschichte auch völlig logisch und nachvollziehbar: Was soll man mit einem Nachschlagewerk anfangen, das zum Zeitpunkt seines Erscheinens schon wieder veraltet ist? Lernen wir also fürs Erste daraus, dass es bei der Debatte »Print oder Online« weniger um Ideologien oder Dogmen als vielmehr um Pragmatismus geht – oder zumindest gehen sollte.

Und wenn wir schon dabei sind, die Theorie zu stützen, die Nutzer dort erreichen zu müssen, wo sie sich gerade befinden: Das Handy, so man sich dazu entschließen kann, es endlich als Medium zu akzeptieren, hat inzwischen bei Jugendlichen einen Abdeckungsgrad von weit über neunzig Prozent erreicht. Einen Fernseher nennen »nur« etwas über sechzig Prozent ihr Eigen. Wobei es vermutlich ohnehin unsinnig ist, das Handy einfach nur noch als Handy zu sehen. Wenn man sich Hightech-Geräte ansieht, dann sind sie de facto Minicomputer, mit denen man nebenher auch noch telefonieren kann. Mit dem Verständnis, das wir noch Ende der 1990er Jahre von einem Handy hatten (nämlich, dass es ein mobiles Telefon mit ein paar netten anderen Gimmicks sei), haben N95 und iPhone und ihre Epigonen nichts mehr zu tun. Die nächste Generation der Handys wird noch weitergehen. In Arbeit sind Geräte mit ausrollbaren Bildschirmen, die eigentlich keine Bildschirme als vielmehr elektronische Folien sind. Sie sind perfekt geeignet dafür, neben klassischen Internetseiten und Dokumenten, Fotos und Videos auch elektronische Tageszeitungen sehr komfortabel darzustellen. Die Tageszeitung der Zukunft also als verkleinerte Ausgabe auf einer Folie, die man aus dem Handy ausrollen kann? Was vor ein paar Jahren noch als eine utopische Vorstellung aus einem Science-Fiction-Film geklungen hätte, ist inzwischen aus technischer Sicht nahe an der Realität. Ob der Markt dieses Modell dann auch tatsächlich akzeptieren wird, steht auf einem ganz anderen Blatt.

Und schließlich noch zwei letzte Zahlen: Die gute alte Tageszeitung wird nicht mal mehr von jedem Zweiten der künftigen Mediennutzer (also der heute 14–19-Jährigen) regelmäßig gelesen. Das Internet bringt es inzwischen in dieser Altersgruppe auf eine Marktdurchdringung von fast hundert Prozent. Zahlen von einer gewissen Brachialgewalt, die kaum einen Freiraum zur Interpretation lassen. Man muss die Zeitung deswegen nicht gleich beerdigen. Aber selbst bei gleichermaßen wohlwollender wie realistischer Betrachtung ist klar, dass sie im künftigen durchschnittlichen Medienmix einer kommenden Mediennutzer-Generation eine zumindest quantitativ deutlich kleinere Rolle als bisher spielen wird. Allerdings: Selbst ein Überleben bei deutlich geschrumpfter Bedeutung ist noch kein Selbstläufer. Wenn sich Zeitungen nicht auch inhaltlich und strategisch neu positionieren, sieht es für ihre Zukunft alles andere als rosig aus.

Die Sache ist also recht eindeutig: Wenn wir nicht willens und in der Lage sind, uns den neuen Erfordernissen des Marktes und Wünschen des Publikums anzupassen, werden wir bald ziemlich allein da sitzen. Die Abstimmung mit den Füßen ist in vollem Gange. Machen wir uns nichts vor: Wer in der digitalen Welt nicht vernünftig vertreten ist, läutet seinen eigenen Untergang ein. In den kommenden Jahren wird die erste volldigitale Generation erwachsen – junge Menschen, die damit groß geworden sind, morgens als Erstes ihre Mails zu checken. Die sich mit Musik wie selbstverständlich aus dem Netz versorgen. Deren Tagesschau »Spiegel Online« heißt. Und die keinen Leserbrief mehr schreiben, sondern ein eigenes Blog eröffnen, wenn ihnen ein Thema wichtig erscheint. Welchen Grund sollte es geben, dass diese und künftige Generationen noch einmal zu Formen der Mediennutzung zurückkehren, wie wir sie bisher gekannt haben (selbst wenn diese zu ihrer Zeit ihre Berechtigung hatte)? Hinweise darauf, dass noch nie ein neues Medium ein bestehendes Medium verdrängt oder ersetzt hat, sind zwar in der Sache nicht falsch. Aber einmal ist immer das erste Mal.

Betrachtet man die Sache nüchtern und ein wenig hypebefreit, dann ist »Crossmedia« ohnehin ein alter Hut. An der Deutschen Journalistenschule in München beispielsweise werden die angehenden Redakteure schon seit vielen Jahren konsequent für die Mediengattungen Print, Radio, TV und seit einigen Jahren auch für Online ausgebildet; auch an anderen Schulen und Akademien gehören die Einblicke in diverse Medienformen schon lange fest zum Stundenplan. Und selbst mittelgroße Regionalzeitungen lassen ihre Volontäre gerne mal bei einem verlagseigenen anderen Medium wie beispielsweise einem Lokalradio reinschnuppern. Was also soll so neu an diesem Thema sein, dass es sich nunmehr Medienmanager, Journalisten und Ausbilder gleichermaßen auf die Fahnen geschrieben haben und nicht müde werden zu betonen, dass die Bedeutung multi- und crossmedialen Arbeitens gar nicht hoch genug eingeschätzt werden könne? Wenn man heute konzediert, Journalismus über mehrere Plattformen und Mediengattungen hinweg sei schlechterdings nicht möglich und immer mit einem erheblichen Verlust an Qualität verbunden, haben dann nicht demnach auch alle diese Ausbilder verantwortungslos falsch gehandelt und hätten sich stattdessen auf eine einzige fachliche Richtung konzentrieren müssen?

Und schließlich sind auch journalistische Laufbahnen über diverse Mediengrenzen hinweg nichts Neues, im Gegenteil: Kaum eine Biografie eines Topjournalisten aus Radio oder TV, in der der Hinweis darauf fehlen würde, man habe seine ersten Schritte in der Medienwelt bei der Lokalzeitung vor Ort begonnen und erst mal das ganze Programm absolviert, von der Generalversammlung des Turnvereins bis hin zur Kritik der Aufführung des Laientheaters der Katholischen Landjugend. Umgekehrt gibt es wiederum auch Fälle, in denen altgediente Fernsehmänner plötzlich Chefredakteure von Tageszeitungen wurden. Niemand wäre Ende 2007 ernsthaft auf die Idee gekommen, den diskutierten (und schließlich abgesagten) Wechsel des ZDF-Anchorman Claus Kleber zum »Spiegel« deswegen auszuschließen, weil Kleber in erster Linie ein Fernsehmann und deswegen für ein Printmedium per se ausgeschlossen sei. Schließlich noch die letzte Feststellung zum Thema: Journalismus definiert sich in erster Linie über seine Inhalte und dann erst über die äußere Form bzw. das Trägermedium. Der Umgang mit dem Trägermedium ist also zunächst einmal mehr oder minder schwieriges Handwerk und als solches erlernbar. Noch deutlicher gesagt: Das Trägermedium ist irrelevant. Wenn man das eine oder andere Medium nicht so sehr mag oder keine große Lust darauf verspürt, dann ist das so in Ordnung. Aber bitte nicht behaupten, es sei nicht möglich, eine bestimmte Art der journalistischen Darstellung zu erlernen ...

Der Beruf ist und bleibt also der des Journalisten, niemand schreibt ihm vor, wo und wann und wie er diesen Beruf auszuüben hat. Zu den Schlüsselqualifikationen des Journalisten gehört es zudem schon seit jeher, entscheiden zu können, welche Darstellungsform wann und wo für welches Thema angebracht ist. Die Geschichte über den Stadtratsbeschluss, die Umgehungsstraße für die Kreisstadt jetzt lieber doch nicht zu bauen: ein Fall für den Mantelteil oder doch nur fürs Lokale? Interview mit dem Bürgermeister oder doch ein reportageartiges Hintergrundstück, in dem die Entwicklung vom ersten Antrag im Plenum über die zahlreichen kontroversen Diskussionen bis hin zur Ablehnung im Stadtparlament noch mal geschildert und nachgezeichnet wird? Oder vielleicht doch lieber eine Bildstrecke? Die Diskussion über die optimale Darstellung eines Themas ist also schon immer täglicher und fester Bestandteil jeder Redaktion. Ist es dann so ungewöhnlich und gleichermaßen zu viel verlangt, wenn man diese Diskussionen noch um ein paar Optionen mehr erweitert? Und ist es nicht vielmehr eine aufregende Chance, auf zusätzliche Mittel zurückgreifen zu können – anstatt einer nervigen Belastung? Zum journalistischen Gaukler, der mit dem Bauchladen über die publizistischen Märkte zieht und versucht, sich möglichst großem Publikum anzudienen, wie es Heribert Prantl in der »Süddeutschen Zeitung« schilderte, wird der Journalist dadurch nicht. Die Entscheidung, ob Interview oder Reportage noch mit der Antwort auf die Frage »Text, Video oder Audio?« zu verbinden, ist nicht so aberwitzig schwierig, als dass man einen normal begabten Journalisten damit überfordern würde.

Zumindest per se kann man also nicht behaupten, Journalismus werde demnächst auf eine qualitätsgeminderte Gauklerveranstaltung reduziert. Digitalisierung heißt zunächst lediglich, dass es ein paar potenzielle Darstellungsmöglichkeiten mehr gibt. Wenn sich dann Verleger oder Chefredakteure zu der Sichtweise entschließen, dass ein einzelner Redakteur jetzt die Arbeit zu verrichten habe, die vorher drei oder vier Kollegen erledigten, dann ist das der Fehler der Entscheidungsträger und letztendlich unsinnig. Die Digitalisierung selbst kann da aber weniger dafür. Insofern wäre es klug, dieser Digitalisierung eine echte Chance einzuräumen und sie nicht pauschal für alles verantwortlich zu machen, was eventuell nicht so gut läuft.

Wenn das alles so einfach ist – warum hat es bisher dann so gut wie niemand getan, dieses Publizieren über die Grenzen eines Trägermediums hinweg? Eine Frage, auf die es viele Antworten gibt. Die vielleicht wichtigste lautet: weil das bisher nur unter einem derart großen Aufwand möglich war, dass es sich nicht gelohnt hätte. Konkret nämlich hätte der Versuch, auch auf Audio- und Videoplattformen präsent zu sein, für einen Zeitungsverlag Folgendes bedeutet: Man müsste entsprechende Produktionsstätten, nämlich Rundfunk- und TV-Studios mit entsprechendem Sendebetrieb einrichten. Das ist inzwischen nicht mehr der Fall: ganz egal, ob Print, ob Videos, ob Audios, Animationen oder nahezu alle anderen beliebigen Medien: Das alles lässt sich inzwischen an einem einzigen Laptop herstellen. Und eine Sendelizenz braucht man für »Fernsehsendungen« inzwischen auch nicht mehr, zumindest dann nicht, wenn man das Internet zu seinem (Fernseh- oder Radio-)Kanal macht. Konkret bedeutet das also, dass inzwischen jedes Zeitungshaus eigene fernsehähnliche Veranstaltungen aufbauen und ausstrahlen kann, ohne dafür ein aufwendiges und möglicherweise negativ beschiedenes Lizenzierungsverfahren durchstehen zu müssen. Auf einem anderen Blatt steht natürlich die Frage, ob nicht irgendwann in den kommenden Jahren medienpolitisch die Frage diskutiert wird, wie man mit solchen Entwicklungen umgeht. Grundsatzfrage: Betreibt man nicht eben doch Rundfunk, wenn man fernseh- und radioähnliche Produktionen sendet bzw. zumindest zum Abruf zur Verfügung stellt? Aber das sei zunächst einmal dahingestellt, zumal diese Debatte für Journalisten nur von zweitrangiger Relevanz ist.

Zweitwichtigste Antwort: Weil nach bisheriger vorherrschender Lehre der Journalist nicht einfach Journalist war, sondern per definitionem Zeitungs-Journalist, Radio-Journalist oder Fernseh-Journalist. Man kann sich natürlich die Frage nach der Sinnhaftigkeit dieser Trennung stellen, Fakt ist in jedem Fall, dass es bis vor wenigen Jahren völlig undenkbar gewesen wäre, einen Zeitungs-Journalisten mit der Erstellung eines Videofilms zu beauftragen. Und selbst wenn man es gemacht hätte – diese Aufgabe wäre ziemlich unsinnig gewesen, weil die Zeitung kaum eine Abspielmöglichkeit für dieses Video gehabt hätte. Beides – sowohl die technischen Hürden als auch die tradierten Berufsbilder – verschwindet gerade. Journalist ist eben doch erst einmal nur Journalist, auch wenn, zugegeben, seine potenziellen Schlüsselqualifikationen und die Anforderungen an seine Fähigkeiten gerade erheblich erweitert werden.

1.2   Digitalisierung – alles wird anders

Ausschlaggebend dafür ist weniger eine plötzlich neu entstandene Denkweise als vielmehr eine neue Technologie: Digitalisierung. Mit ihr wurden auf einmal Dinge möglich, die vorher schlicht undenkbar waren. Plötzlich werden Medien hypermobil, lassen sich in wenigen Sekunden beliebig über den ganzen Erdball hinweg nutzen, publizieren, teilen. Auf einen Schlag lassen sich mit einfachsten und billigen Mitteln Dinge produzieren, deren Herstellung bis dahin komplex und kostspielig war. Plötzlich kann jeder publizieren, der will. Mediengattungen, Trägermedien und deren unterschiedliche Bedeutung spielen keine richtige Rolle mehr. Jeglicher Inhalt ist digital. Alles basiert auf IP-Technologie. Journalismus, das heißt inzwischen nicht mehr: Zeitung. Radio. Fernsehen. Stattdessen ist Journalismus erst einmal ein riesiger großer digitaler Schrank voller Inhalte, aus deren einzelnen Schubladen jeder das für sich herausnimmt, was ihm gerade passt. Und vor allem: wann und wo es ihm passt. Was nicht heißt, dass Journalismus und journalistisches Arbeiten dadurch weniger bedeutsam würden. Im Gegenteil: Journalismus wird wichtiger denn je sein. Ein großer Schrank, in den alles einfach nur reingeworfen wird, klingt zwar im ersten Moment verlockend, beim genaueren Hinsehen wird aber klar, dass ein vollgestopfter Schrank nur allein wegen seiner Größe nicht sehr nutzbringend ist. Wenn im Schrank nur unsortiertes, unpassendes, veraltetes und unansehnliches Zeugs liegt, wird der Nutzer sich sehr schnell dafür entscheiden, diesen Schrank lieber nicht mehr zu öffnen. Keine schlechte Entscheidung also, sich trotz nahezu unbegrenzter Möglichkeiten auch ein paar intensive Gedanken über die qualitativen Aspekte von möglichen Inhalten zu machen.

Was Crossmedia definitiv nicht ist, lässt sich demnach leicht feststellen. Wenn jemand Inhalte kopiert, gleich welcher Art, wenn er sie eins zu eins auf eine andere Plattform stellt, dann ist das ganz einfach Reproduktion. Auch wenn dieser Inhalt statt in einer Zeitung im Internet steht, so ist es trotzdem immer noch derselbe Inhalt. Eine Verdoppelung oder Verdreifachung von Inhalt – dadurch ist noch nichts Neues, nichts Werthaltiges, nichts Eigenes entstanden und hat insofern nichts mit Multi- oder gar Crossmedia zu tun. So etwas ist, ganz banal gesagt, ein Vorgang für Techniker. Mit Journalismus hat dies nichts zu tun. Man muss diese an sich banale Tatsache auch deswegen nochmals klar herausstellen, weil immer wieder von Vertretern der bisher analogen Medien darauf verwiesen wird, dass man online bereits sehr viel tue, nämlich dass (beispielsweise) die Zeitung auch im Internet nachlesbar sein. Wer so argumentiert, glaubt freilich auch noch, dass ein E-Paper etwas mit Online-Journalismus oder gar Multimedialität zu tun hat.

Indes, das ist Web 0.0. Dies übrigens nicht nur, weil durch Reproduktion kein einziger neuer Inhalt, kein einziger neuer Wert sowohl in inhaltlicher als auch ökonomischer Hinsicht entsteht, sondern auch, weil die Stärken, die spezifischen Fähigkeiten des Mediums Internet nicht genutzt und bedient werden. Ein simples Beispiel: Schreibt man einen Text für eine Zeitung, wird man dabei alles Mögliche bedenken, sicher aber nicht, wie man ihn vernetzen/verlinken könnte. Vermutlich auch nicht daran, über diesen Text in irgendeiner Form abstimmen oder diskutieren zu lassen. Und wenn es um die Illustration des Textes geht, wird man sich vermutlich um Fotos kümmern, nicht aber um eine interaktive und animierte Grafik, ebenso wenig wie man sich Gedanken darum machen wird, ob es zum Thema noch ein gutes Video oder einen interessanten Audiobeitrag gibt. Deswegen wird bei einer Reproduktion, einer Verschiebung eines Mediums von A nach B (in diesem Beispielfall: von einer Zeitung ins Internet) etwas an einen Ort geschoben, wo es gar nicht hingehört, oder zumindest insofern deplatziert ist, weil es zahlreiche potenzielle Möglichkeiten nicht nutzt. Zu den Kernanforderungen an crossmedial arbeitende Journalisten gehört, die jeweiligen Spezifika eines Mediums zu kennen und richtig beurteilen zu können. Im Falle von Online-Medien würde dies also bedeuten, dass man um die Bedeutung von Interaktion und Vernetzung weiß und dass man eine Ahnung davon hat, wie man diese beiden Eigenschaften am besten herstellt. Gerade bei Online-Medien hat man allerdings sehr häufig den Eindruck, dass es genau daran hapert; nämlich dieses gar nicht mehr so neue Medium auch wirklich verstanden und begriffen zu haben, insbesondere in inhaltlicher Hinsicht. Was einigermaßen erstaunlich ist: In Sachen Technik gibt es schließlich nicht so wirklich viel zu begreifen. Wer ein Redaktionssystem für ein analoges Medium beherrscht, wird auch mit einem digitalen Content-Management-System keine Schwierigkeiten haben.

Was umgekehrt natürlich die Frage aufwirft, was denn nun unter »Crossmedia« zu verstehen ist, wenn das Publizieren auf mehreren Plattformen anscheinend noch nicht ausreicht, um allen Kriterien dieses Begriffs gerecht zu werden. Natürlich ist es die erste Voraussetzung für crossmediales Publizieren, dieses mindestens auf zwei verschiedenen Plattformen zu tun. Definieren wir also erst einmal ein paar Kriterien, die gültig sein sollten, wenn wir in diesem Buch (und auch anderer Stelle) von Crossmedia sprechen:

- Crossmedia hat nichts mit Reproduktion zu tun.
- Monomedia ist nur eine Teilmenge von Multimedia.
- Crossmedia schafft neue Inhalte und Werte.
- Crossmedia ist nicht Ergänzung und Zusatz.
- Crossmedia ist Strategie.
- Crossmedia rückt den Inhalt in den Mittelpunkt.
- Crossmedia sorgt für Medienhäuser.
- Crossmedia macht das Trägermedium irrelevant.

Und nachdem crossmediale Produktion und Digitalisierung insofern eng zusammenhängen, als dass das eine nicht ohne das andere funktionieren wird, gibt es auch noch ein paar Theorien, die für das Thema Digitalisierung die Basis bilden:

- Crossmedia und Digitalisierung hängen zusammen – eines macht das andere möglich.
- Digitalisierung macht Medien durchlässig.
- Digitalisierung macht Medienproduktion billiger.
- Digitalisierung baut Produktionshürden ab.
- Digitalisierung nimmt Medienhäusern das Mastertape.
- Digitalisierung macht den Monolog zum Dialog.

Woraus schließlich folgt, dass sich durch die Option zur crossmedialen Produktion von Medien einiges ändert – es gibt neue Chancen, neue Risiken. Und schließlich steht auch fest,

- dass Crossmedia neue Erlöse generieren kann.
- dass Crossmedia Bestandspublikum sichert.
- dass Crossmedia neues Publikum erreicht.
- dass Crossmedia Risiken verteilt und mindert.
- dass Crossmedia Geschäftsmodelle schafft.
- dass Crossmedia neues Denken erfordert.

Bleibt also schließlich noch die Feststellung, dass Neue Medien nicht einfach nur von technischer Seite oder als neuer Distributionskanal zu sehen sind, sondern auch als etwas, was den Journalismus ergänzt und erneuert. Will man also wirklich von Cross- und Multimedia sprechen, dann ist es lohnenswert, sich Gedanken darüber zu machen, wie eine neue Form im Journalismus aussehen könnte. Dass in einem neuen Medium etwas Neues entstehen muss, liegt nachgerade auf der Hand, sodass eine Kernthese für cross- und multimedialen Journalismus so lauten sollte:

> Medien im Internet verbinden und reproduzieren die Möglichkeiten aller bisherigen klassischen Medien. Sie entwickeln dabei auch eigene, neue, originäre Darstellungsformen. Sie können aber, wenn es sich um originären Web-Journalismus handelt, nicht in den klassischen Medien reproduziert werden.

Das klingt erst einmal etwas komplex, ist aber im Grunde ganz einfach. Jede bisher bekannte Form der analogen journalistischen Darstellung ist im Web abzubilden. Ein Text kann in einer Zeitung stehen, genauso aber auch im Netz. Ein Foto kann analog publiziert werden, ebenso aber auch digital. Audios, Videos, alles was wir bisher im analogen und klassischen Medienbereich als Standard audiovisueller

Medien kannten, lässt sich mühelos im Web publizieren. Wer daraus etwas Neues macht – und das haben wir uns per definitionem zum Ziel eines eigenständigen cross- und multimedialen Journalismus gesetzt – kann das zwar digital veröffentlichen, der Kanal zurück in die analoge Welt funktioniert aber nicht. Eine Flash-Animation geht eben nur im Internet (und dort natürlich auch nur auf Rechnern, die entsprechend ausgerüstet sind). Ein Text, der mit einem Video ergänzt wird, lässt sich im Netz prima parallel zueinander positionieren und vernetzen. Im analogen Medium allein funktioniert das nicht, zumindest nicht auf einer Plattform.

Crossmedia ist also eine eigenständige Form des Publizierens, dementsprechend eigenständig müssen also auch diejenigen aufgestellt sein, die diese neue Form prägen wollen. Denn soviel steht nach gut zehn Jahren des Massenmediums Internet auch fest: Vielfach wird im Nebel gestochert, vieles ist mit der heißen Nadel gestrickt. Und allgemeingültige Standards gibt es ebenso wenige, wie es wenige gesicherte Erkenntnisse darüber gibt, wo der crossmediale Journalismus in zehn Jahren stehen wird. Wie auch, nach gerade mal zehn Jahren, in denen sich das Web von der Nische für Technikfreaks hin zum kommenden Leitmedium entwickelt hat? Man muss also einiges noch mit Vorsicht genießen, was über cross- und multimediale Themen geschrieben wird (das gilt selbstverständlich auch für dieses Buch).

Man kann nicht über crossmediale Medienwelten sprechen, ohne sich in diesem Zusammenhang auch noch einmal über Medienkonvergenz Gedanken zu machen. Möglicherweise ist Konvergenz sogar der schönere und treffendere Ausdruck für das, was momentan passiert. Er hat nur ein Problem: Er wurde in den Zeiten der New Economy um die Jahrtausendwende zu Tode zitiert. Man konnte sich darauf verlassen: Wenn jemand schon kein Konzept und keine rechte Strategie für die kommenden Jahre vorweisen konnte, zumindest eines wollte er in Zukunft immer sein – konvergent. Was irgendwann zu der absurden Situation führte, dass man auf Panels oder Interviews schon mal gefragt wurde, was unter Konvergenz überhaupt zu verstehen sei. Man muss für eine vernünftige Antwort nicht einmal irgendwelche medienwissenschaftlichen Theorien wälzen, es reicht schon ein Blick auf die Bedeutung des Begriffs. Konvergenz bedeutet, dass sich Dinge annähern, dass Grenzen verschwimmen. Nichts anderes passiert bei der crossmedialen Produktion von Medien. Medien emanzipieren sich von ihrem Trägermedium, das Trägermedium spielt nicht mehr die ausschlaggebende Rolle. Wichtig sind die Inhalte und ihre potenzielle Verknüpfung und Fortschreibung. Was strategisch gesehen sowohl für Journalisten als auch Medienunternehmen bedeutet, dass sie eines begreifen müssen: Sie verkaufen nicht (im Falle bspw.

von Zeitungen) Papier, sondern Informationen. Information, Inhalt, das also ist zunächst einmal alles, was zählt in der neuen Medienwelt.

Und schließlich noch ein Letztes zur Definition der Begrifflichkeiten. Nicht selten drängt sich der Eindruck auf, dass insbesondere die Begriffe Crossmedia und Online-Journalismus ziemlich beliebig verwendet und durcheinander geworfen werden. Dabei muss man das ziemlich strikt voneinander trennen. Multimedialer Journalismus im Internet wird zwar im Regelfall für den Journalisten bedeuten, dass er in mehreren Darstellungsformen (also bspw. Text und Video) firm sein sollte. Mit Crossmedia hat dies aber noch nichts zu tun. Schließlich bewegen wir uns immer noch auf einer Plattform, in dem Falle also dem Internet. Wirklich crossmedial wäre eine Tätigkeit also erst dann, wenn sie über mindestens zwei Plattformen hinweggeht.

So weit, so schlecht. Denn was im ersten Moment ziemlich einfach klingt, birgt eine ganze Menge potenzieller Komplikationen in sich. Schließlich ist es nicht damit getan, künftig Inhalte quasi datenneutral zu produzieren und in irgendwelchen Datenbanken so lange zu lagern, bis irgendjemand kommt, sie herausnimmt und verteilt. Die Kunst besteht vielmehr darin, eine intelligente, vernetzte, kommunikative und interaktive Form der Inhalterstellung- und verwaltung zu finden. Den richtigen Content in den richtigen Kontext zu setzen: klingt plakativ, nachvollziehbar, einfach – und ist doch so schwierig, wie viele Beispiele aus den zurückliegenden Jahren gezeigt haben. Es gibt eine ganze Fülle von Beispielen, in denen neue Medien- und Darstellungsformen einfach mal ausprobiert wurden, ohne große Rücksicht darauf, ob derjenige, der sich daran gerade versucht, dieses dazu nötige Handwerk überhaupt beherrscht. Und ohne darüber nachzudenken, ob die für dieses Thema gewählte Darstellungsform überhaupt die am besten geeignete oder überhaupt dafür geeignet ist. Was merkwürdig anmuten mag, ist eigentlich eine einfache Sache: Nicht jeder – gleich ob Journalist oder Protagonist – eignet sich gleichermaßen gut für ein bestimmtes Medium. Manche Menschen können beispielsweise entzückend gut erzählen. Allerdings nur, solange keine Kamera auf sie gerichtet ist. Blicken sie in eine Linse und leuchtet womöglich noch das rote Aufnahmelämpchen, erstarren sie zur Salzsäule. Umgekehrt gibt es welche, die großartig sind vor einer Kamera, spontan, witzig, wortgewaltig, schlagfertig – nur in einen geschriebenen Text können sie das alles nicht umsetzen (was allein insofern schon nicht erstaunlich ist, weil Schlagfertigkeit keine Eigenschaft ist, die einem beim Schreiben in irgendeiner Weise zugutekommen könnte).

Kurzum: Nicht jeder kann alles, nicht jeder *muss* alles gleichermaßen beherrschen. Und nicht jeder Inhalt lässt sich zwingend in jeder Form, in jeder Mediengattung darstellen. Womit ein weitverbreitetes Vorurteil, möglicherweise auch eine latent vorhandene Angst, von vornherein genommen werden kann: Man muss künftig nicht zu jedem 60-Zeiler, den man für eine Zeitung schreibt, auch gleich noch ein großartiges Video und ein knackiges Audio hinterher schieben. Es wird vielmehr künftig gleichermaßen zu den Aufgaben und zu der Kunst des Journalistenberufs gehören, zu entscheiden, wo sich welcher Inhalt am besten machen könnte.

Und noch etwas vorweg: Möglicherweise wird unser Beruf in den kommenden Jahren und Jahrzehnten generalistischer ausgerichtet sein als noch in den analogen Zeiten. Doch auch wenn der Generalist schwer im Kommen sein mag, den Spezialisten wird er nie ersetzen können. Was übrigens ein Stück weit auch für das Thema Handwerk gilt: So sehr, wie wir uns als Journalisten mehr denn je mit Handwerkszeug, mit neuen Technologien und Gerätschaften auseinandersetzen müssen, so eindeutig ist, dass wir Journalisten bleiben. Dabei zählen in erster Linie all die traditionellen Werte und Fähigkeiten, die in unzähligen anderen Büchern schon beschrieben und deswegen hier nicht mehr aufgezählt werden müssen. Kurz gesagt: Technische Perfektion bei Flash-Animation ersetzt keine anständige, saubere journalistische Recherche. Wer Anderes behaupten oder von uns verlangen würde, bringt die Grundfesten unseres Berufs ins Wanken.

1.3 Alleskönner, die nichts richtig können?

Die Frage begegnete mir bei einem Seminar an der Axel-Springer-Akademie, wo man seit Anfang 2007 die Nachwuchs-Journalisten des Hauses konsequent cross- und multimedial ausbildet: Ob es nicht einfach eine Gefahr sei, so ein junger Kollege, dass man über all die ganzen technischen Details, die rasanten Weiterentwicklungen und die Planungen, den Redakteur von morgen neben seinem eigentlichen Text nebenher auch noch ein ansehnliches Filmchen drehen und einen anständigen Podcast produzieren zu lassen, ganz simple Dinge vergesse – nämlich all die, die mit anständigem, sauberen Journalismus zu tun haben. Und ob man nicht befürchten müsse, dass die kommende Generation der crossmedial denkenden und multimedial arbeitenden Journalisten eine sei, die alles ein bisschen, aber nichts richtig könne.

Im ersten Moment hatte ich keine wirklich gute Antwort parat.

Dann fielen mir einige Dinge ein. Beispielsweise, dass es nicht von der Hand zu weisen ist, dass es möglicherweise Verleger geben könnte, die Crossmedia als ein schlecht übersetztes Synonym für Kosteneinsparungen verwenden könnten, nach dem Motto: Was früher drei gemacht haben, macht jetzt einer. Und dass es manchmal schon schwer genug ist, eine Plattform vernünftig zu bespielen – wie soll man dann erst derer zwei oder drei schaffen? Und schließlich: Wenn jemand alles ein bisschen kann, nichts aber so richtig, ist das dann nicht letztendlich eine Bankrotterklärung für die eigentlichen Maßgaben unseres Berufs?

Man muss wohl einiges an Vernunft und Pragmatismus voraussetzen, wenn man darauf hofft, dass die Digitalisierung journalistische Chancen, journalistischen Nutzen und echte Optionen für die Zukunft mit sich bringt. Man muss sich darüber im Klaren sein, dass crossmedialer Journalismus immer nur die Erstellung von Angeboten mit sich bringt, nicht hingegen den Zwang, tunlichst aus jeder Mediengattung ein bisschen in den crossmedialen Mix zu werfen. Es wird – definitiv – Menschen geben, deren gewichtigstes Argument pro Crossmedia das der Kostenreduktion ist. Es wird allerdings – ebenso definitiv – Journalisten geben, die vor allem den inhaltlichen Reiz dieser Form des Arbeitens zu schätzen wissen und diesen neuen technischen Möglichkeiten auch inhaltliches Leben einhauchen. Im Grunde genommen also die Diskrepanz, die uns seit jeher im Journalismus begleitet …

Dabei sah es noch bis 2005 so aus, als würde die Entwicklung der Digitalisierung in Deutschland eher zäh ablaufen. Nicht einmal zwanzig Prozent der TV-Haushalte waren digitalisiert, unter den großen europäischen Nationen war Deutschland Schlusslicht. Experten und Studien sprachen davon, dass bei den privaten Online-Zugängen sich das Wachstum verlangsamen und zudem immer eine relativ große Gruppe von Online-Totalverweigerern übrig bleiben werde. Prognosen, die sich weitgehend als verkehrt herausgestellt haben: Bei der Digitalisierung auch von privaten Haushalten kommt Deutschland in großen Schritten voran, die Zahl der privaten Breitbandzugänge steigt in einem derart rasanten Tempo, dass ein schneller Internetzugang in den kommenden Jahren eher die Regel als die Ausnahme sein wird. Und auch die Befürchtung, es werde quasi ein verhältnismäßig großes, abgehängtes Online-Prekariat geben, hat sich inzwischen als unbegründet herausgestellt. Im Gegenteil: Es waren gerade die noch vor Jahresfrist als Totalverweigerer bezeichneten, die dafür sorgten, dass das Online-Wachstum ungebremst weitergeht. Noch gibt es keine Studie, die diese Vermutung explizit belegen würde, aber dennoch: Die These, dass ein Internetzugang in absehbarer Zeit so selbstverständlich zu einem Haushalt gehört wie ein Telefon oder ein Fernseher, ist so abwegig nicht. Aus welcher Motivation heraus auch immer, aber die Einsicht hat sich weitgehend durchgesetzt: Ohne die technologische Plattform »Internet« wird es nicht mehr gehen, ganz egal, ob man nun kommunizieren, sich informieren, publizieren oder ganz simple Dinge tun will wie spielen. IP ist die Schlüsseltechnologie der kommenden Jahrzehnte, daran führt auch dann kein Weg mehr vorbei, wenn man sich selbst eigentlich lieber mit anderen Dingen auseinandersetzen wollte.

Zudem ist es ebenfalls noch nicht lange her, da entwarf der »Spiegel« sinngemäß etwa folgendes Szenario: dass man im Zuge der Digitalisierung damit rechnen müsse, demnächst in der Lage zu sein, Hunderte von Fernsehsendern empfangen zu können. Keine sehr schöne Vorstellung, wie das Magazin weiter orakelte. Trash wenn schon nicht auf allen, dann doch auf sehr vielen Kanälen, dazu vieles, was der fernsehende Mensch wirklich nicht benötige. Kurzum: kein Segen, diese Digitalisierung.

Was man zum Zeitpunkt der Veröffentlichung im »Spiegel« (2005) nicht wissen konnte: Diese Prognose ist im Zeitalter von IPTV und Web-TV schon lange überholt. Je nachdem, wie man den Begriff »Kanal« oder »Sender« definieren will, kann es theoretisch schon heute Millionen von Sendern geben. Nämlich jeden, der einen Breitbandzugang ins Netz hat. Jeder kann Sender sein (ebenso wie natürlich auch Empfänger) – das dürfte der entscheidende Paradigmenwechsel von der alten in die neue Medienwelt sein. Beim Thema Fernsehen ist diese Änderung natürlich am gravierendsten. Denn bis noch vor wenigen Jahren war TV das unantastbarste aller Medien. Zu teuer, zu komplex, zu aufwendig: Auf die Idee, selbst »Fernsehen« zu senden, wären noch vor wenigen Jahren nur die allerwenigsten gekommen, zumal ein richtiger Fernsehsender auch noch ein hochgradig schwieriges und für einen Einzelkämpfer kaum zu überstehendes Lizenzierungsverfahren mit sich brachte. Die zunehmenden Bandbreiten im Internet und die rasant steigende Verbreitung von Breitbandanschlüssen haben das Thema IP-basiertes Fernsehen viel schneller auf die Agenda gebracht, als es selbst für kühne Optimisten denkbar gewesen wäre. Fernsehen im Internet, am und über den Computer: Es gehört heute weder für Betreiber noch für Empfänger sonderlich viel dazu, um dies zu realisieren. Man kann über Modelle wie »YouTube« denken was man will, aber eines ist unbestritten: Es hat unser eigenes Bild vom Fernsehen, das streng linear von einigen sehr wenigen für sehr viele und große Massen gemacht wird, komplett auf den Kopf gestellt. Man kann sogar noch weiter gehen: Im Zeitalter der Digitalisierung und der Multimedialisierung existieren unsere konventionellen Vorstellungen von Fernsehen so nicht mehr. Inzwischen gibt es weltweit unzählige Videoportale mit mal mehr und mal weniger Anspruch, und es gibt mit »Current TV« auch ein Beispiel dafür, wie hochwertiges Fernsehen von Zuschauern und Redaktion gemeinsam über die konventionellen Distributionsplattformen und das Internet hinweg gemacht werden können. Das von Al Gore gegründete »Current TV« ist nicht nur sehr sehenswert, sondern wird auf Dauer sicher nicht das einzige Projekt mit einer solchen Ausrichtung sein. Möglicherweise wird eine große Masse immer noch am liebsten die Filmchen auf »YouTube« sehen, aber vermutlich haben auch Plattformen ein enormes Potenzial, die sich abseits der dann doch arg grobpixeligen Bildästhetik gute und ansprechende Videos ansehen wollen.

Und noch eine potenzielle Plattform für nahezu alle Medienformen entwickelt sich zunehmend rasant: Mobile Endgeräte, seien es Handys, Multimediaplayer, Festplattenspieler oder letztendlich insbesondere nach der Einführung von DVB-T auch Laptops als eine Möglichkeit zum mobilen Fernsehen. Mobilität und Mediennutzung – was zunächst allenfalls nach einem netten Gimmick geklungen hatte, entwickelt sich in den kommenden Jahren zu einem Massenmarkt. Eine ganze Reihe von Medienmenschen geht inzwischen fest davon aus, dass der Medienmarkt in wenigen Jahren auf drei Säulen stehen wird: auf den bisherigen analogen Medien, auf den digitalen (Online-)Medien und schließlich auf den mobilen, drahtlosen Medien. Vor allem die rasend schnelle und atemberaubende Entwicklung von Handys macht diesen Gedanken möglich. Noch vor einigen Jahren musste man dem Mobiltelefon den Status eines Gimmicks geben: Man konnte schnell und einfach Mitteilungen verschicken. Wenn es dann um visualisierte Medien ging, hatten höchstens Technikfreaks ihre reine Freude daran. Klar konnte man schon damals mit Handys Fotos machen und Mini-Videos drehen, aber für einen auch nur halbwegs ernsthaften Einsatz in konventionellen Medien waren die verpixelten Fotos und 30-Sekunden-Clips nicht wirklich geeignet. Inzwischen gibt es Kameras mit einer Auflösung von fünf Millionen Pixeln und Videofunktionen, die zumindest das Abdrehen von Standardsituationen erlauben. Und Speicherkarten mit mehreren Gigabyte Platz erlauben auch, dass das Video länger wird als nur wenige Sekunden. Umgekehrt kann der Nutzer auf den Displays moderner Handys oder von MP3-Playern auch mal was erkennen, was wiederum bedeutet: Mobile Geräte sind inzwischen sowohl für den Konsum als auch für die Produktion von Medien vollwertig geeignet. Nein, eigentlich muss man sogar noch weiter gehen. Man kann nicht nur »was erkennen«, man kann auf kleinen Screens der neuen Generationen richtiges Mini-Fernsehen veranstalten. Die Bildqualität ist inzwischen derart herausragend gut, dass sich sogar »Crawls« oder Bauchbinden (also die Einblendungen am unteren Bildrand) perfekt lesen lassen. Kein Wunder, dass die Prognosen und Studien allesamt von einem kräftigen Wachstum mobiler Medien in den kommenden Jahren ausgehen.

Man weiß natürlich noch nicht viel darüber, was mobiles Fernsehen bedeuten kann – man kann aber durchaus Mutmaßungen anstellen darüber, dass es wohl schneller, prägnanter, kürzer, dichter aufbereitet sein muss als das, was wir abends auf der Couch verfolgen. Darüber, dass es den Nutzungssituationen angepasst sein muss und dass es nicht notwendigerweise das sein muss, was wir aus unserem heutigen Verständnis heraus als »Programm« bezeichnen würden. Ob jemand auf seinem mobilen Multimediaplayer wirklich ein Programmschema nach konventionellem Muster konsumieren wird, sei dahingestellt. Viel eher zu erwarten ist, dass der mobile Mensch von morgen kurz, schnell und interessenorientiert – kurz gesagt: personalisiert und auf Abruf informiert werden will.

Wenn man sich praktische Situationen vorstellt, werden die Dinge klarer – und erscheinen gar nicht mehr so utopisch, wie das im ersten Moment der Fall sein mag. Beispiel Fußballstadion, letzter Spieltag der Bundesliga: Jeder, der sich auch nur ein bisschen für Fußball interessiert, hat jene Bilder vor Augen, bei denen die Fans mit dem Mini-Radio die Konferenzen aus den anderen Stadien mitverfolgen und wie es dann wie ein Lauffeuer durchs Stadion geht, wer gerade wo ein Tor geschossen hat (den legendären Konferenzen im Radio sei Dank). Natürlich erscheint das heute noch weitgehend unvorstellbar, aber was sollte uns eigentlich daran hindern, künftig statt mit dem Kofferradio auf der Schulter mit dem Multimediaplayer in der Tasche ins Stadion zu gehen – und statt aus dem klappernden Radio die aufgeregten Reporterschreie zu hören, die Filmsequenz in einem 60-Sekünder mit dem jeweiligen Tor und seiner Entstehungsgeschichte zu sehen? Und warum soll ein Multimediaplayer nicht irgendwann in der nächsten Zeit wunderbar dazu geeignet sein, das gute alte Kofferradio endgültig vom Markt zu werfen? Er könnte schneller, praktischer und vor allem vielseitiger sein. Im Übrigen passen Kofferradios eher schlecht in Hosentaschen. Multimediaplayer lassen sich gegebenenfalls auch dort unterbringen.

Bleibt schließlich die technische Entwicklung bzw. die Bedienbarkeit, ein nicht zu unterschätzender Aspekt für Erfolg oder Misserfolg von Neuentwicklungen. Doch auch in diesem Bereich sieht es so aus, als seien alle Voraussetzungen für eine positive Entwicklung am Markt gegeben. Aus Sicht des Users ist die multimediale Handhabung jedenfalls deutlich simpler, als es die Programmierung eines durchschnittlichen Videorekorders jemals gewesen ist. Vieles von dem, was die Einführung neuer Technologien erschwert, ist hier gar kein Thema. Weder muss viel Geld in die Hand genommen werden, noch gäbe es parallele Entwicklungen, die den Nutzer zum Abwarten verleiten könnten. Man muss beileibe kein »first mover« sein, um aus seinem Computer einen Fernseher oder ein Radio oder eine anderweitig einsetzbare multimediale Wunderkiste zu machen. Das gilt auch für mobile Geräte: Handys müssen letztendlich mit einem entsprechenden Empfänger ausgerüstet sein, sodass der User auch nicht mehr machen muss als heute: einfach »einschalten«. Einen Laptop mit einer TV-Karte auszustatten, erfordert ebenfalls wenig Mühe bzw. technisches Können und auch Multimediaplayer sind denkbar einfach zu bedienen.

Wandert demnächst also das Fernsehen – oder besser gesagt: das, was wir bisher Fernsehen nannten – ab ins Web? Während sich die großen Web-Player bereits auf den Wandel vom Lese- zum Multimedium vorbereiten und dazu wie selbstverständlich auch mit dem Thema TV experimentieren, wehren sich die bisherigen Multis noch. Sie verweisen dabei gerne auf Studien, die im Kern Folgendes besagen: Natürlich wird sich der TV-Markt fragmentieren, werden Nischen- und Kleinstprogramme hinzukommen. Der allergrößte Teil aber, nämlich rund achtzig Prozent sowohl bei Zuschauer- als auch Werbemarktanteilen, den teilen demnach fünf, sechs Große unter sich auf. Notwendigerweise sind das aus Sicht der Konzerne – sie selbst. Spruch: ARD, ZDF, RTL, SAT 1 und Pro 7 teilen das größte Stück des Kuchens weiter unter sich auf, bei den restlichen zwanzig Prozent spielt man auch noch mit, muss sich die aber eben mit den Newcomern am Markt teilen.

Eine Rechnung, die man akzeptieren mag. Allerdings lässt sie eine wichtige Entwicklung außen vor: Fernsehen ist zwar – beispielsweise und nicht nur nach Ergebnissen des »Netzwerks Recherche« noch das beliebteste und meistgenutzte Medium. Doch bei der nachkommenden Generation der heute 14-Jährigen lässt sich ein signifikanter Wandel feststellen: Das Web löst das Fernsehen als Leitmedium ab. Das ist für ein Medium, das so großen Wert auf die 14- bis 49-Jährigen legt, die denkbar ungünstigste Entwicklung: Die Zielgruppe, die man umgarnt, wendet sich einem neuen Medium zu. Dass es beispielsweise den Zeitungen in dieser Entwicklung noch viel schlechter geht, ist da vermutlich nur ein schwacher Trost.

Viel mehr allerdings weiß man leider nicht: Die heute 14-Jährigen haben zwar eine so hohe Web-Affinität wie noch keine Generation vor ihnen, doch was das für die weitere Entwicklung des Fernsehens bedeutet, darüber kann nur spekuliert werden. Der einfachste Gedanke wäre, dass Fernsehen als sinnstiftendes Gemeinschaftserlebnis früherer Jahre schlichtweg ausgedient hat. Dagegen sprechen die bisherigen Erfahrungen aus dem Web. Auch wenn es inzwischen Millionen Seiten hat, lässt sich doch feststellen, dass der allergrößte Teil des Webtraffics, nämlich rund 75 Prozent, sich auf einen Anteil von 25 Prozent der Seiten verteilt. Andersrum gesagt: Ein Viertel der Seiten zieht drei Viertel des täglichen Datenverkehrs auf sich, während für den weitaus größeren Teil der Anbieter nur noch eine Minderheit übrig bleibt. Es spricht also einiges dafür, dass es auch bei der Entstehung neuer Medien bisher bereits beobachtetes Verhalten gibt. Was aber nicht zwangsweise bedeutet, dass es auch einen Nutzertransfer vom analogen ins digitale Medium gibt. Wer eine gute Zeitung, dafür aber einen schwachen Online-Auftritt produziert, der sollte besser nicht damit rechnen, dass ihm seine Leser aus purer Loyalität ins Netz folgen.

Eher akademisch ist dagegen die Debatte, auf welcher Plattform sich die Annäherung der beiden Medien Fernsehen und Internet vollziehen wird. Dem Nutzer wird es vermutlich herzlich egal sein, ob sein Fernsehgerät auch webfähig ist oder ob er am Computer fernsieht. Im Zeitalter der webaffinen Generationen, in dem Connectivity ein Wert an sich ist, müssen wir uns auch verabschieden von der überkommenen Vorstellung, dass im Eichenschrank des Wohnzimmers ein Fernseher steht, während der Rechner nur zu fest definierten Einsätzen hochgefahren wird. Wer mit DSL-Flatrates und der Möglichkeit, jederzeit drahtlos ins Netz gehen zu können, groß geworden ist, dem wird der Gedanke an gemeinsame 20.15-Uhr-Wohnzimmer-Fernsehabende eher etwas absurd vorkommen.

Was Wunder also, dass sich für die Zukunftsmärkte derzeit auch Player positionieren, die man bisher im TV-Markt nicht auf der Rechnung hatte. Zudem hat das Web als Distributionsplattform noch einen weiteren unschätzbaren Vorteil: Die Frage nach einem unmittelbaren Rückkanal stellt sich erst gar nicht. Web ist Interaktion, ist Kommunikation – und es hat ein Publikum, das genau diese Interaktion schon beherrscht und als selbstverständlich voraussetzt.

Natürlich, eines fehlt den Web-Marken (derzeit) noch: journalistisch-inhaltliche Kompetenz und Glaubwürdigkeit. Doch darauf sollte man sich bei den etablierten Anbietern nicht zu sehr verlassen: Wer sieht, wie sich das jüngere TV-Publikum im Lauf der Jahre von den öffentlich-rechtlichen Sendern trotz derer völlig unbestrittenen journalistischen Kompetenz abgewendet hat, der kann sich auch vorstellen, dass es im Laufe der kommenden Jahre für jüngere Zuschauer völlig normal sein wird, Nachrichten oder Börsenreporte von MSN oder Google zu konsumieren.

Als völlig normal dürfte es dabei in Zukunft auch gelten, dass die bereits beschriebene und möglich gemachte Interaktion mit dem Sender aus Sicht des Nutzers sich künftig nicht nur darauf beschränken wird, an Gewinnspielen teilzunehmen oder aber sich für 45 Sekunden bei einem Call-in zur aktuellen politischen Lage zu äußern. Wer seinen (Rück-)Kanal öffnet, muss damit rechnen, dass mündige Zuschauer mittelfristig auch mehr Teilhabe an »ihrem« Fernsehen respektive ihrem Medium haben wollen. Dies muss nicht bedeuten, dass künftig aus SAT1 ein »offener Kanal« oder ein Bürgerfernsehen wird. Dass aber eine verstärkte Teilhabe zu den neuen Entwicklungen im digitalen Zeitalter zu einem der entscheidenden Trends wird, scheint bisher weitgehend unstrittig. Ein Trend übrigens, der nicht nur im TV zu sehen ist. In den USA gibt es bereits Zeitungen, die ihre Leser via Online-Kommunikation dazu auffordern, bereits bei der Themen-Planung der Zeitung von morgen aktiv mitzuwirken, Wünsche, Vorschläge und Anregungen zu äußern.

Das alles muss man erst einmal voraussetzen, ehe man zum eigentlichen Thema Crossmedia kommt. Und danach sollte man sich eine ganz simple und doch schwierige Frage stellen:

1.4   Was ist Crossmedia überhaupt?

Man kann die Sache nüchtern und technisch betrachten. Wikipedia beispielsweise definiert den Begriff Crossmedia so, dass es sich dabei um eine Kommunikation über mehrere inhaltlich, gestalterisch und redaktionell verknüpfte Kanäle hinweg handelt. Vor allem aber – und das ist nicht mehr ausschließlich eine Wikipedia-Definition, sondern eine strategische Frage – muss eine crossmediale Konzeption dringend auch einen Rückkanal, vielleicht auch mehrere, enthalten. Crossmedia heißt im erweiterten Sinne also auch Kommunikation, Dialog, Interaktion. Das wiederum funktioniert nicht ohne den Rückkanal. Und das wiederum bedeutet, dass das Thema Crossmedia sehr viel mehr als einen rein technisch-strategischen Aspekt hat. Im Gegenteil, es stellt unser bisheriges Berufsverständnis komplett in Frage. Der Journalist, das Medienhaus als alleiniger Gatekeeper zur Information, das funktioniert nicht mehr. Wenn künftig jeder im Prinzip gleichermaßen Sender wie Empfänger sein kann, dann kann theoretisch jeder auch zur Meinungsbildung und zur Informationsbeschaffung beitragen. Ein sehr theoretisches Modell, gewiss. Dennoch aber auch ein Paradigmenwechsel. Information ist keine Einbahnstraße mehr, die Einschätzung dessen, was relevant sein könnte, ist nicht mehr die Sache einiger weniger. Journalismus eher als Dialog denn als Monolog, das ist in der Tat eine Sache, die man in der Praxis erst einmal umsetzen muss. Das bedeutet weitaus mehr als ein paar Alibi-Leserbriefe oder das Einholen von ein paar wenigen vox populi, die den Eindruck entstehen lassen sollen, man habe sich tatsächlich um Volkes Meinung gekümmert und gebe sie hiermit quasi halbamtlich wieder.

Ebenso wichtig ist allerdings der konzeptionelle Aspekt des Themas Crossmedia. Man kann nicht einfach mal eben auslosen, wo welcher Inhalt präsentiert werden soll. Und es dürfte jeglicher auch künftiger ökonomischer Realität widersprechen, sollte man glauben, man produziere künftig einfach mal zu jedem Thema automatisch vom Text über Fotos und Podcast bis hin zum Video alles, was die Technik hergibt. Ökonomisch unsinnig, journalistisch fragwürdig – den Begriff Crossmedia sollte man keineswegs als Tarnung verwenden, um eine schnelle und billige Produktion von Inhaltsmassen zu verwenden. Umgekehrt heißt das aber auch, dass den Themen Organisation, Planung und Konzeption bereits im Vorfeld einer journalistischen Produktion deutlich höhere Bedeutung zukommt. Das schon aus reinem Eigeninteresse. Schließlich ist es nicht gerade der größte Wunschtraum eines Journalisten, zu jedem Termin einen ganzen Sack Equipment hinterherzuziehen.

Apropos Equipment – auch hier stellt sich zunächst einmal eine simple und dennoch bedeutsame Frage:

1.5   Welches Equipment benötigt man?

Erst einmal: im Vergleich zu dem, woran man sich zu analogen Zeiten abarbeitete, nicht viel. Zugespitzt gesagt: Man braucht einen Laptop, ein Mikro, eine DV-Kamera (ggf. reicht auch ein guter Camcorder), eine Digitalkamera, ein Stativ, ein Mikrofon, einen Kopfhörer, ein digitales Aufnahmegerät, einen mobilen Internetzugang, eventuell ein kleines Mischpult, neuerdings würde ich auch noch ein hochwertiges, multimediafähiges Handy empfehlen – und das war's dann auch schon, zumindest in der Theorie. An anderer Stelle werden wir sehen, dass dieses Equipment die Grundanforderungen erfüllt, es aber natürlich so ist wie mit allen Technologien dieser Welt: Eine gewisse Qualität kostet ein gewisses Geld. Natürlich kann man mit einem 500-Euro-Camcorder drehen, aber der Unterschied zu einer Dreichip-Kamera für 3.000 Euro ist eben sichtbar. Man kann Mikrofone für 50 Euro kaufen und welche für 500 Euro, man wird den Unterschied aber hören. Man sieht also, die Frage nach dem richtigen Equipment lässt sich nur dann sinnig beantworten, wenn man sich halbwegs darüber im Klaren ist, welche Schwerpunkte man setzen will. Jemand, der die meisten seiner Beiträge für Audiomedien produziert, wird und muss sicherlich mehr Geld für diesen Teil seiner Arbeit ausgeben, als der TV-Journalist, der gelegentlich auch mal Podcasts macht. Insofern kann es die eine, die definitive Liste für das Equipment für Multimedia-Journalisten nicht geben. Das auch noch aus einem anderen Grund: Die technischen Entwicklungen schreiten immer noch derart schnell voran, dass eine solche Liste vermutlich nach einem Jahr schon wieder hoffnungslos überholt wäre.

Bestes Beispiel: das bereits erwähnte Multimedia-Handy. Noch zu Beginn des neuen Jahrtausends wäre ein Handy ganz und gar keine Option als Produktionsmittel gewesen. Und auch die Geräte, die in den Jahren darauf mit Foto- und Videofunktionen auf den Markt kamen, waren nette Gadgets für private Rumspielereien, aber keineswegs geeignet, damit druckfähige Fotos oder sendefähige Videos zu machen. Das hat sich geändert, Geräte wie beispielsweise das 2007 erschienene Nokia N95 bieten die Möglichkeit, ansehnliche Fotos bei einer Auflösung von fünf Millionen Pixeln und Videos in annähernder DVD-Qualität zu drehen. Insofern können solche Geräte beispielsweise für klassische Reporter in kleinen und mittelgroßen Lokalredaktionen eine echte Alternative werden. Schließlich widerspricht es jeglicher ökonomischer Realität zu glauben, künftig würde der Polizeireporter in der niederbayerischen Kleinstadt seinen Dienst mit einer teuren DV-Kamera versehen. Möglicherweise ist ein hochwertiges Multimedia-Handy, das zudem schnell und einfach mitgeführt werden kann, völlig ausreichend, um einen 60-Sekünder über den Auffahrunfall auf der Umgehungsstraße zu drehen. Auf der anderen Seite muss man dabei aber eben auch berücksichtigen, dass diese Lösung wirklich nur für einen Teilbereich der Videoproduktion greifen kann. In dem Moment, in dem man wirklich »drehen« im klassischen Sinne will, wenn man also Bilder inszeniert, Beiträge baut, möglicherweise auch noch mit wechselnden und schwierigen Lichtverhältnissen arbeiten muss, stößt ein noch so gutes Handy schnell an seine Grenzen. Dafür ist es schlichtweg nicht gedacht und nicht gemacht. Man sieht an diesem Beispiel übrigens auch sehr schön, dass ein gewisses technisches Know-how für Journalisten in Zukunft wenn schon nicht unverzichtbar, dann doch wenigstens überaus hilfreich ist. Man wird künftig vermutlich viel öfter als in monomedialen und analogen Zeiten vor der Frage stehen: Was nehme ich heute überhaupt mit?

Kann man denn mit verhältnismäßig kostengünstigem Material wirklich Qualität produzieren? Auf diese Frage stößt man in der Debatte um crossmedialen Journalismus sehr schnell – und immer wieder. Tatsächlich ist dieser Gedanke auch nicht von der Hand zu weisen: Wie soll ein Videofilm, der mit einem Camcorder gedreht wurde, mit einem Film mithalten können, für dessen Dreh ein hochwertiges, mehrere Tausend Euro teures Beta-Equipment verwendet wurde? Kann man sich ein Audio, das mit einem simplen Aufnahmegerät und als MP3 aufgenommen wurde, überhaupt anhören? Einfache Antwort: Natürlich kann der Camcorder mit der Beta-Kamera in Sachen Bildqualität auf gar keinen Fall konkurrieren. Das muss er für bestimmte Zwecke auch gar nicht. Für einen wenige Pixel großen Flash-Player im Internet ist keineswegs dieselbe Bildqualität nötig wie für einen HD-Fernseher mit einer 100-cm-Diagonale. Ein kurzes Interview aufzunehmen, aus dem für einen Beitrag 30 Sekunden verwendet werden, erfordert weitaus weniger drehtechnisches Können als ein Tierfilm. Wie man also sieht, ist alles eine Frage des »Wofür«. Gleichwohl wird es demnach in Zukunft zu den Schlüsselqualifikationen des crossmedial arbeitenden Journalisten gehören beurteilen zu können, wo welches Material eingesetzt werden muss. Es schadet dabei übrigens auch nicht, wenn man sich selbst und seine eigenen Grenzen (die zweifelsohne jeder hat) einigermaßen realistisch beurteilen kann. Mit einem Camcorder lässt sich für Laien etwas weitaus leichter umsetzen als mit einer Beta-Kamera.

In diesem Zusammenhang sei erwähnt: Explizite Softwaretipps und Geräteempfehlungen gibt es in diesem Buch nur ausgesprochen selten. Mit voller Absicht. Schließlich sind die Entwicklungen gerade in diesem Bereich derart rasant, dass vermutlich die Hälfte der Tipps bereits bei Erscheinen des Buches zumindest partiell veraltet ist. So ist das nun mal mit analogen, gedruckten Medien …

1.6 Eine Frage der Organisation

Der größte Vorteil der crossmedialen Medienproduktion ist gleichzeitig ihr größter Nachteil bzw. ihr größtes Problem: Natürlich ist es zunächst einmal eine großartige Sache, wenn man als Redaktion oder auch als einzelner Journalist auf einmal in der Lage ist, nicht nur (beispielsweise) Text und Bild, sondern auch Audio und Video oder sogar animierte Grafiken produzieren zu können. Doch exakt an diesem Punkt setzt auch die Problematik ein: Wann ist was wo am besten zu gebrauchen? Man muss schon im Vorfeld ziemlich genau wissen, was man tun will, sowohl als Reporter draußen als auch als Redakteur im Haus. Wer einfach nach draußen geht, einen Rucksack voller Equipment, aber keine wirkliche Idee, kein Konzept für seine Geschichte in der Tasche, wird zuverlässig scheitern. Ebenso erwartet jede Redaktion das vorprogrammierte Chaos, wenn sie irgendwann im Laufe des Tages darüber nachdenkt, ob sie zu einem Thema eigentlich ein Audio, ein Video oder am liebsten alles zusammen haben will. Flexibilität und Spontane-ität in allen Ehren, aber ganz ohne Planung wird es insbesondere im Zeitalter der nahezu unbegrenzten Möglichkeiten nicht mehr gehen. Klassische Planung eines Themas also auf der einen Seite, räumliche und strukturelle Umorganisation auf der anderen Seite: Die Zeit der kleinen Königreiche in Redaktionen, die durch zahlreiche Türen und andere Hindernisse voneinander getrennt sind, geht mit zunehmender Crossmedialität ihrem Ende entgegen. Was kommt, ist die Epo-che des Newsdesks, jenes Konstrukts also, in dem es primär um die richtige und vielfältige Aufbereitung des Rohstoffs »Nachricht« geht – und nicht mehr um irgendwelche Ressorts, die im kleinen Kreis vor sich hinarbeiten. Wer schnell und effizient viele Plattformen mit anständigen journalistischen Inhalten bestücken will, der muss vor allem eines: miteinander reden. Und dazu muss man so nah wie möglich beieinander sitzen, muss man so kurze Wege wie nur möglich zueinander haben. Newsdesk also heißt die Lösung – kürzer, effizienter und schneller geht es aus heutiger Sicht der Dinge nicht.

Natürlich ist ein solcher Newsdesk nur dann wirklich sinnvoll, wenn er entspre-chend technisch ausgestattet ist. Sprich: An jedem Arbeitsplatz muss die Mög-lichkeit bestehen, jede Medienform zu betrachten und gegebenenfalls auch zu bearbeiten. Konkret: Software für die Bildbearbeitung, für die digitale Bearbei-tung von Videos, von Audios und im Optimalfall auch von Animationen muss auf den Rechnern installiert sein, bereitliegen sollte zudem sinnigerweise ein Kopfhörer (ansonsten ist der Newsdesk vermutlich zur Primetime ein einziges Geräuschgewirr).

Der Newsdesk ist aber nur eingeschränkt verwendbar als eine Produktionsstätte. Stattdessen wird er immer mehr ein Umschlagplatz für Nachrichten, für Inhalte sein. Hier wird geplant, verteilt, diskutiert, distribuiert. Aber Produktion, Kon-fektion – das alles wird eher außerhalb an dafür deutlich besser geeigneten Orten passieren. Wer einen längeren Text schreiben muss, braucht dafür ganz einfach nur Ruhe. Wer einen Audio-Beitrag sprechen oder ein Video vertonen will, kann das nicht, wenn im Hintergrund Stimmen zu hören sind oder Telefone läuten. Video- und Audioproduktion werden also schon allein aus diesen Gründen nie an einem Newsdesk stattfinden. Insofern braucht niemand Angst zu haben vor dem Schreckgespenst eines riesigen Großraumbüros, in dem nicht mehr konzentriert gearbeitet werden kann. Wohl aber müssen in einer solchen großen Zentrale die Fäden, die News-Nervenstränge zusammenlaufen. Für ein effizientes Arbeiten müssen die Wege zueinander so kurz wie nur möglich sein. Am Rande bemerkt: Was für eine große Redaktion gilt, kann man auch als crossmedialer, journalistischer Einzelkämpfer im Kleinen für sich organisieren. Sprich: Das eigene Büro kann ein multimedialer Mini-Newsdesk werden; Produktionen, für die man Ruhe braucht, sollte man aber wenn irgendwie möglich außerhalb der Reichweite piepsender Telefone machen.

Und natürlich gibt es noch einen Faktor, der für das zuverlässige Funktionieren eines multimedialen Newsdesks von überragender Bedeutung ist: der Mensch. Wenn wir davon ausgehen, dass an einem solchem Newsdesk die Ware Information zunächst einmal als Rohstoff ankommt und dort quasi umgeschlagen, konfektioniert und distribuiert wird, dann müssen an einem solchen Umschlagplatz auch Menschen sitzen, die in der Lage sind, die richtigen Entscheidungen zu treffen. Dabei geht es um mehr als das richtige Video- oder Audioformat. Es geht vielmehr um journalistisches Können, um die richtigen Einschätzungen, welcher Stoff sich für welche Darstellungsform eignet. Schließlich wird sich auch im modernsten Crossmedia-Zeitalter nichts an der Tatsache ändern, dass nicht jedes Thema für jede Plattform gleichermaßen gut geeignet ist. Am Newsdesk müssen also Journalisten sitzen – keine Handwerker (was nicht bedeutet, dass in diesem Zusammenhang auch ein wenig technisches Grundwissen und grundlegende handwerkliche Fähigkeiten nicht schaden können).

In diesem Zusammenhang sei es zugegeben: Man ist auf der Suche nach möglichst durchlässigen und vielseitigen Redaktionen zwar schon ein ganzes Stück weitergekommen im Vergleich zu den Jahren 1999/2000, als man sich erstmals mit dem Gedanken beschäftigte, aus einem Haus, aus einer Redaktion heraus mehr als nur das »Muttermedium« zu bespielen. Gute Redaktionssysteme beherrschen es inzwischen, mehrere Darstellungsformen und Medienformen zu bearbeiten, allerdings ist crossmediales Produzieren heute immer noch eine Angelegenheit, die mit vielen verschiedenen Komponenten gemacht werden muss. Ein simples Beispiel: Wenn sich eine Redaktion dazu entschließt, das bereits erwähnte N95 von Nokia als eine Art »Reporter-Handy« einzusetzen, muss sie, wenn sie gleichzeitig den in Windows implementierten »Movie Maker« als digitales Schnittprogramm verwenden will, noch ein Konvertierungsprogramm dazwischen schalten. Das Nokia nämlich produziert ausschließlich Videos im Format MP4 – der Movie Maker wiederum weigert sich beharrlich, MP4 zu bearbeiten. Lösung demnach also: entweder die Original-Videos von MP4 zu einem WMV oder zu einem avi umwandeln. Oder gleich ein anderes Schnittprogramm als den Movie Maker verwenden. Oder mit einer anderen Kamera drehen. Wie auch immer, in jedem Fall muss der digitale Workflow nicht nur organisatorisch, sondern auch technisch stimmig sein. Wenn Formate und Geräte nicht zusammenpassen, dann wird die

Produktion nahezu unmöglich. Es empfiehlt sich also, bei der Zusammensetzung des eigenen Equipments, immer das Große und Ganze im Auge zu behalten und keineswegs Hard- und Software isoliert voneinander zu besorgen. Die Tatsache, dass es inzwischen eine Vielzahl von Formaten, Programmen und Technologien gibt, mag auf der einen Seite ein Segen sein. Auf der anderen Seite erleichtert es die Produktion und Organisation in Redaktionen nicht gerade. Für Menschen, die Veränderung und Flexibilität nicht sonderlich mögen, wird dieser digitale Overkill sogar ein kleiner Albtraum sein. Aber, um es deutlich auszusprechen: Wer nicht veränderungswillig und flexibel ist, sollte von crossmedialem Journalismus ohnedies besser die Finger lassen.

Daneben bleibt bei aller Organisation und Technik natürlich auch die Frage nach der inhaltlichen Machbarkeit von Crossmedia. In der Theorie ist es ein Leichtes, für jedes Thema jede nur mögliche Darstellungsform zu wählen. Die Praxis zeigt indessen schnell, dass dies eben nur ein theoretisches Konstrukt ist. Ein Interview beispielsweise kann großartig sein, wenn man es liest – und in dem Moment, in dem man das entsprechende Video dieses Gesprächs sieht, erheblich verlieren. Ganz einfach deswegen, weil der Inhalt einer Unterhaltung das eine ist – die Art und Weise, wie jemand seine Inhalte rüberbringt, das andere. Soll heißen, dass womöglich jemand spannende Thesen vorträgt, (die sich entsprechend interessant lesen) und gleichzeitig furchtbar langweilig erzählt. In einem solchen Fall ist es überlegenswert, auf die optische und akustische Darstellungsform des Interviews zu verzichten und nur die Lese-Version zu veröffentlichen. Zur Organisation sinnvollen crossmedialen Publizierens gehört also auch die schlichte Frage nach der Eignung von Inhalten für diverse Plattformen.

1.7 Das Storyboard

Machen wir uns nichts vor: In den meisten Fällen sind bisher crossmediale Produktionen Dinge, die stark an Zufällen hängen. Wenn irgendjemand entdeckt, dass man aus gedrehtem Material sozusagen noch das machen kann, was man im DVD-Geschäft »Bonusmaterial« nennt, dann schneidet man schnell noch etwas zusammen. Wenn jemand ein Interview geführt hat und es in der Printausgabe nur auszugsweise veröffentlichen kann, dann findet man schon mal Verlage, die die vollständige Version im Netz anbieten. Beiden Produktionen ist eines gemein: Sie haben eigentlich nichts mit wirklichem crossmedialem Journalismus zu tun. Diese Art des Publizierens ist vielmehr eine Resteverwertung (was ja durchaus legitim ist), weil man davon ausgehen darf, dass die Essentials, das wirklich Wichtige, das Lesens- und Sehenswerte bereits auf dem Muttermedium verwendet wurde. Das zeugt von falscher Denkweise. Denkt man wirklich crossmedial, dann gibt es kein Muttermedium mehr, sondern nur noch Medienmarken, die auf den verschiedenen Distributionskanälen das publizieren, was für den jeweiligen Kanal gerade am geeignetsten ist. Keineswegs eine Rolle spielen darf dabei das schon geschilderte Recycling-Denken, wonach der beste Inhalt ins »Muttermedium« gepackt und der eher zweitklassige Rest online verwendet wird. Im Idealfall ergänzen sich die Dinge und bilden unterm Strich einen echten Nutz- und Mehrwert für den Nutzer. Wer in seine neuen Medienplattformen nur Zweitrangiges und Abfallprodukte packt, darf sich nicht wundern, dass die Akzeptanz seiner neuen Medien schnell gen null tendiert.

Das vorausgesetzt, muss man an eine journalistische, crossmediale Publikation anders herangehen als an bisherige konventionelle Produktionen. Und um dies wiederum realisieren zu können, benötigt man vor allem eines: eine klare Idee, ein klares Konzept, wie und wo und wann man was umsetzen möchte. Im Idealfall steht also bereits im Vorfeld der Ablauf, der beispielsweise im Falle einer Tageszeitung so aussehen könnte:
1. Nach Termin erste Schnell-Meldung auf der Internetseite
2. Newsticker läuft über mobile Plattformen (Handy etc.)
3. Ausführliche Meldung für die Internetseite
4. Video für die Internetseite
5. Video für mobile Plattform
6. Audiobeitrag für die Internetseite
7. Audiobeitrag für Podcast
8. Interaktives Feature mit AV-Elementen für die Internetseite
9. Ausführliche Geschichte für die Tageszeitung von morgen

Um potenziellen Missverständnissen vorzubeugen: Niemand behauptet, dass Journalisten künftig zwingend zu jedem Thema eine solche Kette von Produktionen vorlegen müssen, vermutlich dürfte es sich bei dieser beschriebenen Abfolge eher um eine absolute Ausnahme denn um einen Regelfall handeln. Und natürlich ist ein solcher Ablauf nur dann sinnvoll, wenn man es zum einen mit einem nachrichtlich geprägten Medium zu tun hat und zudem noch mit einem Medienhaus, das über all jene beschriebenen Plattformen auch verfügt. Interessante Frage am Rande zudem: Kann das alles von einem einzigen Journalisten bewältigt werden? Dabei ist das gar nicht mal die entscheidende Frage. Wenn es eine organisatorische und sinnvolle Struktur gibt, mit der mehrere Journalisten diese inhaltliche

Kette zusammenstellen, dann spricht sicherlich nichts dagegen, das so zu tun. Wenn's einer allein schafft – auch recht.

Klar ist auch, dass dieser beschriebene Ablauf tatsächlich nur exemplarisch stehen kann. Die Erfordernisse eines Nachrichtensenders in TV oder Rundfunk sind grundsätzlich andere als bei einer Tageszeitung, wer – wie ein Nachrichtensender – im Viertelstundentakt Nachrichten sendet, wird die Gewichtung zwischen der Eil-Meldung auf der Internetseite und im aktuellen laufenden Programm sicher überdenken müssen. Und für Medien, die mit konventionellem Nachrichtengeschäft gar nichts am Hut haben, sondern länger haltbare Inhalte produzieren, ist die oben beschriebene Reihung ohnedies irrelevant. Aber auch dann muss zumindest überlegt werden, wie man die Inhalte in den richtigen Kontext setzt und sie sinnvoll miteinander vernetzt. Das wird die Aufgabe der Medien in der Zukunft sein – ganz egal, ob sie tagesaktuell erscheinen oder nicht.

Diese Einschränkungen ändern nichts daran, dass man an eine solche Fülle von komplexen Aufgaben strukturiert herangehen muss, um sie bewältigen zu können. Diese Strukturierung erreicht, wer in seinem Kopf – oder noch besser: auf einem Blatt Papier – ein fertiges Storyboard entwickelt hat. Dort sollte nicht nur ein grober zeitlicher Ablauf erfasst sein, sondern auch eine Idee, was aus diesem Thema herausgeholt werden kann. So banal dies klingen mag, aber es ist nun einmal so, dass nicht jede Geschichte, nicht jeder Termin für ein Video trägt. Oder für ein Audio, für eine Fotogalerie, für eine interaktive Grafik. Natürlich weiß man insbesondere im tagesaktuellen Journalismus selten ganz genau, was auf einen zukommt. Aber ein paar Erfahrungswerte hat man dann doch. So, wie man jeden Tag eine Zeitung und ihre Beiträge plant, so muss man sich eben künftig hinsetzen und darüber nachdenken, was man machen will: Mono- oder eben doch Multimedia? Die Entscheidung wird im Einzelfall jedes Mal anders ausfallen, aber zumindest eine Entscheidung und eine vernünftige Planung müssen her.

Das gilt vor allem dann, wenn man die Dinge vernetzen will, sei es zeitlich, sei es über verschiedene Plattformen hinweg oder aber in der »Königsdisziplin« in einem Stück, in dem die verschiedenen Darstellungsformen ineinander verschmelzen sollen. Wer jemals versucht hat, ein multimediales Stück mit Video, Audio, Animation, Text und Bild in einem zu produzieren, der weiß, dass es ohne einen Plan, eben ein Storyboard, nicht geht. Tipp aus der Praxis: Klein anfangen, in überschaubaren Größen planen, nicht verzetteln. Wer zu viel auf einmal will, läuft Gefahr, ganz schnell und ganz grandios zu scheitern. Wie so oft, so gilt auch hier: Weniger ist manchmal mehr, Crossmedia ist nicht immer eine Sache der Quantität.

Wenn man sich dennoch oder auch aufgrund gewachsener Erfahrungen entschließt, größere Produktionen in Angriff zu nehmen, wachsen auch die Anforderungen an das Storyboard. Je komplexer die Handlungen und Abläufe, desto präziser müssen sie festgelegt und geplant werden. Für einen dreiminütigen, klassisch gebauten Audiobeitrag oder das 90-Sekunden-Video kann das Storyboard bei erfahrenen Journalisten ziemlich grobkörnig ausfallen. Wer ein Feature von 20 Minuten vertonen oder gar eine Doku in dieser Länge drehen will, für den ergeben sich ganz andere Anforderungen.

Dazu gehören auch ganz simple organisatorische Dinge, an die man vor allem als Journalist, der bisher weitgehend in Printmedien publizierte, nicht unbedingt sofort denkt. Als Journalist mit einem Notizblock eine Veranstaltung zu besuchen, ist das eine. Mit einer Videokamera oder einem Aufnahmegerät zu einem Termin zu gehen, ist etwas ganz anderes. Weiß der Veranstalter oder der Interviewpartner davon, dass man dort filmen will? Ist er überhaupt damit einverstanden? Sind die Verhältnisse vor Ort so, dass man drehen und aufnehmen kann? Und wenn es um eine größere Veranstaltung geht: Wie kann ich mir einen geeigneten Platz für meine Kamera ergattern? Zu Beginn der ersten Experimente von Tageszeitungen kursierte im Netz das 80-Sekunden-Video einer Tageszeitung, in dem ein Redakteur unfreiwillig komisch zur Schau stellte, was passiert, wenn man aufs Geratewohl mit einer Kamera unter dem Arm loszieht und versucht, den Besuch des Bundespräsidenten in einer mittelgroßen deutschen Stadt zu reportieren. Von diversen technischen und inhaltlichen Unzulänglichkeiten abgesehen krankte das Video vor allem daran, dass der Reporter weder bei den Außenaufnahmen noch bei der anschließenden Pressekonferenz es schaffte, seine Kamera so zu positionieren, dass sie halbwegs in der Nähe des Bundespräsidenten und somit in der Lage war, anständige Bilder abzuliefern. Aus der dritten Reihe heraus gedreht, konnte man zwar erahnen, dass es sich bei dem Herrn da vorne wohl um Horst Köhler handeln müsse, aber wirklichen Erkenntniswert brachte das Video niemandem. Ohne es genau zu wissen, aber man ahnt zumindest, dass man es hier mit dem Werk eines Printmenschen zu tun hatte, der sich dachte, man könne ja mal die Videokamera mitnehmen, ein wenig herumprobieren und das Ganze dann mal online stellen – ist ja »nur« Internet. Um in diesem Zusammenhang mit weiteren Missverständnissen aufzuräumen: »Nur« Internet gibt es nicht, und wer die Resultate bemühten Übens ernsthaft als publizistische Leistung online stellen will, der macht einen dicken Fehler. Mit der Digitalisierung und dem Abwandern von Inhalten ins Netz sind schließlich nicht die Qualitätsansprüche der User verschwunden. Zumal man in diesem, wie leider auch in vielen anderen Fällen, derart dilettantisch ans Werk gegangen ist, dass selbst einem Außenstehenden sofort auffallen musste, dass man es hier völlig unmöglich mit der Arbeit eines Profis zu tun haben kann. In dem Zusammenhang noch mal der Grundsatz: Medien erster und zweiter Klasse gibt es nicht, wer unter seinem Label publiziert, muss sich darüber im Klaren sein, dass seine Arbeit auch als Produkt dieses Labels wahrgenommen wird. Man kann sich also mit schlechter Arbeit seinen Namen ziemlich ruinieren, sogar im Internet.

Und schließlich gibt es noch eine andere Aufgabe, vor der Journalisten stehen, wenn sie ernsthaft crossmedial produzieren und nicht einfach nur viele Inhalte auf viele Plattformen verteilen wollen: Sie müssen die Dinge in den richtigen Kontext setzen. Ein Beispiel von tagesschau.de aus dem Sommer 2007 zeigte sehr schön, wie problematisch das Jonglieren mit diversen Mediengattungen sein kann, wenn man den entsprechenden Kontext nicht berücksichtigt bzw. herstellt. Zwar war die grundsätzliche Idee richtig und interessant: Bilder, Fotos und Original-Videos aus früheren Tagesschau-Sendungen zu einem monothematischen Modul zusammenzustellen, um damit die Geschichte der G8-Gipfeltreffen zu dokumentieren. Das Problem lag aber im Kontext: Zu verstehen war das Modul nur, wenn man es strikt modular nutzte. Wer also beispielsweise ein Video aus einem bestimmten Jahr ansehen wollte, hatte das Problem, dass der Zusammenhang nicht erklärt wurde – dazu hätte man die Tafel davor lesen müssen (was im Übrigen nebenher auch noch zeigt, wie wichtig es ist, sich im multimedialen Journalismus von linearen Denkstrukturen zu verabschieden). Ein Storyboard für eine multi- und crossmediale Produktion muss also in ganz besonderem Maße auch berücksichtigen, dass die Dinge in ihrem jeweiligen Kontext auch wirklich nutzbar und verständlich sind. Die journalistische Kunst der crossmedialen Zukunft wird es demnach sein, die Inhalte und die verschiedenen Plattformen so miteinander zu verzahnen, dass es nirgends hakt und dass für den Nutzer der größtmögliche Nutzen herauskommt.

Der Zeitungsdesigner Mario Garcia hat dazu beim World Newspaper Congress 2007 in Kapstadt einen treffenden Satz gesagt, der zwar damals auf Zeitungen gemünzt war, sich aber letztendlich ebenso gut auf alle anderen Mediengattungen anwenden lässt:

Internet und Zeitungen »tanzen Tango und der Chefredakteur ist ihr Choreograf. Die Botenfunktion für die Nachricht hat heute das Internet, die Zeitung muss einordnen. Die Story startet und endet online. Print ist da, um sie zu verstärken.«

Das bedeutet nichts anderes, als dass die Tagesaktualität eines Mediums in den kommenden Jahren mehr und mehr auf Online- und wohl auch mobilen Endgeräten stattfinden wird. Kein anderes Medium ist derart prädestiniert für eine schnelle, minutenaktuelle Berichterstattung wie das Internet (ganz egal, ob es auf einem stationären oder einem mobilen Endgerät stattfindet). Diesen Schnelligkeitsvorsprung wird auf Dauer kein anderes Medium einholen können – und insofern wäre es unsinnig, klassisches Nachrichtengeschäft auf anderen Plattformen als dem Web stattfinden zu lassen (sieht man von den klassischen Nachrichtensendungen elektronischer Medien ab). Das Bild vom Tango-Tanzen trifft die Sache also ziemlich gut, zumal es auch beim Tango so ist, dass nur der Versuch allein meistens danebengeht, man sollte sich schon einmal vor dem Tanz mit den Grundschritten vertraut machen. In unserem Fall heißt das: eine Strategie, eine Idee zu haben, wann die Inhalte wie und wo verzahnt werden können.

2   Texten – für wen eigentlich?

Man hatte es in früheren Jahren als Journalist wirklich ein wenig leichter. Man wusste, für wen man arbeitete, hatte ziemlich klare Vorgaben und mit der Zeit auch seine Erfahrungen. Vor allem diejenigen, die sich zur klassischen schreibenden Zunft zählten, hatten es vergleichsweise gut: kaum eine Darstellungsform, für die es nicht deutliche Richtlinien gab, wie man zu schreiben hatte. Der multimedial arbeitende Journalist hat es da schon schwerer, selbst wenn er immer nur für einen Arbeitgeber bzw. Auftraggeber produzieren sollte. Texte für ein Printmedium, das Internet, mobile Medien, Fernsehen und Radio haben derart unterschiedliche Anforderungen, dass es nicht damit getan ist, einen einmal geschriebenen Text lediglich zu kopieren oder aber ihn mit geringen Modifikationen versehen wiederzuverwenden.

Bevor im Einzelnen darauf eingegangen wird, wo welche Unterschiede liegen und wie man den Erfordernissen der verschiedenen Mediengattungen am besten gerecht werden kann, eine grundsätzliche Anmerkung: Seit sich das Internet zu einem ernst zu nehmenden Medium – das womöglich auf dem Weg zum Leitmedium Nummer eins ist – entwickelt hat, gibt es zahlreiche Diskussionen und auch entsprechende Bücher, Seminare und Ratgeber, wie denn für das Web am besten zu texten sei. Der Theorien dazu gibt es viele, basierend u. a. darauf, dass Lesen am Bildschirm deutlich schwieriger und zudem das Scrollen einer Seite eher unerwünscht beim User sei. Deswegen – und aus einer Reihe anderer Gründe heraus – müsse man kürzer, prägnanter, einfacher texten als für eine gedruckte Zeitung beispielsweise. Manche Seminaranbieter propagieren eine Woche lang Texten fürs Web und erschöpfen sich dabei hauptsächlich in der Theorie, man müsse erst einmal schöne Teaser schreiben, die dann zum Weiterklicken animieren. Wenn dies überhaupt irgendeinen journalistischen (Mehr-)Wert haben sollte, dann höchstens den, dass man damit die Klickzahlen in die Höhe treiben kann. Aus journalistischer Sicht kann man solche Theorien schnell beiseitelegen, zumal das Appetizer-Prinzip beim besten Willen nichts Neues ist. Dass man ziemlich schnell am Anfang dem Leser einen Anreiz geben sollte, um weiterzulesen, lernen Volontäre bei Tageszeitungen schon seit vierzig Jahren. Auch die Tatsache, dass Aufnahmebereitschaft und Konzentration von Lesern auf einen einzigen Text ein begrenzt vorhandenes Gut ist, kennt man schon seit Jahrzehnten, als die ersten wissenschaftlichen Untersuchungen bei Tageszeitungen ans Licht brachten, dass nach den berühmten 80 Zeilen die Aufmerksamkeit nachlässt und man theoretisch nach 120 Zeilen mit seinen Gedanken ziemlich allein ist. Demzufolge übrigens dürfte es eine Zeitung wie die »Zeit« eigentlich nie gegeben haben.

Und spätestens, wenn man sich die grundlegenden Unterschiede zwischen einem Protokoll und einem Bericht ansieht, stellt man fest, dass das Wichtigste, Spannendste und Interessante nun einmal vorne zu stehen hat. Dass inzwischen einige Online-Angebote dazu übergegangen sind, dem Leser in Teasern bestimmte Informationen nach dem Cliffhanger-Prinzip vorzuenthalten (»Ein deutscher Nationalspieler zog sich eine Verletzung zu«) ist vermutlich ausschließlich dem Umstand geschuldet, dass man den User zum Weiterklicken animieren will. Einen wirklichen, relevanten, journalistischen Grund dafür gibt es nicht und einen online-spezifischen schon gleich gar nicht. Dass solche stilistischen Spleens irgendwann ziemlich nervend und gelegentlich peinlich wirken (nämlich dann, wenn der Name des verletzten Nationalspielers bereits in der Überschrift verraten wird), steht dann noch einmal auf einem ganz anderen Blatt. Bitte also die Grundsätze des guten Textens, die seit vielen Jahren weitgehend unumstößlich fest stehen, weiter berücksichtigen – dann wird auch in den Neuen Medien nichts schiefgehen. Natürlich kann man grundsätzlich nichts gegen Cliffhanger sagen, wenn sie tatsächlich einer Geschichte in irgendeiner Weise dienlich sind. Aber die Auffassung, das Schreiben von Cliffhangern seine eine besondere Spezifikation, ein Wesensmerkmal des Online-Journalismus, ist grundlegend falsch. Das ist lediglich journalistisches Handwerk und solches muss man so oder so lernen bzw. beherrschen, ganz egal, ob nun online oder offline.

Soweit erst einmal und grob verkürzt die Theorie. Aber auch in der Praxis lässt sich diese Theorie nur schwerlich behaupten und belegen – schlichtweg deswegen, weil ein tragfähiger Beweis dafür noch nicht erbracht worden ist. Textlastige Angebote wie zeit.de oder perlentaucher.de haben über Jahre hinweg ihr Publikum gefunden. Vermutlich eines, dass auch in der Offline-Welt in der Lage und auch willens ist, längere und durchaus komplexe Textstrecken zu lesen und zu verstehen. Wenn man den Gedanken von Medienmarken und crossmedialen Verzahnungen wirklich ernst nimmt, dann wäre es ziemlich abenteuerlich zu glauben, dass der in Sachen Textlänge einiges gewohnte Zeit-Leser plötzlich nur noch in Häppchen lesen und denken kann, nur weil er plötzlich an einem Bildschirm sitzt. Was übrigens, nebenbei bemerkt, auch für andere Darstellungsformen gilt; die »Zeit« bietet online auch manchmal Audio- und Videofiles von ganz beachtlicher Länge an. Ein Kausal-Zusammenhang zwischen der Länge von Texten und deren Erfolg besteht also so pauschal erst einmal nicht und kann vermutlich auch nicht hergestellt werden.

Es ist also eher sinnvoll, in Zielgruppen zu denken und an diesen Zielgruppen die Länge und die Art der Texte zu orientieren als an der Überlegung, dass man möglicherweise am Schirm etwas langsamer und vielleicht auch ein bisschen weniger gerne liest als auf Papier.

Eine grundsätzliche Anmerkung zum Texten: Man kann vermutlich mühelos eine wissenschaftliche Theorie entwerfen, wonach Sätze mit mehr als einer bestimmten Zahl von Wörtern schlechter zu lesen sind als Sätze mit weniger Wörtern. Vermutlich lässt sich auch noch halbwegs wissenschaftlich begründen, warum mehr als zwei Kommata pro Satz dem Lesevergnügen eher abträglich sind. Letztendlich lässt sich aber die Qualität von guten Texten, von sauberer, les- und genießbarer Sprache kaum in wissenschaftliche Formeln packen. Der Versuch, einen Text zu komponieren und dabei gleichzeitig immer auf die vermeintlichen zehn goldenen Regeln des guten Textens zu schielen, wird ziemlich schnell auffliegen als ein theoretisches, lebloses und schließlich uninteressantes Konstrukt. Ein guter Text zeichnet sich auch dadurch aus, dass er lebt. Wer lebt, hat Ecken, Fehler, Kanten. Was also letztendlich als kleines Plädoyer dafür zu verstehen ist, eigenen Stil zu entwickeln, gegebenenfalls auch gerne auf Kosten der vermeintlich reinen Lehre.

Heißt also zusammengefasst: Auch im Netz entscheidet zunächst einmal die Qualität eines Textes über seine Akzeptanz. Und übrigens: Ein heillos verschachtelter Satz liest sich auch gedruckt nicht so schön, als dass man ihn kritiklos stehenlassen könnte. Ganz egal, ob im Netz oder auf Papier. Gute Sprache ist nicht von ihrem Trägermedium abhängig. Wenn also nachfolgend nicht die Rede von einem expliziten »Texten fürs Web« die Rede ist, dann mit voller Absicht und aus gutem Grund.

2.1 Texten fürs Lesen

Texten fürs Lesen trifft es da schon besser. Man muss in diesem Zusammenhang sicher nicht alles wiederholen, was Journalisten, Germanisten, Sprachkritiker und Wissenschaftler über dieses Thema schon alles verfasst haben, aber ein paar Dinge darf man ruhig noch mal in Erinnerung rufen und sich vor Augen halten: Beispielsweise, dass lange Sätze nicht automatisch gute Sätze sind. Dass man mit Fremdwörtern sehr behutsam umgehen sollte (und neuerdings muss man als eiserne Regel hinzufügen: dass »Denglisch« unbedingt zu vermeiden ist). Dass Adjektive sparsam einzusetzen sind und dass es für Sätze, die mit mehreren Kommata voneinander abgetrennt sind, eine wunderbar einfache Regelung gibt: Was nicht in einen Satz passt, passt eben in zwei. Punkt.

Einfachheit spielt beim Texten übrigens ebenfalls eine erhebliche Rolle. Einfachheit, die nicht mit Banalität zu verwechseln ist. Das Prinzip der Einfachheit verlangt lediglich, sich auf das Wesentliche zu konzentrieren. Schnörkel und Sprachgirlanden strikt zu verbannen, ebenso wie lange, gewundene und letztlich nicht zielführende Schwurbeleien. Nicht ist einzuwenden gegen gesunden Wortwitz, gegen sprachliche Finessen, gegen eigene stilistische Entwicklungen.

Weitverbreitetes Missverständnis übrigens: Menschen, die einen Text lesen, könnten ja noch einmal zurücklesen, wenn sie etwas nicht verstünden. Theoretisch könnten sie das, stimmt. Allerdings: Achtzig Prozent machen das nicht. Was sie stattdessen tun? Aussteigen. Für immer und ewig. Von dem her: Schreiben Sie bitte so, dass man Sie auch versteht.

2.2 Texten fürs Hören

Texten fürs Hören ist eine ganz andere Sache. Wenn man einen Text für einen Podcast oder einen konventionellen Radiobeitrag schreibt, muss man sich darüber im Klaren sein, dass der Hörer eine Möglichkeit nicht hat: Er kann nicht »zurückhören«. Der Hörer ist demnach zwingend darauf angewiesen, jeden Satz auf Anhieb zu verstehen. Tut er das nicht, wird ihm irgendwann während des Beitrags die Lust fehlen, noch weiterzuhören. Kleine Einschränkung: Nachdem mit Podcasting eine Art »Radio zum Mitnehmen« entstanden ist, können zumindest Podcast-Nutzer theoretisch zurückspulen und noch mal nachhören. Dass sie es auch tun, darauf sollte man sich aber nicht verlassen. Es gibt zwar noch keine derart belastbaren Studien wie beispielsweise bei den bereits erwähnten Zeitungslesern. Aber man darf auch bei Podcasts von einem ausgehen: Wer einen Text nicht versteht, muss sich schon wirklich sehr für die Geschichte interessieren, wenn er tatsächlich noch einmal anhalten und zurückspulen soll. Zumal es kein unbedingter Ausweis eines hochwertigen und guten Stücks ist, wenn man es nur nach mehrfachem Zurückspulen verstehen kann. Deswegen also auch hier die

Regel: So schreiben, dass man es auf Anhieb versteht. Das Texten fürs Hören hat allerdings auch noch eine andere Besonderheit: Die Texte müssen vorgelesen werden. Lange Schachtelsätze sind demnach auch aus diesem Grund tabu. Nur: Woher weiß man, dass ein Satz zu lang ist, um ordentlich gelesen werden zu können? Dafür gibt es einen ebenso simplen wie einleuchtenden Trick: Man probiert es einfach selbst aus. Was besonders dann, wenn man seinen Text selbst sprechen will oder muss, ohnehin sinnvoll ist. Aber auch dann, wenn ein anderer Sprecher den Text einlesen soll, empfiehlt es sich, sich die eigenen Sätze immer wieder selbst vorzulesen. Faustregel: Kann man einen Satz nicht lesen, ohne mittendrin mindestens einmal Luft holen zu müssen, ist er mit einiger Sicherheit zu lang. In Abwandlung der goldenen Regel des Textens fürs Schreiben: Was nicht in einen Atemzug passt, muss so umgestaltet werden, bis es in diesen einen Atemzug reinpasst. Basis des Textens fürs Hören ist also zunächst einmal, Dinge so zu erzählen, dass sie selbst dann für jemanden verständlich sind, wenn er nicht zu hundert Prozent bei der Sache ist. Der nächste Schritt ist schon erheblich schwieriger. Wenn man Atmosphäre schaffen will, wenn man möchte, dass der Hörer sozusagen mit den Ohren sehen kann, wenn im Kopf Bilder entstehen sollen – dann ist ein hohes Maß an textlicher Qualität gefragt. Dann reicht es eben nicht mehr aus, einfach nur zu beschreiben. Dann muss tatsächlich jedes Wort präzise sitzen und deswegen vorher genau überlegt werden.

2.3   Texten fürs Sehen und Hören

Texten fürs Sehen und Hören folgt ähnlichen Prinzipien wie das Texten fürs Hören. Allerdings kommt hier noch einmal ein anderer, durchaus schwieriger Anspruch hinzu: Der Text muss zum Bild passen. Mit dem Bild kommt zum Audiobeitrag also eine weitere Metaebene hinzu. Und was für eine: nämlich eine, die in der Lage ist, sehr eigene Geschichten zu erzählen. Und eine, die so dominant ist, dass man sich als Texter im Gegensatz zu einem Audiostück eher nach dieser Metaebene als nach seinen eigenen Intentionen zu richten hat. Andersrum gesagt: Bei einem Audiostück erzählen wir als Autoren eine – unsere – Geschichte. Andere Elemente der Metaebene Akustik verwenden wir, um unsere Geschichte zu untermalen und zu verstärken (beispielsweise Atmo). Ansonsten steht der Erzähler, der Autor, mit seiner Geschichte im Mittelpunkt. Die Gewichtung, die Verteilung der Metaebenen ändert sich beim Video dramatisch. Das gedrehte Bild steht ganz eindeutig im Vordergrund, es kann gegebenenfalls sogar die Rolle des Erzählers vollständig übernehmen. Man kann in einem Videobeitrag auch eine Geschichte erzählen, ohne ein einziges gesprochenes Wort einzubauen. Wir rücken also mit unserem Text ein Stück in den Hintergrund. Was nicht bedeuten soll, dass er weniger wichtig oder qualitativ sogar zu vernachlässigen wäre. Nur müssen wir uns darauf einstellen, dass wir mit dem bewegten Bild einen »Co-Moderator« neben uns haben, wobei wir gut beraten sind, wenn wir ihn nicht als Konkurrenten sehen, sondern als jemanden, dessen Stärken wir uns gezielt zunutze machen sollten. Stellen wir uns also auf Folgendes ein: Wenn man einfach nur textet, um eine Geschichte zum Hören zu erzählen, droht die gefürchtete Text-Bild-Schere. Das heißt, dass der Text und das Bild nicht zusammenpassen und sich im schlimmsten Fall sogar widersprechen. Einfaches Beispiel: Man erzählt im Text etwas über das immer tolle Wetter auf Mallorca, hat aber genau in dieser Sequenz Bilder vorliegen, auf denen der Himmel über Mallorca ziemlich wolkenverhangen ist. Oder man baut einen Protagonisten in eine Geschichte ein, der mit weit ausholender Bewegung sagt: »Und hier sehen wir jetzt …« – nur, dass dann leider aufgrund schlechten Wetters oder eines handwerklichen Fehlers beim Drehen von dem, was der Protagonist ankündigt, gar nichts zu sehen ist. Man sieht also: Das Bild ist eine absolut dominante Metaebene eines Beitrags, mit der wir uns dringend arrangieren sollten.

Wie aber kann man eine solche Text-Bild-Schere vermeiden? Indem man sich bereits im Vorfeld anschaut, welche Bilder man zu welcher Sequenz verwenden will. Was im Übrigen auch den Vorteil hat, dass man beim Betrachten der Bilder manchmal auf deutlich bessere Textideen kommt, als wenn man ohne Bild-Inspiration vor sich hintextet. Man darf also ruhig so vorgehen, dass man sich Bilder ansieht, sie auf sich wirken lässt und dann die entsprechenden Textpassagen dazu schreibt. Besser in jedem Fall als umgekehrt – die Risiken, ungewollte Lacher zu produzieren, sind zu groß. Wie man es letztendlich angeht, muss jeder für sich selbst herausfinden, die eine, goldene Regel gibt es dafür nicht. Außer, dass man die beiden Dinge immer im Kontext sehen muss und keinesfalls isoliert voneinander betrachten darf. Abgesehen davon gibt es zwischen dem Texten fürs Hören und dem Texten für Sehen *und* Hören einen ganz entscheidenden Unterschied: Wenn man als Konsument nur hört, dann wirken Pausen, die länger als eine oder zwei Sekunden sind, bereits etwas irritierend. Kommt da noch was? Ist etwas kaputt? Ist dem Sprecher die Puste ausgegangen? Wenn also nicht ganz bewusst eine Kunstpause gemacht wird, dann ist es ratsam, die Texte so zu sprechen, dass erst gar keine Irritation aufkommen kann. Das ist beim Texten für (bewegte) Bilder ganz anders. Hier muss man dem Zuschauer ganz gezielt die Möglichkeit geben, Bilder und Szenen auf sich wirken zu lassen. Noch mehr: Manche Sequenzen wirken ohne Text wesentlich beeindruckender als wenn man versucht, sie durch Text noch stärker zu machen. Bilder vom Gipfel des Mount Everest beispielsweise mit anschließendem Schwenk über den Himalaja sprechen für sich selbst. Text stört da möglicherweise nur oder zerstört im schlimmsten Fall die gesamte Bildästhetik. Zur Kunst des Textens für Bilder gehört also – auch wenn das zunächst einmal paradox erscheint – die Fähigkeit zu wissen, wann man besser nichts sagt. Man merkt übrigens gerade Radio-Journalisten sehr häufig bei ihren ersten Filmbeiträgen an, dass sie es gewohnt sind, alles das, was sie sehen, zu erklären. Das sitzt vermutlich tief, wenn man es so gelernt hat – und wenn man davon ausgeht, dass der andere, der Konsument, jetzt gerade nichts sieht, weswegen man ihm en détail erklären muss, was jetzt im Augenblick passiert. Das ist natürlich bei Filmen ziemlicher Unsinn und geht dem Zuschauer ziemlich schnell auf die Nerven. Er hat ja selbst Augen im Kopf.

Davon abgesehen erzeugen Bilder auch so etwas wie Atmosphäre. Stimme, Text, Stimmlage, Tempo, das alles muss zusammenpassen, um diese Atmosphäre zu erhalten, sie im besten Fall sogar noch zu bestärken. Ist das nicht der Fall, kann man mühelos selbst die großartigsten Bilder aus dem Grand Canyon ad absurdum führen. Was speziell beim Texten für bewegte Bilder gefragt ist, gehört zu den wichtigsten und dennoch schwer zu erfüllenden Ansprüchen, die man gerne an Journalisten stellt: Selbstkritik, Selbstreflexion. Grundsatz: Lieber einmal den Mund halten. Auch wenn's schwerfällt.

3   Video

Zugegeben, für Journalisten und Buchautoren ziemt es sich eigentlich nicht, Spekulationen anzustellen – wer etwas mitteilen will, sollte schon ein paar Fakten parat haben, an die man sich halten kann. Dennoch sei in diesem Fall mangels harter Fakten eine Spekulation erlaubt: An keine Darstellungsform trauen sich Journalisten so vorsichtig und ungern heran wie an Videos (es sei denn, sie sind Fernseh-Journalisten). Dafür gibt es auch einige gute Gründe. Schließlich ist es, wie der Journalist Fabian Mohr 2007 in seinem Weblog »Iso 800« schrieb »faszinierend«, wie viel man bei Bewegtbild falsch machen könne. Ganz davon abgesehen natürlich, dass Videos die aufwendigste, komplizierteste und schließlich auch die teuerste Form eines Mediums sind. Teuer und auch noch komplex, voller potenzieller Fettnäpfchen, in die man steigen kann?

In der Tat: Jeder, der schon einmal mit einer Videokamera hantiert hat, wird sich mit Grausen daran erinnern, welch niederschmetterndes Ergebnis der Bildschirm präsentierte: wild wackelnde Bilder, ein einziges Geruckel und Gezuckel, die Zoom-Funktion der Kamera in einem solchen Übermaß missbraucht, dass Gesichter und Szenen bis ins Groteske verzerrt erscheinen. Kurzum, ziemlich unbrauchbarer Bildermüll – wenn man sich selbst gegenüber ganz ehrlich ist. Aber woran mag das liegen – schließlich sah das, was man zuvor gedreht hatte, durch den Sucher noch ganz passabel aus? Die einfache Wahrheit (wie übrigens sehr häufig auch in der Fotografie): Die Dinge sind nie so, wie sie scheinen – oder sagen wir, zumindest das Meiste nicht. Was unser Auge während der Live-Situation, also beim Dreh, möglicherweise noch ansehnlich findet, nämlich schnelle Bewegungen, Schwenks etc. ist spätestens bei der Betrachtung auf dem Fernsehschirm restlos ungenießbar. Und dann gibt es noch die unzähligen schönen Effekte, die auch in einfacheren Schnittprogrammen wie dem Windows–Movie-Maker oder Adobe Premiere in Hülle und Fülle vorhanden sind. Mal kann man – ganz lustig und beliebt – die ganze Szene auf den Kopf stellen, dann wiederum ulkige Farbeffekte einbauen, man kann die Bilder sich auflösen oder in wilden Pixeln verschwinden lassen – und dann reden wir noch nicht von ca. fünfzig Bildübergängen, die allein der Movie Maker in petto hat und auch noch nicht von den beliebten Klassikern wie Slow Motion. Kurzum, man kann auch in einen Dreiminüter mühelos ein ganzes Feuerwerk von Effekten und Spielereien einbauen.

Und das alles nur, um am Ende feststellen zu müssen, dass man sich sein Filmchen anders vorgestellt hatte; weniger hektisch und nervig irgendwie. Im Klartext: Jeder erfahrene TV-Mann geht mit Effekten und Übergängen äußerst vorsichtig um, jeder Kameramann weiß, dass er tendenziell die Finger vom Zoomhebel lassen und sich bei Schwenks eher behutsam bewegen sollte. Zusammengefasst: Ausgerechnet für das opulenteste und komplexeste unserer konventionellen Medien, nämlich das Fernsehen, gilt der Grundsatz: Weniger ist mehr. Wenn man die beschriebenen Erfahrungen in der Praxis noch nicht selbst gemacht hat, klingt das erst einmal restlos paradox. Insofern sollte man sich ruhig einmal den Spaß gönnen, wild drauflos zu filmen (wenn es gerade um nichts geht) und sich das Ergebnis in Ruhe ansehen. Man wird sehr schnell zu der Erkenntnis kommen, dass in der erzählerischen Ruhe die Kraft liegt und dass man zwar ruhig probieren und versuchen darf, im späteren Resultat aber nur die Dinge verwenden sollte, die man wirklich einigermaßen beherrscht. Wie sich schnell herausstellen wird, sind das am Anfang nicht allzu viele. Macht aber nichts, für einen anständigen Dreiminüter reicht es bereits völlig aus, wenn man die Grundtechniken des Drehens, des Schneidens, des Vertonens und natürlich des Storytellings verinnerlicht hat.

3.1 Drehen – die ersten Schritte in der Praxis

Ein paar Tipps aus der Praxis veranschaulichen schnell, worum es geht: Viel Material sammeln, eine gute Geschichte daraus entwickeln, das Auge des Zuschauers nicht überfordern. Doch wie erreicht man das? Beim Drehen sollte man Folgendes beherzigen:

- Das Motiv bewegt sich – nicht die Kamera.
- Am Anfang nur stehende bzw. einfache Einstellungen – Schwenks, Zooms etc. erfordern viel Erfahrung und drehtechnisches Können.
- Bewegungen nur sparsam und zum Motiv passend einsetzen.
- Jede Sequenz mindestens zehn Sekunden aufnehmen.
- Komplexe Handlung nicht in Einzelteile zerlegen.
- Komplexe Handlung aus verschiedenen Perspektiven zeigen.
- Folgende Einstellung immer aufnehmen: Totale, Halbtotale, Close, Zoom-in/Zoom-out, Schwenk links/Schwenk rechts.
- Generell gilt (ähnlich wie beim Fotografieren): Lieber vermeintlich viel zu viel Material aufnehmen – besser eine große Auswahl haben, als nach dem Dreh festzustellen, dass das Material für einen ordentlichen Beitrag nicht ausreicht. Leitsatz: Mindestens das Zehnfache der eigentlich geplanten Länge des Beitrags

aufnehmen. Umgerechnet heißt das, dass man für einen anständigen Dreiminüter mindestens dreißig Minuten gedrehtes Rohmaterial zur Verfügung
haben sollte. Zumal ein Nachdreh in der Praxis erstens immer schwierig (wenn
überhaupt) zu organisieren ist und zudem eine ganze Menge Zeit kostet.

Was bedeuten diese Grundsätze im Detail? Beginnen wir mit der Empfehlung,
dass sich das Motiv bewegen soll und weniger die Kamera. Halten wir fest, dass
es zunächst vier Grundformen gibt, mit denen wir Bewegung in unsere Bilder
bekommen:

- Das sich selbst bewegende Objekt: Dies ist die natürlichste und zunächst zu
  bevorzugende Form der Bewegung.
- Der Schwenk: Die Kamera verbleibt an ihrem Standort,
  wird aber an diesem einem Standpunkt bewegt.
- Die Fahrt: Die gesamte Kamera wird von A nach B bewegt.
- Der Zoom: Motive werden mittels des Objektivs herangezogen
  bzw. »weggeschoben«.

Und merken wir uns noch mal: Von diesen vier Bewegungsformen entspricht
nur eine unserer natürlichen Wahrnehmung. Genau das ist es nämlich, was das
Drehen zunächst einmal so schwierig macht. Natürlich können wir mit einer
Kamera enorm viele Effekte erzielen, können wir reichlich Bewegung in Bilder
bringen, auf denen sich möglicherweise sonst gar nicht so viel bewegen würde.
Das Problem ist nur, dass wir bei allen Bewegungen, die künstlich erzeugt werden,
unser Auge und dessen natürliches Empfinden überlisten wollen. Allerdings: Es
lässt sich nicht so leicht überlisten, instinktiv merken wir also, dass es gar nicht
das Objekt ist, das sich bewegt, sondern eben nur die Kamera bzw. der Mensch
dahinter. In dem Moment, in dem wir quasi durch die Augen eines Dritten
schauen sollen, merken wir, dass irgendetwas nicht so ist, wie es sein sollte. Wenn
wir erreichen wollen, dass sich die Wahrnehmung des Zuschauers nicht automatisch gestört fühlt, dann achten wir darauf, so viel natürliche Bewegung wie
nur möglich ins Bild zu bringen. Man kann als Video-Einsteiger aus Übungszwe-
cken übrigens sehr gut austesten, wie die Warnung vor zu viel künstlich erzeugter
Bewegung begründet ist: einfach mal die Kamera nehmen, rausgehen, filmen,
zoomen, schwenken. Man wird schnell sehen, wie unschön so etwas aussieht (um
es mild zu formulieren). Tatsächlich machen übermäßig viele Kamerabewegungen
einen Film schnell unerträglich. Und es gehört zu den am weitesten verbreiteten
Trugschlüssen, dass viel Bewegung im Bild eine Geschichte automatisch schnell,
spannend und sehenswert macht. Im Gegenteil: Sparsamkeit ist bei der Bewegung
mit Kameras oberstes Gebot.

Wenn man sich auf Schwenks und Zooms einlässt, dann nur, wenn man vorher entsprechend viel geübt hat. Die Faustregel, wonach ein Schwenk oder ein Zoom ein bestimmtes Tempo haben sollte, gibt es nicht. Man wird aber sehr schnell sehr viel schlauer, wenn man sich die entsprechenden Ergebnisse einer Übung hinterher ansieht. Tipp: Nicht am Display der Kamera, sondern tatsächlich entweder im Vollbildmodus am Rechner oder sogar auf einem großen TV-Schirm betrachten, um die Wirkung der Bilder im späteren Originalformat ansehen zu können. Das kleine Display der Kamera kann manchmal ganz schön täuschen. Und noch eine Faustregel zum Thema Schwenk: Jeder Schwenk, jede Bewegung muss eine Motivation, einen plausiblen Grund haben. Wenn man beispielsweise das volle Rund eines Fußballstadions und die dementsprechende Stimmung darstellen will, wird ein Schwenk das richtige Stilmittel sein. Doch obwohl ein Schwenk, wenn er richtig und gut ausgeführt ist, eine schöne Sache ist, sollte man sich zurückhalten. Wenn es nichts zu schwenken gibt, dann wird nicht geschwenkt. So weit, so gut – fürs Erste.

Allerdings: Das klingt einfacher als es ist, viel einfacher. Gerade wenn man den ersten Grundsatz vom sich bewegenden Motiv irgendwann brechen will oder muss und stattdessen es die Kamera ist, die sich bewegt. Wer fahren und schwenken oder gar zoomen will, sollte sich über eines im Klaren sein: Diese Bewegungen entsprechen nicht dem, was wir von Natur aus als »normale« Wahrnehmung empfinden. Das bedeutet also, dass man – ob man nun will oder nicht – mit dem Einsatz dieser Stilmittel einen Verfremdungseffekt erzielt. Das kann durchaus gewollt und an vielen Stellen auch reizvoll und charmant sein. Das aber nur, wenn man den Umgang mit Schwenks und Zooms auch wirklich beherrscht.

Wie aber schafft man das – einen Schwenk, einen Zoom zu beherrschen? Es gibt etliches an Literatur darüber, man kann Tage mit den entsprechenden Büchern verbringen und es schadet sicherlich nicht, sich dem Thema auch von der theoretischen Seite her zu nähern. Bei allen unbestrittenen Qualitäten der Fachliteratur kommt man allerdings an einem nicht vorbei: üben, üben, üben. Es wird möglicherweise sehr lange dauern, bis das richtige Tempo, der richtige Bildausschnitt, die richtige Motivwahl, all das eben, was letztendlich zu einem guten Bild führt – bis all das in Fleisch und Blut übergegangen ist. Um eine zeitliche Größenordnung zu nennen: Bei öffentlich-rechtlichen Sendern müssen Kameraleute oft über Jahre als Assistenten in einem Team mitlaufen, ehe sie ihre ersten eigenen großen Drehs bekommen. Dafür gibt es ziemlich gute Gründe. Und diesen Zeitrahmen sollte man sich tröstend vor Augen halten, wenn man sich darüber wundert, dass die ersten Ergebnisse mit der Videokamera nach ein paar Tagen noch nicht so überzeugend sind.

Dummerweise – und deswegen ist an dieser Stelle so ausführlich die Rede von diesem Thema – scheinen Kamerabewegungen und Zooms insbesondere auf Neueinsteiger einen ganz besonderen, geradezu magischen Reiz auszuüben. Vielleicht genau aus dem Grund, der diese Bewegungen so tückisch macht: Es ist natürlich schon vermeintlich interessant, mit einer Kamera Dinge tun zu können, die unser Auge nicht kann. Vermutlich erklärt diese banale Tatsache auch, warum man bei nahezu jedem Erstlingsversuch von Einsteigern aberwitzig anmutende Zooms sieht. Bitte also in jedem Fall beim Drehen an den Grundsatz denken, dass weniger meistens mehr ist. Wenn man die Dinge aber erst einmal beherrscht, wird man feststellen, wie wichtig ihr Einsatz ist, um einen Film am Leben zu erhalten, ihm Atmosphäre zu geben. Denn wahr ist leider auch, dass unser Auge und wohl auch unsere sozialisierten Sehgewohnten ständig nach neuen Reizen und Effekten verlangen. Für den Dreh-Einstieg reicht es zunächst einmal aus, diesem Impuls nicht sofort nachzugeben.

Warum aber jede Szene mindestens zehn Sekunden drehen? Das hat in erster Linie Gründe, die mit dem späteren Schnitt des Materials zu tun haben. Zum einen ist das Weglassen von Material kein großes Problem; späteres Hinzufügen ist aber nicht mehr möglich, es sei denn, man möchte noch einmal den beträchtlichen Aufwand eines Nachdrehs auf sich nehmen. Zweitens ist es tatsächlich eher unwahrscheinlich, dass man die besten Momente und Augenblicke einer Sequenz, die man gerade dreht, ausgerechnet in zwei oder drei Sekunden erwischt. Und drittens sind solche Minisequenzen für das Produzieren eines fertigen Beitrags schlichtweg ungeeignet. Wer nur lauter Drei-Sekunden-Fetzen zur Verfügung hat, wird nichts anderes als ein ziemlich hektisches und unansehnliches Aneinanderreihen von nicht zusammenhängenden Bildern hinbekommen. Im Zweifelsfall einfach mal ausprobieren: Lauter kurze Szenen aneinander schneiden, in denen kein Bild länger als zwei Sekunden stehenbleibt. Das Resultat wird schnell dazu führen, dass man mit der Kamera lieber ein paar Sekunden länger als kürzer drauf bleibt.

Komplexe Handlungen zum einen nicht auseinandernehmen und zum anderen aus verschiedenen Perspektiven zeigen? Das klingt im ersten Moment wie ein heftiger Widerspruch. Ist es aber nicht. Gesagt ist damit letztendlich nur, dass man eine komplexe Handlung nicht in mehreren verschiedenen, zeitlich versetzten Takes erzählen soll. Gleichwohl macht das Erzählen aus verschiedenen optischen Perspektiven die Geschichte ansehnlicher.

Um zu verdeutlichen, was damit gemeint ist, ein fiktives Beispiel aus der Praxis. Erzählt werden soll folgende Geschichte: Mann checkt im Hotel ein, wird von Frau an der Rezeption erwartet. Mögliche Perspektiven gibt es erst einmal drei: eine Halbtotale, eine Perspektive aus Sicht des Gastes, eine Perspektive aus der Sicht der Frau hinter der Rezeption. Wer sich beispielsweise dafür entscheidet, den Vorgang des Eincheckens im Hotel nur aus der Halbtotale zu erzählen, wird schnell langweilen. Mögliches Stilmittel: Gast ankommen lassen (Halbtotale), einen Teil des Eincheckens aus seiner Perspektive erzählen, dann Perspektive wechseln (Gegenschuss), dabei die Geschichte weitererzählen. Das hält die Spannung und die Aufmerksamkeit des Zuschauers oben, obwohl nur eine Geschichte erzählt wird. Das bedeutet allerdings in der Konsequenz, dass man entweder mit mehreren Kameras drehen oder aber diese einzelne Sequenz in mehreren Takes drehen muss. Nachdem das Drehen mit mehreren Kameras im Regelfall nur bei großen und aufwendigen Produktionen realistisch ist, muss man sich darüber im Klaren sein, dass eine Sequenz, die im fertigen Film vielleicht einmal dreißig Sekunden bekommt, in mehreren Unterbrechungen mit beträchtlichem Aufwand gedreht werden muss, will man wirklich mit der gewünschten Bildsprache arbeiten. Natürlich geht es auch einfacher, der Verlust an erzählerischer Qualität ist allerdings enorm.

Neben dem Zerlegen von komplexen Handlungen in verschiedene Perspektiven, in Schüsse und Gegenschüsse, ist es mindestens genauso wichtig, die jeweilige Szene bzw. Perspektive, wo immer machbar, nochmals in anderen Einstellungen zu drehen bzw. von vornherein dafür zu sorgen, dass sie in die Szene integriert werden. Standardmäßig sollten dies eine Close (Nah-) Aufnahme, ein Zoom-in, ein Zoom-out sowie Schwenks nach links und nach rechts sein. Vor allem die verschiedenen Einstellungen sind allerdings etwas, was gerade Einsteiger lange und intensiv üben sollten. Ein Schwenk beispielsweise, in den auch eine leichte Bewegung integriert werden soll, gehört durchaus zu den anspruchsvolleren Aufgaben bei einem Dreh. In der Theorie leicht erlernt und erklärt – in der Praxis ein potenzieller Stolperstein. Zu schnell, zu langsam, zu ruckartig – gerade am Anfang wird man feststellen, warum professionelle Kameramänner eine jahrelange Ausbildung haben.

Dabei geht es beim Drehen von viel Ausgangsmaterial beileibe nicht nur darum, möglichst viel Material zu haben, weil man im Schnitt ohnehin wieder neunzig Prozent verwirft. Entscheidender ist vielmehr der Gedanke, sogenannte Schnittbilder zu bekommen. Mit diesen Bildern können Übergänge zwischen einzelnen Sequenzen sinnvoll gestaltet werden und gleichzeitig dafür sorgen, dass man während des Schnitts eines Beitrags öfter einmal die Perspektive wechseln und dabei gleichzeitig eine Geschichte weitererzählen kann. Verzichtet man auf das

Drehen von Schnittbildern, wird man das beim Schnitt des Beitrags schnell und schmerzhaft zu spüren bekommen. Mit Schnittbildern lassen sich nämlich nicht nur Szenen abkürzen und neue Perspektiven beim Erzählen schaffen, sondern auch etwaige Schnittfehler bzw. Mängel beim gedrehten Material kaschieren.

Wie kann man solche Schnittbilder in der Praxis einsetzen? Ein simples Beispiel: Wenn man eine Reportage über eine Fußballsaison und die Erfolge des Vereins XY drehen will, kann man natürlich vom entscheidenden Spiel die entscheidenden Torszenen aneinanderreihen. Mehr Spannung, neue Perspektive und eine schönere Atmosphäre hingegen schafft man, wenn man ab und an eine kurze Szene mit jubelndem Publikum einbaut. Was neben der inhaltlichen Qualität auch noch einen anderen Effekt haben kann: Man kann die Geschichte von der erfolgreichen Saison des Vereins XY wunderbar weitererzählen, ohne dass der Zuschauer permanent kickenden Fußballern bei der Arbeit zusehen muss. Will man also inhaltlich den Sprung vom 15. auf den 18. Spieltag vornehmen, ist ein Schnittbild mit jubelnden Fans ein sehr probates Mittel, um den visuellen Übergang vorzunehmen. Im Idealfall sind Schnittbilder die Grundlage für eine gute Geschichte, im weniger idealen Fall taugen sie wenigstens noch als Füller und Überbrückungsmaterial. Man sollte also auf jeden Fall ausreichend viele von ihnen haben.

3.2　Eine Frage der Perspektive

Eine ganz entscheidende Frage bei der Gestaltung von visuellen Medien (das gilt übrigens neben den Filmen auch für Fotos) ist die der Perspektive bzw. der gewählten Bildaufteilung. Vermutlich ist es erst einmal ein Reflex, dass man als Laie Bilder so gestaltet, dass man sein gewünschtes Objekt genau in die Bildmitte setzt. Das klingt auch auf den ersten Blick nur zu logisch: Man will ja nicht die vermeintlich nebensächlichen Dinge eines Motivs sehen, sondern die Hauptsache. Also, ab in die Mitte damit. Allerdings ist das ein Trugschluss. Tatsächlich wirken solche Motive sehr schnell sehr langweilig (ähnlich wie die gefürchteten Gruppenfotos, siehe dazu auch das Kapitel »Fotos«). Viel besser stattdessen: eine gewollt asymmetrische Aufteilung der Bilder, Motive ganz bewusst »anschneiden«, sprich sie an die Seite versetzen, sie in den Vordergrund stellen. Das schafft Räumlichkeit, noch dazu dann, wenn man bei den Bildern mit einer ganz bewussten Vordergrundgestaltung arbeitet. Überhaupt gehört neben den ungewöhnlichen Perspektiven auch das Wechseln der Perspektiven unbedingt dazu, will man keine visuelle Langeweile produzieren. Ungewöhnlich allein reicht also noch nicht. Wenn man einen Interviewpartner beispielsweise immer nur aus der Froschperspektive filmt (oder fotografiert), dann mag das für einen oder auch mehrere Augenblicke ganz originell sein. Ein Interview fünf oder zehn Minuten aus der Froschperspektive zu sehen ist hingegen einfach nur nervtötend.

Womit wir beim Problem wären. Natürlich ist es leicht dahinzusagen, man solle während eines Interviews die Perspektive wechseln, um Monotonie zu vermeiden. Und daneben sollte man auch – wie bereits erwähnt – diverse Einstellungen einer einzelnen Perspektive drehen. Wie aber bekommt man es hin, dass man auf der einen Seite ein geistreiches Interview dreht und auf der anderen Seite klassische Funktionen eines Kameramanns und eines Tontechnikers übernimmt? Speziell für allein arbeitende VJs oder auch Crossmedia-Journalisten ein echtes Dilemma, aus dem es de facto nur zwei Auswege gibt: Entweder man unterbricht das Interview immer wieder, baut sein Equipment um und nimmt dann die nächsten Fragen aus einer anderen Perspektive auf. Oder aber man arbeitet gleich mit mindestens zwei Kameras, die von vornherein unterschiedliche Perspektiven aufnehmen. Letzteres ist natürlich die einfachere und journalistisch bessere Möglichkeit, weil es einen besseren und authentischeren Gesprächsfluss erlaubt. Allerdings: Diese Variante ist durchaus teuer, weil sie voraussetzt, dass man ein Video-Equipment doppelt vorhalten muss. Ganz abgesehen von dem natürlich dann doppelt so großen logistischen und zeitlichen Aufwand für das Interview. Und schließlich muss man es auch erst einmal hinbekommen, als Einzelkämpfer zwei Kameras im Blick und im Griff zu haben.

Variante 1 hingegen ist umständlich und mühselig und wird womöglich ein authentisches Interview nicht zustande kommen lassen. Nicht zu unterschätzen ist zudem die Außenwirkung eines solchen Vorgehens. Wer einen Interviewpartner hat, der aufgrund seiner Position häufigen Umgang mit professionellen Fernsehteams gewohnt ist, wird möglicherweise im Stillen leichte Abstriche an der Professionalität seines Interviewers vornehmen, wenn der alle paar Minuten seine Kamera umbaut. Auf der anderen Seite: Wenn es nur darum geht, von jemandem zwei, drei O-Töne für einen Beitrag einzuholen, dann ist das sicher zumutbar, wenn man einmal schnell die Kamera in eine andere Position bringt. Auch hier also gilt: Gute Vorbereitung ist alles, man sollte sich schon früh darüber im Klaren sein, was man überhaupt will. Dreißig Sekunden O-Ton können schnell und mit zwei verschiedenen Perspektiven gedreht werden, fünf Minuten Interview hingegen wirken bei dieser Produktionsweise sehr schnell ermüdend. Womit wir auch wieder beim Thema Schlüsselqualifikationen angelangt wären: Dem erfahrenen und gut ausgebildeten Crossmedia-Journalisten wird schnell klar sein, dass ein geplantes 60-Minuten-Interview mit einer Kamera und ganz allein nur sehr schwer, mit viel Erfahrung und mit einigen Einschränkungen zu drehen ist.

Als ob das alles nicht schon schwierig genug wäre, muss man auch noch neben dem eigentlichen Motiv auf Vorder- und Hintergründe achten. Gerade bei Hobbyfilmern- und Fotografen zeigen sich immer wieder ungewollte Effekte, die im besten Fall einfach nur lustig wirken, im schlimmsten Fall aber ein ganzes Motiv kaputt machen. Simples Beispiel: Dreht (oder fotografiert) man einen Redner bei einer Veranstaltung so, dass er gerade unter einem Hirschgeweih an der Wand steht, dann kann das unfreiwillig erheiternd wirken.

Bleibt schließlich noch der dringende Rat, beim Drehen sehr, sehr großzügig mit den zu drehenden Szenen umzugehen. Wer sich ein wenig mit Fotografie beschäftigt, der weiß, wie groß der Anteil der nur bedingt brauchbaren Fotos unter einer ganzen geschossenen Serie ist. Gerade Sportfotografen können ein Lied davon singen, wie lange es dauert, bis das eine, das wirklich überzeugende Foto geschossen ist. Ähnlich ist es beim Drehen. Wer es noch nie gemacht hat, hat wahrscheinlich keinerlei Vorstellung davon, was alles zusammenstimmen muss, bis man eine ordentliche Sequenz im Kasten hat. Oder andersrum erklärt: Man macht sich keine wirkliche Vorstellung davon, was alles schiefgehen kann – selbst wenn man im Vorfeld gut geplant und organisiert hat. Das Licht kann wechseln, unvorhergesehene Geräusche stören plötzlich die Aufnahme, der Reporter verhaspelt sich beim Aufsager – und schließlich darf man auch getrost davon ausgehen, dass man beim Betrachten der dann endlich fertig gedrehten Szenen im Nachhinein noch etwas Störendes bemerkt, was beim Dreh gar nicht aufgefallen war.

Man bemerkt also vermutlich jetzt schon: Für ungeduldige Menschen ist Drehen sicherlich nichts, für Journalisten, die möglichst schnell und früh Ergebnisse ihrer Arbeit sehen wollen, auch nicht. Stattdessen braucht man Geduld und Zähigkeit, man benötigt die Bereitschaft, eine Szene oder Sequenz auch noch ein drittes oder viertes Mal zu machen. Man wird schnell feststellen, dass nur ein Bruchteil dessen, was man aufgenommen hat, in das endgültige Projekt einfließen wird. Und man wird – leider auch das – schnell bemerken, wie viele potenzielle Faktoren es gibt, die Rohmaterial unbrauchbar machen. Schlechtes Licht, ein falsch verwendeter Filter, unsauberer Ton – schon kann man das Material in die Mülltonne werfen. Ganz besonders erstaunlich ist übrigens das Verhalten respektive die Wirkung von Menschen vor der Kamera. Vermutlich nahezu jeder TV-Journalist hat schon einmal erlebt, wie jemand, der doch in den Vorgesprächen noch souverän und charismatisch gewirkt hatte, plötzlich zum visuellen Nichts schrumpft. Immerhin: Man hat auch schon umgekehrte Fälle erlebt, die Hoffnung sollte man nicht aufgeben. So oder so zeigt sich aber, dass sogar die Auswahl der Protagonisten in einem Video eine wohl überlegte Sache sein sollte – und manchmal von Dingen abhängt, die wir nicht einmal beeinflussen können.

Wenn man nach einem absolvierten Dreh meinen sollte, man habe das Wichtigste und Aufwendigste hinter sich gebracht – Irrtum! Denn nun beginnt der Teil der Arbeit, der mindestens genauso komplex ist wie die Stoffsammlung, der Dreh. Schneiden, vertonen, produzieren, eine runde Geschichte erzählen, das alles klingt so leicht. Wer jedoch das erste Mal mit seinem unüberschaubar wirkenden Haufen an gedrehtem Material vor einem komplexen Schnittprogramm sitzt und vor der Aufgabe steht, aus sechzig Minuten Rohmaterial drei Minuten Film zu machen, den packt schon mal leicht die Verzweiflung. Da hilft nur eines: Schon während des Drehs Notizen machen, wann welche Szene mit wem wo zu finden ist – und dann vor (!) dem Schnitt ein Storyboard zu entwerfen, in dem der Film zumindest im Groben skizziert ist. Wer einfach mal Material sichtet und dann beginnt zu schneiden, wird zuverlässig scheitern. Man kann übrigens ein Storyboard auch sehr gerne schreiben, bevor man überhaupt auf Dreh geht. Sofern man flexibel genug ist, dieses Storyboard wieder umzuschmeißen, wenn sich herausstellen sollte, dass man die Bilder und Töne, die man gerne gehabt hätte, nicht bekommen hat. Aus welchem Grund auch immer, aber das kommt vor.

3.3 Der gute Ton – Sahnehäubchen oder Alleskaputtmacher

Man redet, wenn es um die Produktion von Videos geht, oft und gerne vom Bild und dessen Bewegung. Tatsächlich gehört zu einem guten Video auch der gute Ton – und wenn es noch so kurz und »nur« fürs Web ist. Klingt eigentlich selbstverständlich; wenn man sich allerdings vieles von dem ansieht, was heute beispielsweise von Zeitungsredakteuren für das Netz produziert wird, dann stellt man schnell fest, dass viele nur das Bild im Auge, allerdings keine wirkliche Idee davon haben, wie diese Bilder mit dem Text oder diversen anderen Tonquellen, von denen es reichlich gibt, korrespondieren könnten.

Dabei ist das mit dem Ton eine ebenso einfache wie komplizierte Geschichte. Er taugt zu beidem: zum Sahnehäubchen, das gute Bilder in einem exzellenten

Beitrag macht. Oder zum Alleskaputtmacher, der so störend ist, dass nicht einmal mehr schöne Bilder den Beitrag retten können. Im Gegenteil, meistens ist man in solchen Fällen geneigt zu denken: schade drum.

Nun hat es der Journalist, der in einem klassischen Team arbeitet, deutlich leichter als der Einzelkämpfer im Crossmedia-Dschungel. Im Regelfall kann er auf einen Tontechniker zurückgreifen, der mit seiner ganzen Routine und seinem technischen Know-how schnell festlegen kann, was geht und was nicht geht. Was stört und was eine reizvolle Ergänzung für einen Beitrag sein könnte. Dazu aber müsste man eben Tontechniker sein – und das sind vermutlich 99 Prozent der Journalisten nicht, selbst dann nicht, wenn sie sich intensiv mit dem Thema Video-Journalismus auseinandersetzen. Deshalb muss man es erst einmal als Realität akzeptieren, dass man als Einzelkämpfer und letztendlich dann doch Laie sich mit einem sehr komplexen Thema beschäftigen und selbst für den guten Ton sorgen muss. Keine Angst – so schwierig, wie sich das jetzt anhört, ist es gar nicht …

Zunächst einmal: Um für guten Ton sorgen zu können, benötigt man Werkzeug. Natürlich, selbst der einfachste Camcorder verfügt über ein eingebautes Mikrofon. Aber die Chance, damit ordentlichen Ton für ein Video zu bekommen, ist minimal. Selbst bei besseren Kameras bis hin zur professionellen Ausführung für VJs gilt: Mit einem Mikrofon allein ist es auf gar keinen Fall getan. Schon deswegen nicht, weil beispielsweise bei Interviews oder anderen Gelegenheiten, bei denen Menschen sprechen sollen, das beste eingebaute Mikro nicht ausreichend ist. Gute Richtmikrofone können zwar einiges, aber auch sie können den Grundsatz nicht beseitigen, dass ein Mikrofon für optimalen Ton möglichst nah an der Schallquelle sein sollte, schon allein deswegen, weil es sonst auch einige Dinge aufnimmt, die man gar nicht hören will. Man darf allerdings beim Thema Web-Video und Video-Journalismus ruhig ein wenig großzügiger sein als bei der konventionellen TV-Produktion. Dort nämlich sind Mikrofone im Bild weitgehend verpönt. Wer hingegen schnell einen O-Ton vom örtlichen Polizeichef oder nach dem heimischen Fußball-Topspiel benötigt, der darf schon auch mal ein Mikro ins Bild halten. Es würde schließlich allen Erfahrungen und Lebenswirklichkeiten widersprechen anzunehmen, man hätte in einer solchen Situation, wo es vor allem auch um Schnelligkeit geht, noch die Muse, ein paar dezente Mikros an der Uniform oder der Jacke des Polizisten bzw. Trainers anzubringen. Nichts spricht bei einer Langzeitproduktion dagegen, beim schnellen Zweiminüter hingegen ist das einfach unrealistisch. Trotzdem ist das »Außenmikrofon«, das per Kabel an die Kamera angeschlossen und dann quasi beweglich ist, unverzichtbar.

Wegen des Themas Ton muss beim Kauf einer Kamera eines beachtet werden: Ein Anschluss für einen Kopfhörer ist eine ziemlich wichtige und feine Sache. Den gibt es zwar leider erst ab einer gewissen Preisklasse, ist aber eine lohnende Investition. Den Ton schon während der Aufnahme abhören und gegebenenfalls noch eingreifen zu können, rettet vor potenziellen tontechnischen Katastrophen. Und die können, wie wir ja nun wissen, einen ganzen Beitrag in den Abgrund reißen. Im Übrigen arbeiten die Profis vom TV generell so; auf die Idee, eine Aufnahme zu machen, ohne dabei ständig den Ton zu checken, käme dort niemand.

Gerade für Video-Einsteiger sollte es eine eiserne Regel sein, den Ton schon während des Drehs ständig gegenzuchecken. Es ist immer wieder erstaunlich, wie sehr sich die Fehler ähneln, die Video-Novizen machen, immer und immer wieder, es hat sich über die Jahre hinweg nicht sehr viel geändert. Besonders beliebt sind Fehler der Kategorie »Interviews an belebten Straßen«. Legion sind die Geschichten von unerfahrenen Journalisten auf Dreh, die stolz von ihren vox-pops-Drehs zurückkommen, um dann festzustellen, dass der Lärmpegel von der Straße (beliebte Alternative: Baustelle in der Nähe) so hoch ist, dass man zwar den Interviewten noch verstehen kann, das Grundrauschen und der Lärmpegel von der nahe liegenden Straße/der Baustelle so hoch ist, dass letztendlich der Beitrag kaputt ist. Wer mag sich schon einen noch so interessanten Beitrag anhören, wenn im Hintergrund gut vernehmlich ein Presslufthammer sein Werk verrichtet? Übrigens, auch wenn der Vergleich auf den ersten Blick etwas gewagt erscheint. Man selbst kann ebenfalls die Wirkung eines Presslufthammers haben, wenn schon nicht von der Lautstärke, dann wenigstens von der fatalen Bedeutung für den späteren Schnitt her. Wer also als VJ oder Redakteur in einem Team viel in eine Aufnahme hineinredet, macht insbesondere bei Interviews einen späteren Schnitt fast unmöglich. Speziell also dann, wenn man von anderen Menschen O-Töne einfangen will, muss man sich selbst sehr stark zurücknehmen. Immer daran denken: Das Material, das man haben will, soll so beschaffen sein, dass man später einen 20- oder 30-Sekünder in einen Beitrag einbauen kann. Demnach muss man also den Interviewten auch mal 20 oder 30 Sekunden am Stück reden lassen, andernfalls hat man später im Schnitt ein ziemliches Problem.

Neben den O-Tönen spielt bei der Vertonung auch das Thema Atmo eine große Rolle. Bilder können in ihrer Wirkung ganz enorm hinzugewinnen, wenn sie mit den entsprechenden Atmos verstärkt werden. Wer beispielsweise die großartige Stimmung während eines Fußballspiels zeigen will, wird zwangsweise auf Bilder des jubelnden Publikums im Stadionrund zurückgreifen. Dabei gibt es potenziell zwei Möglichkeiten. Möglichkeit Nummer eins: Man zeigt die Bilder und betextet sie, vermutlich mit einer kurzen Erklärung, warum die Stimmung so groß-artig war. Oder aber, und das ist Möglichkeit zwei: Man lässt die Bilder für sich sprechen und hinterlegt sie einfach mit Atmo. Das ist vermutlich die wirksamere Variante. Man wird übrigens gerade als Video-Einsteiger staunen, wie radikal sich die Wirkung eines Bildes durch Ton verändert, sei es nun Atmo, Off-Text oder Musik. Daraus ergibt sich insbesondere für Journalisten, die bisher keine oder nur wenig audiovisuelle Erfahrung haben, eine ebenso interessante wie wichtige Kon-sequenz: Man muss nicht immer reden. Bilder und Töne haben manchmal eine eindeutig bessere erzählerische Wirkung als das gesprochene Wort.

Um mit solchen Atmos vernünftig arbeiten zu können, muss man sie aber erst einmal haben. Insofern empfiehlt sich auch in diesem Fall: Großzügig auf- und mitnehmen, hinterher weglassen ist allemal einfacher, als sich im Nachhinein noch brauchbares Material beschaffen zu wollen.

Abzuraten ist von der Idee, den Beitrag erst später beim Schnitt vollständig nach-zuvertonen. Die Erfahrung zeigt, dass dies zum einen nur sehr schwer möglich und zum anderen enorm aufwendig ist. Also: Schon vorher wissen, welche Töne man brauchen wird; schon während des Drehs darauf achten, gute Töne und stimmige Atmo zu bekommen – gepaart mit einer ordentlichen Mikro-Ausrüs-tung sollte dann einem runden Beitrag nichts mehr im Weg stehen.

3.4 Fernsehen, Web, Mobile – Arbeitsfelder für Video-Journalisten

Wenn in diesem Buch eher weniger von klassischer Fernsehproduktion mit einem EB-Team die Rede ist, dann hat das einen einfachen Grund: Diese Arbeitsweise wird dauerhaft dem konventionellen und klassischen TV vorbehalten blei-ben. Für Journalisten, die dauerhaft auf mehreren Plattformen arbeiten wollen, kommt sie kaum in Frage. Hinzu kommt, dass man über klassische Fernsehpro-duktion eigene Bücher schreiben müsste (und tatsächlich gibt es solche Bücher in ausreichender Anzahl) – in einem oder zwei Kapiteln ist dieses komplexe Thema nicht zu erklären. Ein Widerspruch zu der gerne verbreiteten These, Video sei das nächste große Ding im Journalismus? Keineswegs, eher im Gegenteil: Mit den Möglichkeiten des Video-Journalismus sind plötzlich gerade für das Web völlig neue Optionen entstanden. Lange Zeit konzentrierte sich die Diskussion über Video-Journalisten sehr stark darauf, welche Veränderungen diese One-Man-

Shows für das Fernsehen mit sich bringen würden. Die These, Video-Journalismus würde unsere gesamte bisherige konventionelle Fernsehproduktion ablösen, hat sich inzwischen als ziemlicher Unfug erwiesen (vermutlich war sie das von Anfang an). Video-Journalismus ist für das klassische Fernsehen in manchen Teilen eine überaus spannende und interessante Alternative; in manchen Aspekten ist er dem gewöhnlichen Team sogar deutlich überlegen. Aber ein vollständiger Ersatz für das Team ist er nicht – und wird es auch nie werden. Tatsächlich darf man vermutlich sogar so weit gehen zu sagen, dass es ohne das Web um den Video-Journalismus wieder deutlich ruhiger geworden wäre. So aber hat sich völlig unerwartet mit dem Siegeszug des Webvideos eine gänzlich neue Option für Video-Journalisten ergeben, die durch die zunehmende Orientierung an crossmedialem Publizieren noch verstärkt wird. Schließlich sind die Bilder eines Video-Journalisten potenziell für drei Plattformen zu gebrauchen: Fernsehen, Internet, Mobile. Es wäre mehr als erstaunlich, würde das nicht Begehrlichkeiten und Möglichkeiten schaffen.

Tatsächlich ist dies aber nur ein Teil dessen, was sich verändern wird. Noch viel interessanter als für das TV sind VJs und ihre Technologie nämlich für Online- und Mobile-Medien. Aus demselben Grund, warum sie auch für das konventionelle Fernsehen spannend sind, nur dass sich der eigentliche Effekt im Web noch um ein Vielfaches verstärkt: Video-Journalismus ist schnell, authentisch – und deutlich kostengünstiger als die Teamproduktionen. Und zwar um so viel günstiger, dass Videoproduktion plötzlich auch für all diejenigen relevant wird, die bisher an bewegte Bilder noch gar nicht denken durften. Sei es aus Kostengründen, sei es, weil man sich mangels eines eigenen Senders oder eigener Sendelizenzen bisher mit diesem Thema noch nicht auseinandergesetzt hat. Klingt ja auch logisch: Warum sollten sich bisher beispielsweise Zeitungsredakteure Gedanken um Videoproduktion machen, wenn man doch bislang mit gutem Gewissen davon ausgehen durfte, zumindest beruflich mit diesem Thema nie in Berührung zu kommen?

Für Journalisten, die sich entschließen, für crossmediale Produktionen selbst zu einer Videokamera zu greifen, bedeutet dies dreierlei:

- Sie drehen selbst.
- Sie schneiden selbst.
- Sie (post-)produzieren selbst.

Das klingt zunächst einmal banal, ist aber nicht so einfach, wie es sich auf den ersten Blick anhören mag. Tatsächlich ist es hochgradig schwierig, vor Ort unterwegs zu sein und dann neben dem eigentlichen aktuellen Ereignis seine Konzentration auch noch dem Drehen mit all seinen Facetten (gute Bilder, ordentlicher Ton, Licht) zuzuwenden. Und auch der Schnitt und die Postproduktion sind keine Dinge, die man mal eben im Vorbeigehen erledigt. Insofern folgt hier gleich die erste Einschränkung; Will man aktuelle Ereignisse mitnehmen, für die eine schnelle Veröffentlichung unabdingbar ist, sollte man sich vorher gut überlegen, ob dies für einen Einzelkämpfer wirklich realisierbar ist. Produktionen hingegen, bei denen der Termindruck weniger groß ist, lassen sich für einen Einzelnen eher bewältigen.

Klar ist auch: Wer mit einer einzigen Kamera unterwegs ist, der hat zwar Vorteile, aber auch handfeste Nachteile. Wer in der Produktion aus Bildern aus verschiedenen Kamerapositionen auswählen kann, ist natürlich in einer viel komfortableren Situation als der, der eben nur eine Einstellung hat. Richtiges Hochglanz-TV zu machen fällt also vermutlich schwerer – allerdings stellt sich im Zusammenhang mit Crossmedia eine ganz andere Frage: Braucht überhaupt ein Mensch eine Hochglanzproduktion für das Web und für kleine Handybildschirme? Die Frage beantwortet sich von selbst.

Realistischerweise sollte man davon ausgehen, dass man als gewöhnlicher Multimedia-Journalist mit einer (guten) Videokamera unterwegs ist, die die Bilder für einen kompletten Beitrag liefern muss. Nebenbei bemerkt hat das aber inzwischen einen großen Vorteil: Mit HD-fähigen Kameras produziert man so hochwertiges Material, dass man damit ausgezeichnete Standbilder und somit durchaus verwertbare Fotos für Online und mittlerweile auch eingeschränkt druckfähig erhält. Gut denkbar also, dass man in Zukunft auf die Mitnahme einer eigenen Fotoausrüstung verzichten kann und wird, wenn man eine HD-fähige Videokamera dabei hat. Der technische Ablauf des Exportierens eines Stills in ein Fotoformat ist denkbar einfach und wird sogar von eher einfachen Schnittprogrammen wie dem Windows-Movie-Maker unterstützt. Besonders reizvoll: Eine Videokamera arbeitet im Regelfall mit Auflösungen von rund 25 Bildern pro Sekunde, etwas, was selbst die professionellste Fotokamera nicht hinbekommt. Die Chance, eine ganz besonders reizvolle und interessante Szene einzufangen, ist also durchaus sehr hoch.

Natürlich lässt sich an dieser Stelle zu Recht einwenden, dass man die Fotografie mit all ihren Vorzügen nicht ersetzen kann, indem man einfach Standbilder aus Filmmaterial verwendet. Professionelle Fotografie erwartet sicher mehr – und davon abgesehen wird man mit Screengrabs sicher keine Bilderstrecke beispielsweise im »Stern« bestücken können. Trotzdem: Wenn man in erster Linie für

Online und mit dem Fokus Crossmedia produziert, bieten die neuen HD-Kameras inzwischen die erstaunliche und praktische Perspektive, mit einem Gerät Videos, Bilder fürs Web (und somit ganze Slideshows, möglicherweise sogar vertont) und drückfähige Fotos zumindest für den normalen Tageszeitungsgebrauch herzustellen. Bei einer gewöhnlichen Bildabmessung ist der Unterschied nicht mehr zu erkennen. Der bisher nur aufs Fernsehen fixierte VJ plötzlich als semiprofessioneller Fotograf? Zumindest eine inzwischen denkbare Variante (wie übrigens auch umgekehrt, erste Beispiele aus der Praxis gibt es dafür bereits).

Interessant ist vor allem eine regionale und lokale Perspektive. Bewegte Bilder in guter Qualität sind hier immer noch eher die Ausnahme als die Regel. Jemand, der in diese Marktlücke stößt, dürfte gute Chancen am Markt haben. Schließlich sind auch lokale Fernsehstationen nicht undankbar, wenn jemand mit guten, professionellen Bildern aufwarten kann. Mit dem Web ist inzwischen eine weitere Vertriebsvariante hinzugekommen.

Das zeigt sich auch, wenn man einen Blick auf die Entwicklung bei Tageszeitungen wirft. Laut einer 2008 vom BDZV veröffentlichten Studie haben bis Jahresende 2007 46 Prozent der deutschen Tageszeitungen das Vieo als festes Darstellungsmittel in ihre Webauftritte eingebaut. Und immerhin fast die Hälfte dieser Anbieterwiederum, nämlich 47 Prozent, produzieren dafür auch eigenes Material, das bei der großen Mehrheit dann noch ergänzt wird durch zugekaufte Videos von Agenturen oder Dinstleistern. Zwei Dinge lassen sich aus dieser Studie tendenziell ablesen. Erstens:Es bauen sich bei der Verwendung von Videos ähnliche Strukturen auf wie bei einer Zeitung. Soll heißen, dass es einen Mix aus eigenen Produktionen und zugekauften Filmen geben wird, so wie auch eine Zeitung ja so gut wie nie von Redakteuren alleine geschrieben wird. Das bedeutet, dass bei Zeitungen in den kommenden Jahren ein wachsender Bedarf an Journalisten entstehen wird, die diese schwierige Materie Video beherrschen. Nicht nur an Filmern und Produzenten, sondern auch an Redakteuren, die in der Lage sind, Material zu bewerten und zu sichten; kurz gesagt an Mitarbeitern, die in der Lage sind, einem Videoproduzenten auf Augenhöhe zu begegnen.

Zweitens: Der Umgang mit dem Thema Video ist bei Zeitungen noch wenig gelernt und immer noch in einer sehr experimentellen Phase. Das heißt, dass die Verwendung von Bewegtbild extrem unterschiedlich ist –sie reicht von ganz sporadisch bs hin zu über 50 Videos pro Woche. Eines ist allerdings sicher: Immer noch betrachten die allermeisten Zeitungen Videos nicht als Mittel für eine stringente Multichanneling-Strategie. Bei nur vier der befragten Teilnehmer ist der Download des Videos möglich, einen »Embedded Code«, der wie beispielsweise bei YouTube das Einbinden der Videos auf einer anderen Webseite möglich macht, gibt es sogar nur bei zweien.

3.5   Der richtige Schnitt

Schließlich sitzt man da, hat sich, was so einfach ja auch wieder nicht ist, in die digitale Schnittsoftware eingearbeitet – und auf einmal kommt man sich vor wie der berühmte Schütze vor dem Elfmeter: Es sieht so aus, als würde einen die Masse, die Flut an Bildern, überrollen. Man weiß nicht, wo man anfangen soll. Und man weiß nicht, was alles von den wunderbaren Bildern, die man gedreht hat, weg muss. Dabei ist es ziemlich viel, was letztendlich im digitalen Papierkorb landet: Wenn man – angenommen – sechzig Minuten Material gedreht hat und es sollen drei Minuten daraus werden, dann kann man sich mühelos ausrechnen, wie groß der Anteil der Bilder ist, die das Publikum nie zu Gesicht bekommen wird. Eine sehr komplexe Geschichte also, der man sich dort ausgesetzt sieht.

Deswegen sollte man sich, ehe man mit dem Schnitt eines Beitrags beginnt, ebenfalls ein paar Grundregeln verinnerlichen. Sie machen aus dem Einsteiger in den Video-Journalismus sicher noch keinen perfekten Cutter. Aber erstens erwartet das niemand und zweitens ist eine Ausbildung zum Cutter eine langwierige und auch nicht ganz einfache Angelegenheit. Insofern: Nicht verzweifeln, wenn nicht sofort bei den ersten Schnittversuchen ein sendefähiges Ergebnis herauskommt. Viel Übung macht auch in diesem Fall den Meister – wenn man dabei Folgendes generell beherzigt:

- Das Storyboard muss vor (!) dem Schnitt stehen.
- Upcutting: Alles raus, was der Zuschauer nicht sehen muss.
- Zuerst Grobschnitt, dann Feinarbeit.
- Die stärksten Bilder an den Anfang stellen.
- Jedes Bild steht mindestens 3 Sekunden.
- Schnitt, wenn ein Bild an Spannung verliert.
- »Tote« Bilder vermeiden.
- Hart schneiden – Bilder müssen nicht auslaufen.
- Überblendungen und andere Effekthaschereien vermeiden.
- Nicht in die laufende Bewegung eines Menschen schneiden.
- Schnitt an das Ende eines Bewegungsablaufs.
- Kill your darlings!

Vor allem »Kill your darlings« ist wichtig – so radikal, wie es dort steht, ist es auch gemeint. Wer wirklich eine konsequente Auswahl seiner besten Bilder zeigen will, der darf nicht allzu zimperlich sein. Es bedarf auch der Fähigkeit zur Selbstkritik und der realistischen Einschätzung, ob die gedrehten Bilder wirklich gut sind. In VJ-Kursen für Einsteiger kommt es immer wieder mal vor, dass Teilnehmer auch nach mehreren Stunden verzweifelt vor ihrem Rechner sitzen und noch viel zu viel Material im Storyboard haben – weil sie einfach nicht von ihren »Darlings« trennen können. Deswegen, auch wenn's wehtut: lieber schnell und schmerzhaft, alles andere macht vor allem eine tagesaktuelle Produktion unmöglich.

Gehen wir auch hier der Reihe nach durch, was diese Punkte im Einzelnen bedeuten. Zunächst noch einmal ein Wort zur Reihenfolge des Arbeitens: Journalisten haben in den unterschiedlien Medien die unterschiedlichsten Herangehensweisen an ihre Projekte. Es gibt in Zeitungsredaktionen ausgezeichnete Schreiber, die vor dem Verfassen eines Artikels erst einmal akribisch ihre Notizen und ihre Unterlagen sortieren, sich dann genau aufschreiben, wie sie welche Geschichte in welchen Absätzen erzählen wollen und dann, sich exakt an diese Vorgaben haltend, zu schreiben beginnen. Es gibt auch welche, die es genau andersrum machen: erst einmal losschreiben, dann sortieren und sich selbst redigieren. Manche schreiben erst einmal ihren Text und dann erst den Vorspann (weil sich gute Vorspanne oft erst aus dem Text ergeben), andere wiederum können keine anständigen Zeilen tippen, wenn nicht erst ein ordentlicher Vorspann erledigt ist. Wie und warum auch immer, man muss kreativ arbeitenden Menschen wohl auch einigen Freiraum zubilligen, um ihre Talente zur Entfaltung zu bringen. Wenn man alles Mögliche darf – ihnen vorschreiben, in welcher Reihenfolge sie was zu erledigen haben, das darf man nicht.

Wenn es um die Produktion bzw. zunächst erst einmal um den Schnitt eines Videos geht, ist das leider anders. Man wird nicht zu vernünftigen Ergebnissen kommen, wenn man nicht die eingangs geschilderte Reihenfolge (Storyboard, Upcutting, Grobschnitt) einhält (die Ausnahme bestätigt wie immer die Regel). Man muss sich das gerade als Einsteiger in etwa so vorstellen: Man bekommt erst einmal einen gigantischen Schwall an Rohmaterial auf den Tisch geworfen, unsortiert und unstrukturiert. Möglicherweise kommen die besten Bilder, die man an den Anfang eines Beitrags stellen will, erst ganz zum Schluss. Oder es sind bestimmte Sequenzen vier-, fünf- oder sechsmal gedreht worden. Wie auch immer, man darf sich die Videoproduktion nicht so vorstellen, wie man sich möglicherweise das Schreiben eines Artikels vorstellt. Insofern heißt es erstmal: klare Vorstellungen schon vorher entwickeln, danach systematisch Ordnung in den Wust von Rohmaterial bringen. Und dazu gehört – leider – eben auch, einiges rigoros wegzuwerfen und sich von manchen Dingen, wenn auch schweren Herzens, zu trennen.

Der eben erwähnte Schwall an Rohmaterial erfordert nicht nur eine genaue Sichtung, sondern auch eine klare Festlegung: Welche sind die stärksten Bilder, welche wecken zu Beginn die meiste Aufmerksamkeit? Der Mensch hat, wie wir als Journalisten ja nun leidlich wissen, eine verhältnismäßig geringe Aufmerksamkeitsspanne und insofern vom für uns lebenswichtigen Rohstoff Aufmerksamkeit nur relativ wenig zu vergeben. Wenn wir also die Aufmerksamkeit unserer Zuschauer haben wollen, müssen wir ihm schnell und unmissverständlich klar machen, warum er uns seine kostbare Zeit widmen sollte. Also: das Gute, die Glanzlichter gleich vorneweg – nicht viel anders als beispielsweise bei einem Zeitungsartikel, der schließlich ebenfalls nicht mit dem Langweiligen anfängt. Gerade beim Thema Video, wo neben den Inhalten auch noch visuelle Reize eine ausgesprochen große Rolle spielen, ist es von entscheidender Bedeutung, sofort Aufmerksamkeit auf sich zu ziehen.

Trotzdem: Aufmerksamkeit bekommen heißt nicht, hektisch und wild im Material rumzuschneiden und ein wild flimmerndes Konglomerat an Bildern zusammenzustellen. Bilder müssen mindestens drei Sekunden stehen, um auf der einen Seite richtig wirken und auf der anderen Seite keine Hektik, kein Augenflimmern zu erzeugen. Natürlich gibt es auch davon Ausnahmen, sehr wenige allerdings – und um schnelle Schnitte aneinandersetzen zu können, muss man erstens den Schnitt richtig beherrschen, zweitens entsprechendes Publikum und drittens Bildschirme haben, auf denen solche gewollten Effekte ihre Wirkung entfalten können. Der kleine Flash-Player im Web ist dafür eher ungeeignet, große TV-Screens hingegen sind die richtige Bühne für effektvolle Schnitte.

Allerdings, spätestens wenn ein Bild an Spannung, an Dynamik, an Wirkung verliert, wird es, unbeschadet von allen Sekunden-Regeln, höchste Zeit für einen Schnitt. Auch hierzu gehört die Fähigkeit zur Selbstkritik und auch dazu, den Film durch die Augen anderer, nämlich potenzieller Zuschauer zu sehen. Man selbst findet die eigenen Bilder wahrscheinlich erstmal toll. Ob andere das auch so empfinden, ist hingegen eher unwahrscheinlich. Und schließlich man noch eine ganze Reihe sogenannter »toter Bilder«, die erst gar nicht den Weg in das Storyboard finden sollten. Wenig oder keine Bewegung, keine richtige Aussage – wenn diese Kriterien zutreffen, ist es das Beste, die Delete-Taste zu drücken.

Durchaus umstritten ist die richtige Herangehensweise, wenn man den späteren vertonten Beitrag im Auge hat. Es gibt ziemlich gute Argumente dafür, sich beim Grobschnitt der Bilder tatsächlich nur von deren Qualität und Aussagekraft leiten zu lassen. Jedoch schadet es natürlich nicht, wenn man dabei schon im Kopf hat, wie diese Bilder potenziell zu betexten oder zu vertonen sind. Kaum etwas ist peinlicher als die gefürchteten »Text-Bild-Scheren«, bei denen das, was auf den Bildern zu sehen ist und das, was man hört, schlichtweg nicht zusammenpassen. Im besten Fall ist es einfach nur ungewollt lustig, im schlechtesten Fall wird es peinlich. Insofern schadet es nicht, bei aller Liebe zu den Bildern, beim Schnitt immer auch schon im Hinterkopf zu haben, was man zu diesen Bildern eigentlich erzählen will.

Und dann kann man es nicht oft genug sagen: Eine gute Planung ist die halbe Miete. Wo immer es möglich ist, sollte man schon sehr genau wissen, was man eigentlich drehen will, *bevor man* zum eigentlichen Dreh geht. Das sogar möglichst detailliert, sprich: zu wissen, welche Bilder man braucht, um die Geschichte erzählen zu können. Zu wissen, welche Gesprächspartner unerlässlich sind und was sie im Kern überhaupt sagen sollen. Zu wissen, wie der Beitrag später aufgebaut und wie lange er überhaupt sein soll. Vor allem Letzteres wird gerade für Video-Einsteiger öfter zum Stolperstein. Man ahnt kaum, wie viel Material man drehen muss, um anständige fünf Minuten machen zu können. Wenn man also von einem Dreh zurückkommt und gerade mal fünfzehn Minuten auf dem Band (oder auf der Festplatte hat), darf man davon ausgehen, nur ein sehr kurzes Stück machen zu können. Oder gleich davon, dass man irgendetwas Grundlegendes falsch gemacht hat.

3.6 Das nötige Video-Equipment

Wenn man von Videos bei crossmedialen Produktionen spricht, kommt man letztendlich nicht daran vorbei, dem Thema Equipment etwas mehr als ein paar einleitende und allgemeine Zeilen zu widmen. Generell gilt: Man kann schon für ziemlich kleines Geld in einer Größenordnung von mehreren Hundert Euro ein Equipment kaufen, mit dem man passables Bildmaterial abliefert. Keineswegs TV-fähig, und zwischen diesen Bildern und High-Definition-Material liegen natürlich Welten, aber für ein kurzes Web-Video reicht das gegebenenfalls schon aus. Auf Dauer aber wird man – vor allem dann, wenn man als freier Journalist in einem Wettbewerb auf dem Markt steht – nicht allzu weit damit kommen.

Davon abgesehen bergen die meisten der preisgünstigen Camcorder ein echtes Problem in sich, wenn man tagesaktuell produzieren muss: Sie nehmen ihre Bilder noch auf einem konventionellen Band auf, dem sogenannten Mini-DV-Format. Das bedeutet, dass die Aufnahmetechnik zwar schon digital, der Datenträger aber noch ein konventionelles Band ist. Wenn man diese Bilder anschließend zur Bearbeitung auf den Rechner holen will, muss das ganze Band noch mal auf der Festplatte aufgenommen werden. Konkret bedeutet das: Wer auf einem Dreh war und zwei Stunden Filmmaterial im Gepäck hat, braucht danach noch einmal zwei Stunden, nur um das Material einzuspielen. Fragt sich, ob man diesen Nachteil in Kauf nehmen kann und will, wenn man bei seiner täglichen Arbeit unter einem gewissen Zeitdruck steht (und wer tut das als Journalist nicht?). Falls nein, heißt das also, dass man mittelfristig sich nach einer Kamera umsehen sollte, die entweder die Bilder direkt auf DVD oder – noch besser – auf einer halbwegs geräumigen Festplatte aufnimmt.

Allerdings: Die Gleichung Band = schlecht, DVD/Festplatte = gut geht so pauschal nicht auf. Gerade die richtig teuren Kameras, mit denen Video-Journalisten auch fürs Fernsehen drehen, laufen großteils immer noch auf Band. Das hat in erster Linie mit der hohen Datenmenge zu tun, die sie verursachen. Wer mit einer solchen VJ-Kamera unterwegs ist und mit einem DVD-Laufwerk arbeiten würde, der müsste bei einer gebräuchlichen 4,7-GB-DVD alle paar Minuten den Datenträger wechseln, was einen vernünftigen Dreh in der Praxis unmöglich machen würde. Auf ein vergleichbar kleines Mini-DV-Tape passt dagegen mühelos eine Stunde. Wer also zwei, drei kleine Schächtelchen mit Band dabei hat, hat die Garantie, einen normalen Dreh mühelos bewältigen zu können. Inzwischen gibt es auch Dreichip-Kameras, die mit zwei Kartenslots eine Aufnahmekapazität von 16 Gigabyte am Stück gewährleisten, sie haben aber ihren Preis. Einen, der sich erst dann lohnt, wenn man tatsächlich Video-Journalismus zu einem Kernstück seiner crossmedialen Arbeit macht. Andersrum gesagt: für den Journalisten, der gelegentlich zu einem Beitrag auch ein Video drehen will, ziemlich uninteressant, weil viel zu teuer. Zumal man, am Rande bemerkt, nicht unterschätzen darf, welchen Zeitaufwand es erfordert, Dateien in Größe mehrerer Gigabyte auf eine Festplatte zu ziehen und sie in einem Schnittsystem zu laden. Schneller als Band, zugegeben – aber eben auch keine Sache weniger Sekunden. Letztendlich also: alles Abwägungssache.

Und schließlich kommt noch ein ganz profanes Problem dazu: Platz. Digitale Videos produzieren enorm große Datenmengen. Der »große« DV-Standard beispielsweise benötigt für fünf Minuten Material rund ein Gigabyte Platz. Wer also nach diesem Standard rund achtzig Stunden Material archivieren möchte, bräuchte dazu rund ein Terabyte Speicherplatz. Möglicherweise ist ein kleines Regal mit achtzig Schachteln aber doch die einfachere und kostengünstigere Lösung. Vor allem für kleinere Zeitungshäuser oder auch selbstständige Journalisten jedenfalls wird die Terabyte-Lösung noch nicht in Betracht kommen. Das kleinere Format Mini-DV verbraucht zwar deutlich weniger Speicherplatz, trotzdem kommt man auch damit schnell in einen hohen Gigabyte-Bereich.

Es gibt aber auch noch andere, sehr gute Gründe für das gute alte Band. Beispielsweise den, dass nach wie vor bei der Aufzeichnung auf Tape die qualitativ besten Ergebnisse erzielt werden. Wer das bestmögliche Ausgangsmaterial für seine Bilder haben will, kommt am Band nicht vorbei, auch wenn man möglicherweise laienhaft denken könnte, es verhalte sich dabei wie bei der alten Audio-Kassette, mit deren Ablösung auch eine deutliche verbesserte Klangqualität einherging. Das ist beim Thema Video keineswegs der Fall. Der Grund dafür ist einfach: Die Bilder werden beim DV-Format keineswegs analog, sondern digital aufgezeichnet und dabei auf ca. zehn Prozent des ursprünglichen analogen Speicherplatzbedarfs reduziert. Die Einzelbilder werden beim DV-Standard unabhängig voneinander einzeln codiert. Bei einer Aufzeichnung auf DVD hingegen sorgt ein integrierter Realtime-MPEG2-Codec für die Komprimierung. Wie groß dabei die Qualitätsverluste sind, hängt schließlich von der Kamera und den verwendeten Einstellungen ab. Generell aber gilt: Größer als bei DV sind die Verluste bei MPEG2 allemal. Im Übrigen: Es gibt natürlich noch einige andere Videoformate als die hier hauptsächlich erwähnten DV, Mini-DV und MPEG. Im Regelfall sind sie aber nur für die Produktion von »richtigem« Fernsehen relevant. Für den Crossmedia-Journalisten, der mit seiner VJ-Ausrüstung unterwegs ist, spielen sie im Regelfall keine wichtige Rolle.

Eine Empfehlung, welches Gerät das Geeignete sei, kann man insofern nicht abgeben: Jeder muss für sich selbst entscheiden, welche Kriterien für ihn die wichtigsten sind. Bevor also jemand bedenkenlos zur VJ-Kamera greift, sollte er sich überlegen, dass sie teurer, größer, schwerer, unflexibler und letztendlich auch deutlich komplizierter zu bedienen ist als ein (guter) Camcorder. Vor der Anschaffung also gut überlegen und intensiv abwägen, am besten: eine Liste machen mit allem Für und Wider, mit allen Ansprüchen, die man an eine Ausrüstung stellt, mit allen Kernpunkten, die den Schwerpunkt der künftigen crossmedialen Arbeit ausmachen sollen. Professionelles VJ-Equipment lohnt sich nur, wenn man Bewegtbilder zum Kern seiner Arbeit machen und möglicherweise zudem mehr oder minder regelmäßig TV-fähige Beiträge herstellen will. Der Auffahrunfall auf der Hauptstraße, den ein Regionalblatt mit ins Online-Angebot nehmen will, muss nicht mit der 3.000-Euro-Kamera gefilmt werden. Im Gegenteil: Wer Video nur als 60-Sekunden-Ergänzung betreiben will, der hängt sich mit einer teuren und schweren Ausrüstung einen ziemlichen Klotz ans Bein, der das Fortkommen bei der täglichen Arbeit ziemlich behindert. Umgekehrt gilt: Wer Fernsehsender als Auftraggeber hat oder sie zumindest gewinnen will, wird mit auch mit einem anständigen Camcorder nicht sehr weit kommen.

Dennoch: Der Kauf einer guten Videokamera ist eine Investition, die sich auf Dauer bezahlt machen wird, zumal auch im Bereich der Online-Videos in den kommenden Jahren mit einem rasant wachsenden Markt und daraus resultierenden Ansprüchen der User zu rechnen sein wird. Nur zum Vergleich: Als Ende der 1990er Jahre die ersten Videos im Web auftauchten, da war de facto nicht viel mehr zu sehen als ein ruckelndes Mäusekino. Im Zeitalter von Breitbandzugängen, Plattformen wie Maxdome oder Joost, die allesamt Bilder in TV- und DVD-Qualität anbieten, wird man mit der Grundhaltung nicht weit kommen, es handle sich ja »nur« um Videos fürs Internet und da komme es auf die Qualität nicht so sehr an. Wenn wirklich, wovon auszugehen ist, TV und Internet weitgehend miteinander verschmelzen, konvergent werden und schließlich die Grenzen zwischen den Medien verschwimmen, dann gelten die Ansprüche, die man heute ans Fernsehen stellt, auch für Videos im Netz. Und die sind mit einem 200-Euro-Camcorder dauerhaft sicher nicht zu erfüllen.

Übrigens, so oder so: Ganz egal, ob man sich für die richtig teure und professionelle oder doch eher für die einfachere Ausstattung entscheidet, zumindest zwei Dinge sind in jedem Fall völlig unverzichtbar: Erstens ein Stativ. Eiserne Grundregel: Ohne Stativ wird auf keinen Dreh gegangen. Natürlich kann man sich in absoluten Not- und Ausnahmefällen damit behelfen, dass man die Kamera mit der Hand abstützt, (bei großen Kameras gerne auch die Schulter) oder mit anderen Tricks versucht, die Kamera in eine möglichst ruhige und stabile Lage zu versetzen. Dennoch, ohne Stativ geht es dauerhaft nicht, den Aufnahmen ist es unschwer anzusehen. Gottlob übrigens sind die Stative heutiger Tage deutlich leichter – sowohl in Gewicht als auch in Handhabung – als noch ihre Vorgänger vor zwanzig Jahren. Man schleppt deutlich weniger und arbeitet entspannter (allerdings: vor der Verwendung ultraleichter und etwas windiger Stative sei gewarnt; sie wirken sich letztendlich kontraproduktiv aus).

Zweites unverzichtbares Arbeitsgerät: ein externes Mikrofon. Ob Aufsager, Interview, Pressekonferenz, bei nahezu allen Gelegenheiten, bei denen Menschen sprechen, wird sich schnell herausstellen, dass man mit den eingebauten Mikros der Kameras zwar ganz passable Atmos aufnehmen kann, selten aber anständige Qualität bei Sprachaufnahmen hinbekommt. Preislich gilt auch hier: Die Spanne ist enorm, für ein gutes Allrounder-Mikro sind allerdings schnell mal 200 Euro fällig, Trotzdem, bei Mikros zu sparen wäre ein Fehler: Schlechter Ton (siehe dazu auch eigenes Kapitel) kann die Arbeit eines ganzen (Dreh-)Tages kaputt machen. Dabei gibt es viele potenzielle Fehlerquellen, die man allerdings ausschalten kann. Nur eine nicht: Ein schlechtes Mikrofon liefert Töne ab, die auch durch nachträgliches Aufhübschen in einem Audioprogramm nicht mehr richtig zu retten sind.

Man muss sich also, bevor man möglicherweise sehr viel Geld für eine Kamera ausgibt, sehr genau überlegen, was man überhaupt will und was man machen möchte. Die Grenzen sind nach oben weitgehend offen, das ist klar. Aber hat es Sinn, 5.000 Euro für eine hochkomplexe Ausrüstung auszugeben, die noch dazu schwer beherrschbar und erlernbar ist – wenn man von vornherein weiß, allenfalls ein Video fürs Web drehen zu wollen? Umgekehrt muss man sich, wenn man ernsthaft auch das Fernsehen als Abnehmer ins Auge fasst, darüber im Klaren sein, dass dies auch mit einer guten semi-professionellen Ausrüstung nicht zu bewerkstelligen sein wird.

Ähnlich verhält es sich mit der Wahl des richtigen Schnittprogramms. Standardanwendungen wie zum Beispiel der Windows-Movie-Maker, der bereits im Betriebssystem eines PC integriert ist, sind natürlich nicht zu vergleichen mit einem Profiprogramm. Trotzdem kann eine solche Software am Anfang genau das Richtige sein. Man macht seine ersten Schritte auf einem leicht erlernbaren Programm, kann die Grundzüge des digitalen Schnitts üben und verstehen lernen und sich dann langsam hinarbeiten auf anspruchsvollere Programme wie beispielsweise Avid, Final Cut oder Premiere. Wer als Einsteiger seine ersten Versuche auf einem komplexen Schnittprogramm für Profis macht, wird möglicherweise schnell die Lust verlieren. Umgekehrt ist natürlich auch klar, dass ein Fernsehmann, der bei seiner crossmedialen Ausrichtung dennoch das TV als wichtigsten Abnehmer im Auge hat, sich mit dem Movie Maker nicht ernsthaft auseinandersetzen wird.

Wichtig ist im Endeffekt, dass die Dinge zusammen stimmen. Eine Kette ist immer nur so stark wie ihr schwächstes Glied. Wer also auf der einen Seite 1.500 Euro für eine sehr gute Kamera in die Hand nimmt und dann beim Mikro für 30 Euro knausert, wird unter dem Strich ein unbefriedigendes Ergebnis bekommen, weil der Ton vermutlich bei Weitem nicht mit der Qualität des Bildes konkurrieren kann. Umgekehrt beschränkt man sich völlig unnötig selbst, wenn man viel Geld für eine professionelle Ausrüstung ausgibt, dann aber mit einem vergleichsweise einfachen Schnittprogramm arbeitet. Um also im Bild der Kette und ihrer schwächsten Glieder zu bleiben: Wer sich eine Dreichip-Kamera mit gutem Mikro und anderem Zubehör leistet, der wird über kurz oder lang auch zu einem professionellen Schnittprogramm greifen.

Und schließlich eines bitte nicht vergessen: Technik ist eben nur Technik und ersetzt journalistisches und handwerkliches Können nicht. Wer mit schwachen Bildern und langweiligen Tönen nach Hause kommt, dem wird selbst mit den ausgefeiltesten Schnittprogrammen nicht zu helfen sein.

3.7 Videos für mobile Plattformen – Produzieren für kleine Bildschirme

Konsequenterweise müsste man sich auch Gedanken darüber machen, für welche Endgeräte man gerade dreht bzw. ob man den Dreh nicht so gestaltet, dass daraus geeignetes Material für mehrere Screens zu gewinnen ist. Der Grund für diese Überlegung liegt auf der Hand: Die Wirkung von Bildern auf einer 100-cm-Diagonale ist eine grundlegend andere als auf einem 100-cm-Bildschirm, was jeder nachvollziehen kann, der schon einmal einen effektvollen Hollywood-Blockbuster erst im Kino und später auf einem ganz normalen Fernseher gesehen hat. Natürlich kann man das machen, Titanic bleibt Titanic – und trotzdem ist es nicht dasselbe wie im Kino, wo Bilder und Töne ganz anders wirken. Vergleichbar verhält es sich mit Plasmafernseher und Handy. Die Bilder sind immer noch die selben, nur ihre Wirkung auf den Zuschauer ist eine ganz andere.

Noch etwas kommt zudem hinzu. Neben dem völlig anderen Endgerat sind auch die Nutzungssituationen bzw. die Rezeptionen des Zuschauers bei der Nutzung von mobilen Medien bzw. von Bewegtbildern im Internet vermutlich ganz andere. Konkret gesagt: Wer sich entspannt zuhause vor dem Fernseher niederlässt, um Nachrichten zu sehen, hat vermutlich die Zeit und die Muße für 15 Minuten Tagesschau. Wer gerade an der Bushaltestelle steht, wird möglicherweise auch Interesse an den Nachrichten der Tagesschau haben – aber kaum die Zeit und die Muße für 15 Minuten. Eine 100-Sekunden-Tagesschau, wie von der ARD geplant, ist da schon deutlich interessanter. Die aber wird unter dem

Strich ganz eine andere sein müssen als die 20-Uhr-Ausgabe: schneller, dichter erzählt, dafür mit Bildern, die sich bereits beim ersten Hinsehen auf einem kleinen Schirm erschließen.

Auch bestimmte Stilmittel bei der Kameraführung und beim Schnitt werden sich auf kleinen Bildschirmen nur sehr eingeschränkt anwenden lassen. Ein schneller Schwenk, ein rasches Zoom-in? Beides würde möglicherweise seinen gewünschten Effekt verfehlen. Und nicht nur das: Es könnte auf einem Bildschirm mit verminderter Leistungsfähigkeit sogar ziemlich unschön aussehen. Auch das Alpenpanorama, das gerade eben auf dem HD-Fernseher noch so beeindruckend aussah und das man deswegen lange im Bild gelassen hatte, wirkt auf einmal überhaupt nicht mehr, wenn man es auf dem Handy betrachtet. Insofern: umdenken, mitdenken. Beim Drehen auch an die kleine Perspektive denken – und sich möglicherweise auch die Mühe machen, die mobile Version neu zu schneiden (resp. auch zu kürzen). Die 100-Sekunden-Nachrichten der Öffentlich-Rechtlichen zeigen einen möglichen Weg auf, wie man die konventionellen Medien auf die mobilen Plattformen bringt und diesem neuen Medium dabei gerecht wird. Doch auch dafür braucht es Journalisten, die crossmedial denken und gleichermaßen produzieren können.

In der Länge der Beiträge liegt vermutlich der größte Unterschied zu den großen Schirmen. Nach allen bisher bekannten Studien – und letztlich wohl auch aus der Sicht des gesunden Menschenverstands – ist das Nutzungsverhalten bei Handy-TV und anderen mobilen Plattformen wohl ein anderes, keineswegs vergleichbar mit dem des berühmten Couch-Potatoes, der sich entspannt zurücklehnt und durchaus bereit ist, sich über einen längeren Zeitraum berieseln zu lassen. Viel eher wird man es wohl mit Nutzungssituationen zu tun haben, in denen Zeit ein knappes Gut und schnelles Erwählen ein wichtiger Faktor ist. Wer an der Bushaltestelle oder in der U-Bahn wartet, wird zwar möglicherweise ebenso wie im »richtigen« Fernsehen Interesse an Nachrichten haben. Nur die Zeit und auch die Muße, die er um 20 Uhr im Wohnzimmer hat, sind in einem deutlich geringeren Maß vorhanden als an der Bushaltestelle. Einfache Konsequenz: Man gibt ihm eine Tagesschau, die seiner aktuellen Situation gerecht wird. Um 20 Uhr ist das die altbekannte 15-Minuten-Version, an der Bushaltestelle sind das 100 Sekunden, die man gerade entbehren kann (oder auch einfach gerne zur Überbrückung der Wartezeit nutzt). Ein einfaches Beispiel, das aber in allen anderen Fällen auch greift. Videos in mobilen Situationen folgen ganz anderen Regeln als das stationäre Video. Insofern können die Inhalte im Regelfall auch nicht einfach eins zu eins transferiert werden.

Neu überdenken müssen wird man möglicherweise bei kleinen und kleinsten Screens auch das Verhältnis von Text und Bild. Nicht so sehr wegen der ohnehin immer vorhandenen Gefahr von Text-Bild-Scheren, sondern weil Bilder für sich alleine nicht mehr so wirken können wie auf der großen Fläche. Soll heißen: Für größere Bildschirme kann man Bilder für sich allein stehen und sie selbsterklärend wirken und Atmosphäre schaffen lassen. Das dürfte auf einem Bildschirm mit 3,5 Zoll ziemlich schwierig werden. Man muss also möglicherweise auf einmal Dinge erklären, die man bei einer Produktion für große Screens ganz bewusst eben nicht erklärt hätte.

Was übrigens die diversen Formate angeht, die insbesondere im Web für Videos verwendet werden, so kommt man nicht umhin, den Siegeszug des Flash-Videos zu erwähnen. Man darf davon ausgehen, dass Flash erst die rasant gestiegene Nutzung von Videos im Netz ermöglicht hat. Sowohl für Anwender als auch für Nutzer haben sich die Rahmenbedingungen erheblich vereinfacht. Wer heute als Anbieter Videos lediglich im Flash-Format zur Verfügung stellt, darf davon ausgehen, einen großen Teil der User damit zu erreichen. Das war nicht immer so, im Gegenteil: Bis vor wenigen Jahren war es ein Stück weit auch eine Glaubensfrage, ob man den Windows-Media-Player, den Real-Player oder gar Quicktime als den Standard seines Vertrauens wählte. Dementsprechend war es ratsam, als Anbieter mindestens zwei dieser drei Formate zu offerieren (wenn nicht sogar alle drei). Dementsprechend groß war der Aufwand, die Videos zu encodieren und auf die Seite zu stellen.

3.8 Player, Formate und Encoding

Eine Prognose darüber, wie sich die Videostandards weiterentwickeln werden, fällt aus heutiger Sicht schwer (wie übrigens bei allen anderen Multimedia-Technologien auch). Vieles spricht allerdings dafür, dass man mit Flash-Videos einen Standard gefunden hat, der die kommenden Jahre überdauern wird. Das schon allein aus wohlverstandenem Eigeninteresse des Users heraus. Niemand hat großen Spaß daran, dauerhaft diverse Player auf seinem Rechner aufzuspielen und upzudaten, zumal sich trotz aller gegenteiliger Beteuerungen der Hersteller zumindest für den Normaluser der eine, entscheidende, alles schlagende Vorteil eines bestimmten Players bisher nicht herausgestellt hat. Wer also als Journalist crossmedial und damit auch im bewegten Bild produziert, für den sollte Flash zunächst die erste Wahl sein. Unbeschadet dessen: Um wirklich auf der sicheren Seite zu sein, müsste man ein Video tatsächlich in allen gängigen Formaten anbieten. Aus Gründen der Rentabilität macht das natürlich de facto niemand. Man muss trotzdem in Erwägung ziehen: Falls ich auf das Format XY verzichte, wen schließe ich damit aus? Einem freien Journalisten ist so oder so allerdings zu empfehlen, zumindest theoretisch in der Lage zu sein, einem Auftraggeber alle gängigen Formate anbieten zu können. Im Regelfall wird es nicht allzu viele Auftraggeber geben, die bereits fertig encodierte Filme in allen Varianten haben wollen, aber ausschließen sollte man nichts.

Spricht man von Playern und Formaten, kommt man auch an einem für Journalisten eher unangenehmen Thema kaum vorbei: dem Encoding. Um tatsächlich – wie beschrieben – in der Lage zu sein, Filme in verschiedenen Formaten anzubieten, muss man sich eben auch mit den Spezifika der diversen Varianten ein wenig auskennen. Es widerspricht den bisherigen Praxis-Erfahrungen, dass es allzu viele Journalisten geben wird, die auf eine eigene Truppe zurückgreifen können, die mal eben das hingeworfene Rohmaterial in das vom Redakteur gewünschte Format bringt. Große Fernsehkonzerne wie beispielsweise ProSiebenSAT1 leisten sich eigene Webvideo-Abteilungen, die sich um Encoding und andere technische Dienstleistungen kümmern. Für den mittelständischen Zeitungsverlag hingegen, der seine Redakteure gelegentlich auch mal einen Dreiminüter drehen lässt, wird das kaum eine realistische Option sein. Selbst ist der Mann/die Frau heißt also die Devise. Was in der Konsequenz heißt, dass man um ein paar Grundkenntnisse dieses an sich strikt technischen und völlig unjournalistischen Vorgangs nicht vorbeikommt.

Warum überhaupt Encoding? Einfache Antwort: Kameras, die potenziell fernsehfähiges Material auswerfen, produzieren enorm große digitale Datenmengen. Je nach Einstellung und nach Kamera kommt man bei einer Filmdauer von fünf Minuten schnell in die Größenordnung von einem Gigabyte. Für die Verwendung eines Films im Web ist das natürlich hoffnungslos zu viel, nicht einmal die Hälfte wäre diskutabel. Also benötigt man ein Videoformat, das – stark vereinfacht ausgedrückt – in der Lage ist, das Ausgangsmaterial so zu komprimieren, dass es auf weniger als zehn Prozent der ursprünglichen Datenmenge kommt und dennoch in einer ansehnlichen Qualität zu sehen ist. Natürlich geht eine solch intensive Datenreduktion nicht ohne einen Qualitätsverlust vonstatten, trotzdem, ganz grob ausgedrückt: Für das Web reicht aus, was im TV auf einem 100-cm-Bildschirm ziemlich unerträglich wäre. Das Prinzip ist also genau so wie beim inzwischen zum Massenmedium gewordenen MP3-Format: Man reduziert Dateien in den Bereichen, in denen sie das menschliche Auge bzw. Ohr nicht mehr wahrnimmt. Das ist allerdings ein theoretisches Konstrukt. Selbst wenn man wissenschaftlich belegen kann, dass die reduzierten Frequenzen für das menschliche Ohr gar nicht wahrnehmbar sind – in der Gesamtheit ergibt sich ein anderes Klangbild. Die große Masse der Musikhörer nimmt das nicht wahr, der akustische Feingeist allerdings schon. Ähnlich verhält es sich mit den Bewegtbildern. Cineasten wird man mit einem auf 50 MB reduzierten ehemaligen 1-Gigabyte-File nicht begeistern können, aber darum geht es ja auch nicht. Stattdessen – auch das eine Analogie zum MP3-Siegeszug – sorgt die Datenreduktion dafür, dass Video inzwischen zu einem massenkompatiblen Medium für jedermann und immer und überall geworden ist. Auch und gerade für Journalisten. Gäbe es die Datenreduktion nicht, gäbe es auch keine audiovisuellen Medien im Netz oder auf mobilen Endgeräten.

Womit wir bei einem weiteren Thema wären – einem, dessen Bedeutung sich gerade rasant multipliziert: Videos finden inzwischen zunehmend auch auf Klein- und Kleinstbildschirmen wie denen von Handys, PDAs oder mobilen Spielkonsolen statt. Auch dafür benötigt der crossmedial denkende Journalist grundlegende Encoding-Kenntnisse. Das Format, um ein Video auf dem iPod abspielen zu können, ist ein grundlegend anderes als beispielsweise für eine Playstation Portable (PSP).

Encoding heißt allerdings nicht nur, Datenmengen zu verkleinern. Die Arbeit beinhaltet auch, die Videos in diverse, für die jeweils gewählte Plattform geeignete Formate zu bringen. Das kann von avi über Quicktime bis hin zu Flash alles Mögliche sein, dazu kommen die diversen unterschiedlichen Formate für mobile Abspielgeräte. In der Praxis dürfte es deswegen häufig vorkommen, dass man einen Film mehrfach bearbeiten muss, um ihn in verschiedenen Formaten bereitzustellen.

»Encoding ist die Vorhölle«, schreibt der Journalist Fabian Mohr ist seinem Blog »iso800« – und hat damit nicht unrecht. Wer es mit seinen Videos gut meint und optimale Ergebnisse herausholen will, sollte sich die Mühe machen, sich mit dem Thema etwas intensiver auseinanderzusetzen und sich eine bessere Software zuzulegen, die mehr kann, als mit ein paar Buttons und Mausklicks Videos von einer Standardoption in eine andere zu konvertieren. Solche Software gibt es und an sich ist an ihr auch nichts zu kritisieren. Wer einfach nur aus einem avi ein Flash-Video machen und ansonsten nichts ändern will, kann dies damit, mühelos und innerhalb weniger Minuten erlernbar, auch tun. Allerdings: recht viel mehr auch nicht. Bessere Konverter bieten zahlreiche zusätzliche Optionen, die von der manuellen Einstellung der Bitrate bei den Bildern und der Tonspur bis hin zur eigenhändigen Festlegung des Seitenverhältnisses reichen. Dazu allerdings muss man einigermaßen wissen, was man da überhaupt tut, was eine einigermaßen intensive Auseinandersetzung mit diesem Thema voraussetzt. Vorwarnung: Es gibt Angenehmeres als das!

Eine Software-Empfehlung? Angesichts der rasanten Entwicklung auch in diesem Bereich eher vergebliche Liebesmüh. Ein Tipp darf es aber trotzdem sein: Nicht immer ist das Teuerste das Beste, es existieren gerade in diesem Bereich ausgezeichnete Konverter, die als Freeware zum Download zur Verfügung stehen.

3.9   Die Video-Formate

Um es noch einmal zusammenzufassen: Für das Web reden wir von vier wichtigen Formaten mit verschieden starker Verbreitung und unterschiedlichen Vor- und Nachteilen. Natürlich gibt es daneben noch zahlreiche andere Formate, die insbesondere in der Fernsehproduktion eingesetzt werden. In der Regel wird man als Journalist aber schon ganz ordentlich über die Runden kommen, wenn man die folgenden Formate kennt und in der Lage ist, entsprechende Konvertierungen vorzunehmen:

MPEG (moving pictures expert group): Beim Format MPEG werden Videobilder komprimiert, um sie für den Gebrauch am Computer, sei es als lokale Datei oder als eine zu streamende Datei, »handlicher« zu machen. Wenn man sich die Ausgangsdatei aus einer guten TV-Kamera noch einmal vor Augen führt (25 MB pro Sekunde), dann ist klar, dass dies sowohl für eine lokale Datei als auch für streaming media ein nicht akzeptabler Wert ist. Also müssen die Datenmengen geringer werden – und das geht nur, indem man die Bilder reduziert. Das MPEG-Verfahren verringert diese Mengen drastisch. Es erfasst, speichert und komprimiert nicht jedes Einzelbild, sondern nur die Veränderungen von Bild zu Bild. Das heißt, zwei oder drei hintereinander folgende Bilder ohne erkennbare Veränderung werden schlichtweg ausgelassen. Spätestens alle 0,5 Sekunden wird zusätzlich ein Komplettbild gespeichert. In der Konsequenz heißt das, dass im Video inhaltlich nichts verlorengeht und die Qualität trotzdem ausreicht, um sich die Bilder insbesondere im Web noch sehr gut anschauen zu können. Unvermeidbar ist aber dennoch, dass sie an Qualität und an Brillanz verlieren.

Unter den diversen MPEG-Standards gelten die folgenden drei für Journalisten und deren Arbeit mit Videos als die Wichtigsten:

1. MPEG1: Quasi der Ursprung der MPEG-Standards, definiert bereits im Jahr 1992. Das Format ist – naturgemäß – heute vor allem für langsamere Laufwerke interessant (damals gab es ja auch keine in unserem heutigen Sinne »schnellen«). MPEG1 ermöglicht maximale Übertragungsraten von 1,5 Mbit/s. Videos im MPEG1-Standard werden mit 352 x 288 Bildpunkten und mit 25 bis 30 Bildern pro Sekunde dargestellt.

2. MPEG2: Der Nachfolgestandard von MPEG1. Er wurde 1994 definiert und ist die gängige Norm für das digitale Fernsehen. Der Unterschied zwischen MPEG1 und MPEG2 besteht vor allem in zweierlei: Die Auflösung von bis zu 720 x 576 Bildpunkten ist spürbar höher. Zudem ermöglicht MPEG2 Übertragungsraten von bis zu 15 MBit/s.

3. MPEG4: In zwei Versionen existierende Norm für multimediale Anwendungen. Hauptsächlich angewendet, wenn langsame Übertragungen mit geringen Auflösungen anstehen.

WMV (Windows-Media-Video): Der Name lässt es bereits erahnen: WMV wurde von Microsoft entwickelt und umfasst mehrere Video- und Audio-Codecs. Der dazugehörige Player ist der Windows-Media-Player und ist zumeist in den Betriebssystemen bereits integriert. Wer ihn nicht hat, kann ihn sich kostenlos downloaden. Man kann über den Mediaplayer und das Format denken, wie man will – aber ein sehr triftiger Grund, warum man beim Encoding an WMV fast nicht vorbeikommt ist: die geballte Marktmacht von Microsoft. Auf den allermeisten Rechnern dieser Welt läuft der Windows-Media-Player, und es wäre naiv zu glauben, dass ihn der Durchschnittsuser mit einem anderen Player ergänzt oder den vorinstallierten Player gar von der Festplatte wirft. Deswegen ist WMV zu einem Format geworden, das man als multimedial arbeitender Journalist im Portfolio haben sollte – selbst wenn Kritiker sowohl an Format als auch an Player durchaus einiges auszusetzen haben.

Flash Video (swf oder flv): Der rasante Aufstieg von »YouTube« brachte auch im Bereich des Encodings und der Web-Videos eine entscheidende Veränderung mit sich, auch wenn das auf den ersten Blick kaum vorstellbar erscheint: Flash-Video wurde mit enormer Rasanz zum neben WMV wichtigsten Videoformat im Netz. Kaum ein Rechner mehr, auf dem Flash nicht installiert ist; kaum ein Nutzer mehr, der nicht schon einmal irgendwann ein Flash-Video gesehen und genutzt hat. Schließlich gibt es inzwischen zahllose große Angebote, die Flash entweder als einzige oder als alternative Option anbieten. Großer Vorteil für den Anbieter: Die Kontrollelemente des Flash-Players können vom Programmierer selbst ausgewählt und gestaltet werden. Dadurch können die Player stark an individuelle Ansprüche und Wünsche angepasst werden. Allerdings, das sollte nicht verschwiegen werden, haben Flash-Videos auch einen entscheidenden Nachteil: Bedingt durch die niedrige Bandbreite im Netz werden die Dateien stark komprimiert, weswegen Flash im Grunde nur dann verwendet werden sollte, wenn man entsprechend hochwertiges Ausgangsmaterial hat (was passiert, wenn dem nicht so ist, kann man jeden Tag sehr schön auf »YouTube« und den anderen Amateurportalen sehen). Experten empfehlen zudem, dass man mit Zooms, Schwenks und anderen schnellen oder potenziell ruckartigen Bewegungen eher zurückhaltend sein sollte, wenn man für Flash dreht. Aber ehrlich gesagt: Wer hat schon das Encoding im Kopf, während er sich gerade auf Dreh befindet?

Quicktime (mov oder qt): Um zunächst einmal eine weitverbreitete Vereinfachung zu korrigieren: Unter dem Begriff »Quicktime« ist eigentlich viel mehr zu verstehen als ein Videoformat oder ein Player. Quicktime kennzeichnet eine komplette Multimedia-Architektur, die u. a. das Abspielen und Encoden von Videos beinhaltet. Das von Apple entwickelte Format läuft zum einen auf den Apple-Rechnern, wird aber auch und vor allem in der professionellen Fernsehproduktion sehr geschätzt. Dort ist es vor allem im Bereich des Datenaustausches das mit Abstand meistgenutzte Format. Apple-User und TV-Produktionen: zwei vielleicht nicht sehr große Zielgruppen, aber dennoch zwei, wegen denen man unbedingt neben WMV und Flash Video auch die Grundzüge des Quicktime-Encodings im Portfolio haben sollte.

Real Media (rm): An der Reihenfolge der hier aufgeführten Formate mag man bereits die Krux von Real Media erahnen: Es gibt keinen wirklichen Grund gegen Real Media – aber auch keinen entscheidenden für das Format. Das von Real Networks entwickelte Format war in den 1990er Jahren weit verbreitet, verlor dann aber zunehmend an Boden. Die Entwicklung ähnelt ein wenig der des Netscape Browsers: Man fand den Real Player vor einer Dekade alleine schon deswegen sexy, weil er ein Gegenprodukt zu Microsoft war. Vom guten Willen und der guten Idee allein allerdings lebt man nicht, wie man auch bei Netscape schmerzlich erfahren musste. Wer also alle potenziellen Zuschauer erwischen will, sollte schließlich auch noch in dieses Format konvertieren, dennoch: Wenn eines aus rein praktischen Erwägungen verzichtbar ist, dann dieses.

3.10 Der eigene Sender

Bei den meisten Journalisten (und nicht nur bei Ihnen) dürfte der Gedanke fest verankert sein, dass man, um Fernsehen zu machen, vor allem eines braucht: einen Sender. Dieser Grundgedanke legt neben einigen anderen auch und vor allem nahe, dass sich niemand von uns um einen Sender und um Studios und deren Ausstattung Gedanken machen muss – so man nicht beabsichtigt, seine berufliche Laufbahn bei einem Fernsehsender zu verbringen. Auch das hat sich durch die Digitalisierung grundlegend geändert. Einen Sender einzurichten, das ist inzwischen kein Problem mehr, wenn man dabei die bisherige konventionelle Vorstellung von einem TV-Sender außen vor lässt. Und wenn man auch rundfunk- und medienpolitische Erwägungen unberücksichtigt lässt, kann man feststellen, dass man für einen Sender erstmal nicht sehr viel mehr braucht als eine Kamera, ein wenig Soft- und Hardware – und einen Internetzugang. Was man schon nicht mehr benötigt, ist ein Distributor oder ein Fremdanbieter, der die Videopattform zur Verfügung stellt. Ganz grundsätzlich gedacht kann ein »Sender« auch aus einer schlichten Website mit einem Videoplayer bestehen (das wird aber vermutlich kein Mensch machen). Dieses sehr spartanisch ausgestattete Beispiel soll weniger eine fertige Betriebsanleitung für einen Sender in Eigenbau darstellen, sondern erst einmal offenlegen, wie einfach es geworden ist, Rundfunk in des Wortes Sinne zu betreiben.

Tatsächlich versuchen schon zahllose Anbieter, im Web mit diesem »user generated Content«, also Inhalten, die von den Nutzern erstellt werden, eigene IPTV-Plattformen aufzustellen. Dem von Al Gore in den USA gegründeten Sender »Current TV« ist das auch in herausragender Weise gelungen, allerdings sei zugestanden, dass dieser Vergleich hinkt: Current TV wird auch als konventionelles Fernsehprogramm ausgestrahlt, ist also kein reines Web-TV. Trotzdem hat sich mit zunehmender Digitalisierung der Gedanke durchgesetzt, dass bewegte und bewegende Bilder eben kein Privileg von Fernsehsendern, sondern vielmehr eine alltäglich und auf allen Schirmen anzutreffende Darstellungsart ist. Ob dann letztlich vier Millionen oder nur vier Zuschauer dabei sind, sei dahingestellt. In einem Zeitalter, in dem die Produktion von Medien so kostengünstig wie noch nie geworden ist, gibt es neben den bisherigen, auf sehr hohe Reichweiten und große Zuschauerzahlen setzenden Geschäftsmodellen auch Alternativen.

Zunehmend setzt sich diese Erkenntnis auch bei denen durch, für die Video mehr als eine nette Spielerei oder ein Hobby sein kann: Medienhäuser und Journalisten. Damit sind nicht die leidlich erfolgreichen Versuche gemeint, einzelne

Videos herzustellen und dann auf der Seite anzubieten. Stattdessen schaffen sich immer mehr Zeitungshäuser mit ganzen Web-TV-Stationen neue, zusätzliche Märkte. Den Beginn machte bereits 2006 der »Kölner Stadtanzeiger«, der zunächst mit einem kurzen Nachrichtenformat startete, in dem der Tag in der Stadt in fünfzehn Minuten zusammengefasst wurde. Ein sehr reduziertes Fernsehen, gewiss, aber für bestimmte Zwecke bestens geeignet. Wer relativ schnell und kompakt wissen will, was heute in seiner Stadt passiert ist, kann dies mühelos ohne großen Aufwand tun – zu jeder Zeit und an jeder Stelle der Welt, sofern es dort gerade einen Online-Zugang gibt. Gegenüber konventionellem Lokalfernsehen ergeben sich für den Zuschauer ein paar deutliche Vorteile. Er hat den Zugriff auf das Video-on-Demand, ist nicht abhängig von Sendezeiten und bekommt zudem tatsächlich nur das, was er wirklich will. Umgekehrt hat ein solches Konstrukt auch für den Betreiber seinen Charme: Er kann nämlich auf die komplette, bekannt teure und aufwendige Infrastruktur eines TV-Senders verzichten. Und schließlich kommt neben den hohen Kosten für einen regulären Studiobetrieb gerade im Lokalen noch ein weiteres inhaltliches Problem hinzu. Zumeist nämlich – seien wir ehrlich – werfen selbst Großstädte selten ausreichend Material ab, um damit ein 24-Stunden-Programm zu füllen. Aus diesem und aus einigen anderen Gründen laufen bei vielen Lokalstationen rund um die Uhr Astrosendungen, Call-in-Shows, gut abgehangenes altes Material von großen Sendern und natürlich unendliche Wiederholungsschleifen. All das nur, um aktuelles, lokales Material zu drapieren, das in vielen Fällen nur einen Bruchteil eines 24-Stunden-Programms ausmacht.

Inzwischen hat der »Kölner Stadtanzeiger« sein Programm spürbar ausgeweitet, versucht sich in Talkshows und anderen Formaten, kurzum: Er versucht, sich wie ein richtiger Fernsehsender zu positionieren. Ähnlich – und noch ausgeweiteter – seit Ende 2007 auch die Ippen-Gruppe in München mit ihrem »merkurtz tv«. Bei diesem Projekt wird ansatzweise erkennbar, welche Möglichkeiten Video für Zeitungshäuser eröffnen kann. Zum einen gibt es dort Livestreams, de facto also das gute alte lineare Programm. Zum anderen kann man aber auch mit einem einzigen Mausklick auf eine »On-demand-Sektion« wechseln, in der der User sich die Beiträge, die ihn interessieren, einzeln abrufen kann. Interessant ist an diesem Projekt auch, dass man sich als regionales Zeitungshaus tatsächlich auf die Inhalte konzentriert, die das Kerngeschäft eines Regionalblatts ausmachen: Geschichten aus dem lokalen und regionalen Umfeld. Reuters-News sieht man schließlich an jeder virtuellen Straßenecke.

4 Audio

Der gute alte »gebaute« Beitrag: Radiomenschen lernen schon ziemlich schnell am Anfang ihrer Ausbildung, wie man aus einem für einen Außenstehende nicht zu überblickenden Berg aus fragmentierten Gesprächsauszügen, Geräuschen, Musik und anderen akustischen Bestandteilen den 1:30-Minuten-Beitrag zusammenschneidet, der im Idealfall unterhaltsam, lehrreich und gleichermaßen informativ ist. Die berühmten »einsdreißig« aus dem Radiozeitalter haben natürlich auch im Zeitalter neuer Medien ihre Berechtigung. Gleichwohl aber gewinnt die Produktion von Audios eine völlig neue Dimension, wenn man bedenkt, dass man sie im Web bei nahezu jedem Inhalt sinnvoll einsetzen kann. Vom zehnsekündigen O-Ton-Schnipsel, den man sich on-demand abrufen kann, über die Klangcollage, die unter eine Bildergalerie gelegt wird, bis hin zur vollständigen Vertonung interaktiver Anwendungen – Audio im Web ist viel mehr als der »gebaute« Beitrag, den wir aus dem Radio kennen. Insofern sei vor dem Trugschluss gewarnt, dass jemand, der aus der Radioszene kommt, automatisch schon den komplett richtigen Umgang mit Audios im Netz beherrscht. Auch für diese einzelne Darstellungsform gilt wie bei allen anderen auch: Die Kunst wird es sein, den Content in den richtigen Kontext zu setzen – und zu entscheiden, welche Darstellungsform an welcher Stelle die richtige ist.

Man ahnt es bereits: Angesichts der potenziell enorm vielen Einsatzmöglichkeiten von Audiofiles ist es ziemlich unmöglich, die zwei oder drei wichtigsten Darstellungsformen in einer kurzen Gebrauchsanweisung zusammenzufassen.

4.1 Das nötige Audio-Equipment

Zwischen der technischen Entwicklung bei der Produktion von Videos und Audios gibt es einige auffällige Parallelen. Die Datenmengen, die digitale Audio-Files früher mit sich brachten, machten sie für einen Einsatz im Netz unbrauchbar. Frühere (ungefähre) Gleichung: 1 Minute Audio entspricht 10 MB Datenmenge. Das 10-Minuten-Audio-Feature hätte demnach bereits gute 100 MB und wäre damit für das Netz selbst in Breitband-Zeiten unverhältnismäßig groß und für mobile Plattformen ziemlich unbrauchbar.

Die Revolution hatte zwei Buchstaben und eine Zahl: MP3. Das Format, entwickelt von Wissenschaftlern in Erlangen, machte Audio »tragbar« im wahrsten Sinne des Wortes. Die massenhafte und kostengünstige Produktion von MP3-Playern gab nicht nur einem ganzen Wirtschaftszweig einen neuen und bisher ungeahnten Schwung, sondern eröffnete auch Journalisten völlig neue Möglichkeiten. Was vorher nur terrestrisch oder via Kabel gesendet werden konnte, ist inzwischen an jeder Stelle zu jeder Zeit und an jedem Ort nutzbar geworden. Ähnlich also wie beim Bewegtbild hat sich ein Paradigmenwechsel abgespielt. War Audio vorher eine Darstellungsform für einige wenige, die mit hohem technischem Aufwand hergestellt und gesendet werden musste, so kann heute zumindest theoretisch jeder Audio-Files produzieren. Dazu braucht es zunächst einmal nicht viel mehr als ein halbwegs ordentliches Mikrofon und eine digitale Schnittsoftware. Zugegeben: Das ist eine spartanische Ausrüstung, trotzdem – sie würde funktionieren. Man kann damit natürlich keine sendefähigen Radiostücke machen, für einen schnellen und unterhaltsamen Podcast reicht es aber allemal aus. Kosten bis hierhin also: etwa hundert Euro.

Selbst wenn man es denn ein wenig professioneller angehen möchte, die Kosten für eine ordentliche Ausrüstung sind nicht mehr mit denen von früher zu vergleichen. Wer 200 Euro für ein gutes Mikro, 200 Euro für ein Mischpult und 500 Euro für ein digitales Aufnahmegerät ausgibt, hat ein Equipment, mit dem er sich nicht verstecken muss. Und noch eine Analogie zum Thema Video: Auch bei der Audio-Ausrüstung sind finanziell nach oben fast keine Grenzen gesetzt, es gibt auch Aufnahmegeräte, die mal eben das Doppelte kosten. Nur: Wer in erster Linie für das Web produziert, der braucht nicht zwingend eine High-End-Ausstattung. Wer hingegen Hörspiele produzieren will, wird mit der beschriebenen Standardausrüstung nicht sehr weit kommen.

Und der Schnitt? Möglicherweise ist dieses Thema das, das neben der Entwicklung von MP3 Audios zu einem Massenphänomen hat werden lassen. Im analogen Zeitalter war der Schnitt von Audioaufnahmen kein richtiges Vergnügen, oder, um es neutraler zu formulieren: eher etwas für technik- und tüftelbegeisterte Menschen. Bänder mit einer »Schere« auseinanderzuschneiden und sie dann millimetergenau wieder zusammenzukleben ist ohnehin nur eine Sache für Liebhaber. Und wenn man dann auch noch im Hinterkopf hat, dass ein falscher, ein nicht präzise gesetzter Schnitt einen ganzen Rattenschwanz an neuer Arbeit nach sich ziehen und gegebenenfalls die bisherige Arbeit ziemlich unbrauchbar machen kann, dann arbeitet es sich nicht eben unbeschwert.

Wie angenehm dagegen ist die Arbeit heute! Man kann sich Dutzende Male verschneiden, eine Idee verwerfen, einen Beitrag noch mal neu anlegen, wenn man Lust dazu hat – alles kein Problem. Digitale Files haben den ungeheuren Vorteil, dass sie beliebig oft reproduzierbar und kopierbar und somit »unkaputtbar« sind. Zumal die Funktion »rückgängig« das Arbeiten insofern erheblich erleichtert, als dass ein falscher Schnitt mit einem Mausklick ungeschehen gemacht und die vorherige Version wieder hergestellt wird. Gerade beim Medium Audio, bei dem man sich von bestimmten Passagen gerne auch mal zwei oder drei verschiedene Versionen anhören will, (und auch sollte) ein unschätzbarer Vorteil.

Bleibt schließlich noch eine Sache, die gerade für Neueinsteiger auf diesem Gebiet enorm wichtig ist: Zum Ausprobieren eignet sich ganz wunderbar Software, die kostenlos und legal im Internet zum Download zur Verfügung steht. »Audacity« beispielsweise ist ein voll- und hochwertiges Schnittprogramm, das alles (oder zumindest das allermeiste) kann, was auch »richtige« und teure Programme können. Wer also nur mal ausprobieren will, ob Audio für ihn ein interessantes Medium sein könnte, sollte sich in jedem Fall erst einmal diese oder ähnliche Software ziehen, ehe er beginnt, dafür Geld auszugeben. Um nicht falsch verstanden zu werden: Audacity (oder andere Freeware-Programme) ist keine Anwendung, die so schwach ist, dass man sie nur für Anfänger verwenden kann, sondern ein vollwertiges Programm. Wer allerdings wiederum seinen Schwerpunkt auf Audio-Produktion legen und auch für »richtige« Radiosender arbeiten will, sollte sich auch teureren Programmen nicht verschließen. Wie immer gilt: eine Frage der Gewichtung, eine Frage des persönlichen Schwerpunkts. Der Radioprofi wird andere Ansprüche setzen als der Journalist, der »nur« gelegentlich einen Podcast produziert oder eine Slideshow (Bildergalerie) vertonen will.

Auf Dauer wird man allerdings im Audiobereich nicht an einem guten Archiv an Musik, Atmo-Geräuschen und natürlich auch O-Tönen vorbeikommen. Atmos kann man zwar in einer inzwischen enorm hohen Zahl von Sound-Datenbanken teils kostenfrei, teils kostenpflichtig laden. Gute O-Töne gibt es dort eben nicht – und sie können für Journalisten eine ebenso hohe Bedeutung bekommen wie ein wohl sortiertes Text- oder Foto-Archiv. Von dem her: aufnehmen, sammeln, aufheben. Pragmatisch und nüchtern betrachtet ist ein solches Archiv später einmal vermutlich ziemlich viel Geld wert.

4.2 Neue Technik, neue Darstellungs- und Anwendungsformen

Womit wir beim inhaltlichen Aspekt dieser technischen Neuerungen und Entwicklungen wären. Denn tatsächlich haben sich gerade im Bereich Audio die meisten neuen potenziellen Einsatzmöglichkeiten ergeben. Der »gebaute« Beitrag ist eben nur noch eine von vielen Möglichkeiten. Erstaunlich am Rande übrigens: Während sich in den USA vertonte Slideshows (Bildergalerien) schon als eine völlig neue, spannende Darstellungsform etabliert haben, wird in unseren Breitengraden das Bild (Foto) immer noch weitgehend stumm dargeboten. Dabei sind vertonte Slideshows – wenn sie gut gemacht sind – eigene, kleine Kunstwerke, ein Zwischending zwischen Foto und Film, in jedem Fall aber hochgradig gut geeignet für Fotoreportagen bzw. Reportagefotografie. Das Zusammenspiel zwischen Text und Bild ist allerdings keine ganz einfache Geschichte, trotzdem: Hier findet Audio im Netz ein Einsatzgebiet, das weit über die Reproduktion bestehender Inhalte als Podcast hinausgeht.

Interessant kann auch die Verwendung von Audios als einzelne Fragmente in Interviews sein, die dadurch erheblich an Interaktivität bekommen. Ein Beispiel hierfür: Man schreibt eine Reihe von in einem Interview gestellten Fragen auf, stellt sie nacheinander auf eine Website und stellt die entsprechenden O-Töne dazu. Der Vorteil: Der User kann die Fragen, die ihn interessieren, selbst auswählen, die O-Töne dazu verleihen diesem Interview eine ganz besondere Form der Authentizität. Davon abgesehen, dass Interaktion und möglicherweise auch die Verweildauer bei einem Thema und auf einer Seite durch solche Darstellungsformen erheblich gesteigert werden können.

Ganz wunderbar funktioniert dieses »interaktive Interview« übrigens auch mit Videos. Möglicherweise ist die Video-Variante sogar noch die interessantere. Denn quasi selbst den »Interviewer« zu spielen und dem Befragten in einer virtuellen »Eins-zu-Eins«-Situation gegenüberzustehen, verleiht dieser Darstellungsform noch ein zusätzliches Maß an Authentizität. Technisch ist die Durchführung inzwischen kein Problem mehr. Das komplette Interview wird in die entsprechenden Clips aufgeteilt, geschnitten, eine eigene Einführung benötigt man hierfür nicht mehr. Schließlich stellt der User seine Frage eingangs selbst; unnötig also, sie mit einer Bauchbinde oder einer Tafel zu visualisieren. Ein paar Videoclips, auf eine Seite gestellt, mit ein paar Fragen gekoppelt, an die die jeweiligen Clips angedockt sind – in der Tat kein sehr großer und schwer zu realisierender Aufwand für einen interessanten, interaktiven und innovativen Inhalt.

Weil hier gerade von Podcasts die Rede ist: Die Diskussion um Audios und Videos im Netz verengt sich ziemlich darauf, dass man Radiosendungen als Podcast quasi reproduziert und dauerhaft on-demand zur Verfügung stellt. Eine ziemlich eingeschränkte Sichtweise – schließlich haben gerade viele Amateur-Podcaster wie auch Semi-Profis in den vergangenen Jahren unter Beweis gestellt, dass diese Plattform auch und gerade viel Raum für Neues und Neulinge bietet. Für uns Journalisten bedeutet das: Wir bekommen die Möglichkeit, selbst Radio zu machen, ohne an die Infrastrukturen eines Radiosenders gebunden zu sein. Gerade Freiberufler sollten sich deswegen ernsthaft Gedanken darüber machen, ob sie eine Audio-Produktion nicht als festen Bestandteil ihres Portfolios aufnehmen sollten. Aber auch Journalisten in Festanstellung, die bisher mit Audios noch nicht viel am Hut hatten, sind gut beraten, wenn sie sich zumindest Grundkenntnisse aneignen. Ein Interview, das der Lokalredakteur einer Tageszeitung für sein Blatt führt, könnte gegebenenfalls auch fürs Netz in einer komprimierten Hörfassung interessant sein. Oder sogar als Komplettversion, sozusagen mit dokumentarischem Charakter – der Möglichkeiten gibt es viele, wie man sieht.

Überhaupt ist es erstaunlich, wie wenig kreativ Journalisten bisweilen beim Thema Podcasting sind. In den meisten Fällen macht man aus einem bereits bestehenden Beitrag ein digitales File, stellt es online – und das war es dann auch schon. Gerade aber die Tatsache, dass in einem digitalen Medium die Inhalte aus den Fesseln linearer Programmstrukturen befreit sind, sollte uns ermutigen, in neuen Dimensionen zu denken, neue Ideen zu entwickeln. Zumal wir ein ganzes Stück gestalterischer Freiheit zurückbekommen. Dass man ein 15-Minuten-Feature nicht auf einer Popwelle senden kann, ist klar. Aber niemand, der ein Audio-File lädt oder am Rechner hört, befindet sich gerade in einer Struktur, um ein lineares Medium zu nutzen. Soll heißen: Wer sich einen Podcast lädt, ist vermutlich an dem Thema, an dem Stück durchaus interessiert. 30-Minuten-Stücke zu archivieren und zu hören, wenn man gerade Zeit hat, und sei es im Urlaub oder beim Joggen mit dem MP3-Player, machbar ist angesichts von DSL-Flatrates, riesigen Festplatten und mobiler Abspielgeräte alles. Man wird dabei angesichts dieser Befreiung aus den Zwängen feststellen, welch ungeahnte Möglichkeiten audiovisuelle Medien bieten. Man kann Atmosphäre, man kann Bilder zum Hören schaffen, wenn man es versteht, die verschiedenen Komponenten zu nutzen, aus denen sich ein guter Audio-Beitrag zusammensetzt. Was Journalisten die Möglichkeit bietet, einem Thema so viel Platz und so viel inhaltliche Ausschmückung einzuräumen, wie es benötigt. Das Thema wohlgemerkt – nicht das Programm. Ist das nicht das, was man sich als Journalist eigentlich nur wünschen kann?

Interessant am Rande: Seit es die Technologie des Podcastings gibt, haben bei den Radiosendern überproportional hoch Wissensmagazine und wortlastige Programme profitiert. Was verhältnismäßig leicht nachzuvollziehen ist: Das Radio heutiger Prägung hat sich zu einem klassischen Nebenher-Medium entwickelt. Auto fahren, in der Küche stehen, im Büro arbeiten – und dabei zehn, zwanzig, dreißig Minuten einem anspruchsvollen Thema zuzuhören, das ist ein Widerspruch in sich. Kein Wunder also, dass man sich als Radiomacher für ein Massenpublikum kaum traut, überhaupt noch Wort ins Programm zu nehmen. Soll heißen: Für ein 20-Minuten-Stück muss man sich als Nutzer Zeit nehmen. Podcasting – oder nennen wir es besser Audio-on-Demand – bietet genau diese Möglichkeit: ein Medium zu nutzen, wann und wo man gerade will. Und noch etwas zeigt diese Entwicklung: Der Bedarf an anspruchsvollen, von journalistischen Ideen getriebenen Inhalten ist durchaus da. Wenn man so will, sind neue Medien und ihre Technologien also auch ein Beleg gegen die These, was heute zähle, sei nur noch die Unterhaltung oder aber der schnelle, flache Inhalt.

Traumhaft für Journalisten müsste es eigentlich sein, Entwicklungen, Trends, Standards, Formate selbst zu setzen oder wenigstens zu beeinflussen. Also, ruhig etwas Mut, etwas mehr Experimentierfreude. Die Genese von etwas Neuem – in diesem Fall von neuen Medien – hat immer auch etwas mit dem zu tun, was wir im schönsten Neudeutsch »trial and error« nennen. Insofern gibt es natürlich keinerlei Garantie dafür, dass die Nutzer ein interaktives Interview auch nur ansatzweise interessant finden könnten. Es spricht aber auch nichts dagegen, es einmal auf den Versuch ankommen zu lassen. Wenn wir es nicht ausprobieren, werden wir es nie wissen.

Natürlich muss ein crossmedial arbeitender Journalist immer im Auge haben, dass es selten ein Medium allein ist, für das er produziert. Und ebenso natürlich muss er auch beim Entwickeln und Ausprobieren neuer Standards und Darstellungsformen im Kopf haben, dass er die Dinge miteinander vernetzt und dass er überall tatsächlich neue (inhaltliche) Werte schafft. Sonst wär's ja kein Crossmedia.

4.3 Die Audio-Formate

So ist das nun mal im digitalen Zeitalter: Für fast alles gibt es die unterschiedlichsten Formate. Sie alle haben ihre Vor- und ihre Nachteile. Natürlich liegt für den Laien die Frage nah: Muss das sein? Reichen nicht ein, maximal zwei Formate?

Klare Antwort: Nein, reichen sie nicht. Je größer die Auswahl aus den verschiedenen Formaten ist, desto variabler und vielseitiger sind die Einsatzmöglichkeiten des Mediums. Im Falle Audio ist das schnell und einfach an einem Beispiel erklärt: MP3 eignet sich wunderbar für den Einsatz im Web oder bei mobilen Medien (wozu man auch den MP3-Player zählen darf, der inzwischen weitaus mehr ist als ein Musik-Abspielgerät). Der Preis, den man zu zahlen hat, ist der der fehlenden bzw. reduzierten Qualität. Formate wie WAV wiederum sind mit deutlich größeren Datenmengen versehen, werden dafür aber auch deutlich weniger komprimiert und bieten insofern eine hörbar bessere Klangqualität.

Man darf es sich übrigens nicht zu einfach machen mit den Formaten. Gerne gehört ist das Argument: Ist ja nur fürs Netz. Da reicht MP3 allemal – schließlich haben die meisten Rechner (wenn überhaupt) Lautsprecher angedockt, die ein wenig nach Blechdosen klingen. Schon wahr, aber dennoch sollte man ein paar Dinge berücksichtigen. Etwa die Tatsache, dass sich die Sache mit den Lautsprechern ändern wird bzw. bereits schon geändert hat. Je mehr Computer als Multimedia-Terminals verwendet werden, desto mehr wird es zur Selbstverständlichkeit, dass auch ordentliche Boxen angeschlossen sind. Nicht zu unterschätzen sind auch Kopfhörer als Tonabnahme-Gerät. Ein normaler Kopfhörer kann an jeden gebräuchlichen Rechner angeschlossen werden. Und wer nicht gerade Zehn-Euro-Kopfhörer anschließt, der hört sehr schnell, ob jemand ein schlampig aufgenommenes und noch dazu stark komprimiertes Audio anbietet – oder eines, das er mit gutem Mikro aufgenommen und anschließend sauber produziert und in einem hochwertigen Format anbietet.

Das spricht natürlich nicht generell gegen MP3, im Gegenteil. MP3 macht Audio in einer Massenverbreitung online und mobil erst wirklich möglich. Trotzdem muss man als guter Crossmedia-Journalist die Möglichkeiten bzw. Anforderungen verschiedener Plattformen im Auge behalten. Und das bedeutet, dass MP3 nicht immer zwingend die beste Lösung sein muss. Im Zweifelsfall steht vor jeder Entscheidung die Frage: Bessere Qualität oder geringere Datenmengen? Wer komprimiert, der muss sich im Klaren darüber sein, dass eine Komprimierung immer und in jedem Fall zulasten der Qualität geht. Also: letztendlich alles eine Frage der individuellen Abwägung.

Die wichtigsten Formate im Einzelnen:

MP3: Ursprünglich von Wissenschaftlern in Erlangen entwickelt, hat MP3 inzwischen die Welt revolutioniert und ganze Branchen auf den Kopf gestellt. Dabei ist das Prinzip ganz einfach: Manche Frequenzbereiche sind für das menschliche Ohr schlichtweg nicht wahrzunehmen. Reduziert man ein Audio-File um diese nicht hörbaren Bereiche, kann man auf rund neunzig Prozent der ursprünglichen Datenmenge verzichten. Das bedeutet konkret, dass eine Audio-CD mit rund einer Stunde Musik im CD-Format eine Datenmenge von ungefähr 600 MB hat. Nach der Umwandlung in MP3 bleiben nur noch rund 60 MB übrig. Das wiederum bedeutet, dass Audios plötzlich auch auf verhältnismäßig kleinen und mobilen Datenträgern unterzubringen sind und zudem auch dann im Internet zu streamen sind, wenn man nicht gerade mit der schnellstmöglichen Highspeend-Anbindung im Netz ist. Kurz gesagt: Die bisher größte Barriere für die Nutzung von Audios, nämlich die beträchtliche Datenmenge, ist niedergerissen, ohne spürbar an Nutzwert zu verlieren. Die Frage, warum man dann nicht gleich alles, was mit Audios zu tun hat, als MP3 ausgibt, ist allerdings auch einfach beantwortet: Zwar sind die einzelnen und aus der Originaldatei herausgenommenen Dateien nicht zu hören, wohl aber bemerkt man bei genauerem Hinhören durchaus eine Beeinträchtigung des Klangbildes. Weswegen MP3 auf jeden Fall ein sehr zweckmäßiges Format, aber nicht zwingend etwas für sehr feine Ohren ist, die gerade dem Klang von Hightech-Lautsprechern lauschen. Deswegen: MP3 im Netz und auf mobilen Medien ja, für (beispielsweise) Hörspiele mit High-End-Produktion nein.

WAV, WAVE: ziemlich genau das Gegenteil von MP3. Mit WAV/WAVE werden Dateien in CD-Qualität wiedergegeben, was allerdings umgekehrt auch bedeutet, dass man es mit enormen Datenmengen zu tun hat. Bei einem 3-Minuten-Stück kommt man schon mal auf 40 MB. Was wiederum bedeutet, dass alle Argumente, die gegen MP3 sprechen, für WAV sprechen – und umgekehrt. Bitte beachten Sie bei Konvertierungen etc. allerdings: Eine einmal heruntergerechnete Datei kann nicht einfach wieder »hochgerechnet« werden. Was weg ist, ist weg. Konkret: Eine ins MP3-Format komprimierte Datei gewinnt nicht wieder die alte Qualität zurück, indem man sie wieder zu einem WAV-Stück macht.

AAC (Advanced Audio Coding): Weiterentwicklung von MP3 – nicht wenige Experten sind der Ansicht, AAC sei nicht nur eine Weiterentwicklung, sondern eine spürbare Verbesserung. AAC reduziert die Ausgangsdatei auf 1/16 ihrer Größe, arbeitet also noch platzsparender als MP3. Gleichzeitig – auch das die Ansicht zahlreicher Experten – bietet AAC eine hörbar bessere Klangqualität als MP3, trotz der stärkeren Kompression.

WMA: Von Microsoft entwickeltes Format für den eigenen Windows-Media-Player. Wer also mit dem Windows-Media-Player eine Audiodatei auf die Festplatte holt, bekommt sie nicht etwa automatisch als MP3 ausgespielt, sondern als WMA. Es gibt an sich nichts, was besonders für oder gegen dieses Format spricht – außer, dass es von Microsoft und somit de facto auf 95 Prozent der Rechner lauffähig ist. Da der Windows-Media-Player grundsätzlich in der Lage ist, MP3-Files abzuspielen, gibt es für Journalisten in der Tagesarbeit keinen zwingenden Grund, ein File eigens noch mal als WMA anzubieten.

OGG: Ein Format, das eigentlich sehr gut mit MP3 konkurrieren könnte. Ebenfalls sehr klein, dennoch von anständiger Qualität und inzwischen auch mit vielen Playern abspielbar. Dennoch hat sich OGG flächendeckend noch nicht durchgesetzt. Insofern: Ein nettes Gimmick, wenn man es anbietet, aber keineswegs zwingend notwendig.

Beachten Sie grundsätzlich beim Hantieren mit den verschiedenen Formaten: Es reicht nicht aus, einfach die Endung einer Datei zu verändern (also beispielsweise statt »mp3« ein »rm« hinter den Dateinamen zu setzen). Stattdessen muss tatsächlich eine Datei jedes Mal neu konvertiert werden, will man ein anderes Format bekommen.

4.4   Mischformen – alles ist möglich

Dieses Kapitel befasst sich mit etwas, was es noch gar nicht gibt. Es befasst sich zudem mit Dingen, von denen wir nicht mal wissen, ob sie jemals kommen werden – und wenn ja, wie sie dann aussehen könnten und welchen Regeln und Formen sie folgen würden. Natürlich ist bei einer solchen Einleitung zu einem Thema die Frage ebenso naheliegend wie erlaubt: wenn man gar nicht weiß, ob etwas kommt, warum und vor allem was dann darüber schreiben?

Einfache Antwort: Bisher hat noch jedes Medium seine sehr eigenen Darstellungsformen hervorgebracht, nachdem es anfangs immer erst einmal die Fortsetzung eines bestehenden Mediums auf einer anderen technischen Plattform war. Radio beispielsweise, das war lange Zeit nichts sehr viel anderes als eine vorgelesene Zeitung. Wie sollte das auch anders gehen, wenn es anfangs weder die technischen Möglichkeiten noch die Zuschauer noch die Erfahrungswerte darüber gab, was die paar Leute, die Radio hörten, gerne hören wollten. Ähnlich auch beim Fernsehen: In den Urzeiten war TV auch nichts wesentlich anderes als Radio mit Bildern. Die besonderen Möglichkeiten, die Kunstformen der neuen, elektronischen Medien mussten sich zunächst erst einmal herausbilden. Es war ein ziemlich langer Weg hin zu dem, was wir heute unter einem »gebauten« Beitrag verstehen.

Mit den Online-Medien des neuen Jahrtausends ist das nicht sehr viel anders. Eigene, wirklich originäre Darstellungsformen im Online-Journalismus gibt es noch so gut wie gar nicht, die allermeisten machen das, was sie ohnedies schon können – nur eben auf einem Computerbildschirm. Nicht umsonst entstand in den Anfangsjahren des Online-Journalismus so ein abstruser Begriff wie »Internetzeitung«. Der per se ziemlich unsinnig, trotzdem aber insofern nachvollziehbar war, als dass es keine wirklich gute Alternative zu ihm gab. »Online-Angebot«, wie man heute zu sagen pflegt, trifft die Sache schon erheblich besser, weil damit charakterisiert wird, dass in einem nicht-linearen Medium tatsächlich nur Angebote gemacht werden. Ein Teil der Aktivität, der Selektion und der Gewichtung wird dem User überlassen. Das wiederum kann man von Zeitungen nur sehr eingeschränkt behaupten.

Momentan also sind wir in Sachen Online-Journalismus irgendwie »alle noch Volontäre«, wie die stellvertretende Chefredakteurin des »Tagesspiegel« in Berlin, Ursula Weidenfeld, bei einer Podiumsdiskussion einräumte. Und tatsächlich: Es gibt viele Ansätze, neue Erzählformen im Web zu entwickeln. Das alles läuft derzeit immer noch sehr stark nach dem »trial & error«-Prinzip ab. Was man erahnen kann: Videos, Audios, Texte, Animationen, Interaktionen, (Geo-)Tagging – kombiniert und vernetzt man solche Dinge intelligent und konsequent, dann können dabei atemberaubende und vor allem völlig neuartige Dinge herauskommen. Eine Gebrauchsanleitung? Nein – das heißt, eine klitzekleine doch: Üben. Ausprobieren. Die Augen offen halten. Sich jede Entwicklung zumindest anschauen (man kann sie danach immer noch verwerfen). Immer und immer wieder. Anders geht es (noch) nicht. Das mag sich in ein paar Jahren geändert haben, wenn die Dinge sich weniger rasant entwickeln. Momentan hingegen sollte man sich auf nichts wirklich verlassen.

Tatsächlich ist es so, dass der Online-Journalismus immer noch nicht die Emanzipation vom konventionellen Journalismus geschafft hat. Immer noch beherrscht vor allem das klassische Zeitungsdenken die tägliche Produktion. Selbst unter den großen journalistischen Online-Angeboten entdeckt man nur ausgesprochen selten wirklich Neues, wirkliche Innovation. Was insofern nicht sonderlich verwundert ist, dass die Phase des fröhlichen Experimentierens bei Seiten wie »Spiegel Online« schon lange vorbei ist. SPON ist ein florierendes Wirtschaftsunternehmen, mit dem inzwischen ganz passabel Geld verdient wird. Für Neues ist wenig Platz, wenn man jeden Monat die Klickzahlen der IVW im Nacken hat. Trotzdem werden journalistische Angebote in ein paar Jahren anders aussehen (müssen). Bis dahin darf getestet werden, denn so viel ist klar: Wir wissen über das, was Online-Nutzer wirklich wollen und mögen, nur in sehr eingeschränktem Maße Bescheid. Wirklich voraussagen, was kommt, wird man nicht können. Schließlich ergeben sich solche Dinge manchmal entgegen allen Trends und Marktforschungen. Als Mitte der 1990er Jahre der Siegeszug des Handys begann und man eine hübsche, kleine Applikation zum Versenden kurzer Textnachrichten draufpackte – da ahnte man nicht, dass man soeben ein Massenmedium und einen enormen Umsatzbringer zudem entwickelt hatte: die SMS.

5 Fotos – mehr als knipsen

Wer seine Ausbildung oder auch längere Zeit seines Berufslebens in einer kleinen oder mittelgroßen Lokalredaktion einer Tageszeitung verbracht hat, der kennt das: Wie selbstverständlich nimmt man neben den fürs (Mit-)Schreiben notwenigen Utensilien auch die Fotokamera mit. Eigene Fotografen sind in den meisten Redaktionen dieser Größenordnung ein ziemlicher Luxus. Den es entweder überhaupt nicht oder nur zu den wirklich wichtigen Ereignissen gibt – schließlich kosten Profi-Fotografen ziemlich viel Geld. Und wenn man mal ganz ehrlich ist: Muss das Gruppenfoto vom wiedergewählten Vereinsvorstand wirklich vom Vollprofi geschossen werden oder reicht nicht doch das passable Foto eines hauptsächlich schreibenden Redakteurs, der auch noch halbwegs unfallfrei mit einer Kamera umgehen kann?

Vor einer nicht ganz unähnlichen Situation steht auch der crossmedial produzierende Journalist, vor allem dann, wenn er sich als richtiger Ein-Mann-Reportage-Betrieb definiert. Realistischerweise wird er den ausgebildeten Fotografen nie ersetzen können. Allerdings: Wenn man sich mit dem Thema Fotografie ein wenig auseinandersetzt und wenn man sich vor Augen hält, dass digitale Fotografie und die entsprechende Software dazu heute ganz andere Dinge möglich machen als noch im analogen Zeitalter, dann wird zumindest brauchbare Fotografie eine echte Option für Journalisten, die auf mehreren Plattformen arbeiten wollen.

Übrigens, wie bereits an anderer Stelle schon erwähnt: Man kann inzwischen auch aus einem einzigen Gerät Bilder erzeugen, die zumindest für den Standard von Tageszeitungen verwendbar sind. Einzelbilder aus Videomaterial, das mit HD-fähigen Kameras gemacht wurde, erfüllen die Voraussetzungen dafür inzwischen mühelos (mehr dazu auch im Kapitel »Video«). Natürlich wird dieses Material nicht dafür ausreichen, um eine Bilderstrecke in einem Hochglanz-Magazin zu bestücken, aber solche spezialisierten und aufwendigen Produktionen werden im Regelfall auch weiterhin das Arbeitsgebiet von Spezialisten sein – und nicht das von Generalisten, wie es Crossmedia-Journalisten notwendigerweise sein müssen.

Trotzdem lohnt es sich festzuhalten, dass digitale Fotografie inzwischen auch für Verfechter analoger Techniken und für Zeitungsleute weitgehend ihre Schrecken verloren hat. Es ist noch nicht so rasend lange her, dass Zeitungsredakteure eher unerfreut waren, wenn man ihnen statt einer Filmrolle einen Speicherchip in die Hand gedrückt hatte. Die Ansicht, digitale Fotos seien zwar brauchbar für Urlaubsschnappschüsse, nicht aber für Zeitungs-Journalismus, hielt sich erstaunlich lange. Darüber muss man heute nicht mehr sprechen: Wer mit einer auch nur durchschnittlichen digitalen Spiegelreflexkamera in einer Preisklasse zwischen 500 und 800 Euro unterwegs ist, muss sich zumindest aus technischer Sicht keine Sorgen um seine Fotos machen. Vor überhöhten Ansprüchen sei allerdings gewarnt: Auch die beste Kamera macht aus einem Knipser noch keinen richtigen Fotografen. Noch immer ist es das Motiv, die Idee, die Inspiration, die ein Foto von einem Schnappschuss unterscheidet. Eine Kamera ist ein Werkzeug, mehr nicht. Dass man mit einem guten Werkzeug mehr anfangen kann als mit einem einfachen, ist eine andere Geschichte.

Gewarnt sei hier ausdrücklich auch vor dem um sich greifenden Pixel-Wahn. Natürlich ist eine hohe Auflösung wichtig – und über nichts anderes gibt die Zahl der Pixel bei einer Kamera Auskunft. Aber sie ersetzt nicht die Qualität eines Objektivs. Wer also eine Kamera mit einer hohen potenziellen Auflösung kauft und dabei an der Qualität der Objektive spart, wird letztendlich nur ein mittelmäßiges Foto bekommen. Was einfach nachvollziehbar ist: Mäßiges Bild in hoher Auflösung – das ist eben ein mäßiges Ergebnis. Demnach empfiehlt es sich, der Wahl eines Objektivs mindestens die gleiche Aufmerksamkeit wie der Pixelzahl zuzubilligen. Im Übrigen verhält es sich mit der richtigen Ausrüstung für Fotografie genauso wie mit den Equipments für alle anderen Teilbereiche des crossmedialen Journalismus auch. Schließlich ist die entscheidende Frage, welchen Stellenwert man seinen Fotos zubilligen will. Sind sie nur eine Art »Zugabe« im Portfolio, dann reicht die eingangs beschriebene Standardausführung mit einer guten Spiegelreflexkamera und einem ordentlichen Objektiv völlig aus. Die Wahl möglicher zusätzlicher Objektive richtet sich nach dem, was man hauptsächlich fotografieren will. Wer beispielsweise Sport-Motive machen will, kommt im Regelfall an einem guten Teleobjektiv nicht vorbei. Selbst Amateurfußball in unteren Ligen ist mit einem normalen Objektiv de facto nicht zu fotografieren. Die meisten Szenen spielen sich relativ weit vom Fotografen entfernt ab. Die ansonsten geltende Regel, sich zum Objekt hinzubewegen, statt es heranzuzoomen, greift in diesem Fall aus naheliegenden Gründen nicht.

Wenn man hingegen plant, auch Natur-Aufnahmen zu machen, wird man sich wohl ein Makroobjektiv zulegen. Wer dagegen – wie das häufig im Lokal-Journalismus der Fall ist – mit schnell wechselnden unterschiedlichen Anforderungen zurechtkommen muss, sollte sich Gedanken über ein gutes Zoom mit Brennweiten vom kleinen Weitwinkel bis hin zum kleinen Tele machen. Es wird vielleicht nicht die herausragenden Ergebnisse spezialisierter Objektive liefern, dafür aber ein zuverlässiger und vielseitiger Begleiter sein.

Nach oben sind der Ausrüstung beinahe keine Grenzen gesetzt. Wer sich eine Profikamera zulegt mit diversen Objektiven, Filtern, Blitzgeräten und anderem Zubehör, der wird schnell in Preisdimensionen von 5.000 Euro geraten. Das aber empfiehlt sich wirklich nur für Journalisten, deren Fokus eindeutig auf der (Reportage-)Fotografie liegt.

Das Fotografieren selbst ist eine ähnliche Kunst wie der Umgang mit guten Videos. Natürlich, die Technik lässt sich einigermaßen schnell erlernen, entweder in einem entsprechenden Kurs oder im autodidaktischen Verfahren. Einiges allerdings lässt sich nur durch enorm viel Übung und praktische Erfahrung verinnerlichen. Beispielsweise der Blick für das richtige, das eine und entscheidende packende Motiv. Es gibt Menschen, die seit vielen Jahren fotografieren und die trotz guter Ausrüstung und solider Ausbildung nur solide Fotos hinbekommen. Und es gibt andere, die einfach ein Gespür, einen Blick haben. Die ein Motiv sofort erkennen, die auch einmal andere Perspektiven sehen und entdecken. Das ist schwer zu erlernen und zu beschreiben, erst recht in einem Buch, in dem es um Crossmedia geht und in dem Fotografieren nur ein Teil des Ganzen ist. Generell aber sollte man sich darüber im Klaren sein, dass es etliche Motive gibt, die man schon unzählige Male gesehen und fotografiert hat und die deswegen langweilen. Das Gruppenfoto von einem Vorstand, das Mannschaftsfoto einer Fußballmannschaft, die Postkartenmotive- und -größen – all das sieht man in Medien aller Art jeden Tag. Es wäre also, macht man sich auf die Suche nach einem Motiv, schon einmal etwas gewonnen, wenn man sich im Vorfeld Gedanken darüber macht, wie man die Aufmerksamkeit des Betrachters auf sich lenken könnte. Mit einem Standardmotiv, so viel ist sicher, wird das nicht gelingen.

Man sollte sich dessen bewusst sein, dass Fotos keinesfalls nur ein schmückendes Beiwerk sind. Ganz egal ob Print oder Online, es gibt für die gründliche Auseinandersetzung mit dem Thema Fotografie einige sehr gewichtige und gute Gründe:

- Fotos wecken die meiste Aufmerksamkeit.
- Fotos sind Ihre stärkste Waffe.
- Fotos werden in Zeitungen noch vor Überschriften und Texten wahrgenommen.
- Fotos können den Ausschlag darüber geben, ob eine Geschichte gelesen wird.

Allerdings: Das schreibt und liest sich so einfach – keine Standardmotive, stattdessen auch mal etwas Ungewöhnliches. Tatsächlich gehört die Suche nach dem ungewöhnlichen Motiv und der aufregenden Perspektive zu den schwierigsten Dingen überhaupt, zumal gerade im Bereich Fotografie sehr vieles schlichtweg Geschmackssache ist. Die Erfahrung zeigt, dass selbst Profifotografen in der Einschätzung von Bildern und Motiven stellenweise extrem weit auseinanderliegen. Insofern kann man in einem kurzen Kapitel eines Buches zum Thema Crossmedia keine schnelle Gebrauchsanweisung geben. Ein paar Dinge aber sind verbindlich. Wenn man zumindest diese Basis-Erkenntnisse berücksichtigt, vermeidet man die schlimmsten Fehler. Alles andere ist Sache des persönlichen Geschmacks, langer Erfahrung und vielem, vielem, vielem Üben:

- Keine »Massenfotos«.
- Keine statischen Fotos.
- Gehen Sie »ran« an Ihr Objekt.
- Lenken Sie Ihr Objekt ab.
- Überlegen Sie sich vorher ein Motiv.
- Lassen Sie dem Foto »Luft«.
- Gruppenbilder sind langweilig.
- Gruppenbilder wecken wenig Interesse.
- Gruppenbilder haben nur einen wichtigen Effekt: Sie dokumentieren Anwesenheit.

5.1   Wie man gute Bilder macht

Keine Massenfotos – das bedeutet, tunlichst auf Motive zu verzichten, auf denen möglichst viel abgebildet sein soll, seien es Menschen, Landschaften oder Autos. Wenn es nicht gerade ausdrücklich der Zweck eines Motivs sein soll, Masse darzustellen und zu dokumentieren (beispielsweise: Publikum in einem Fußballstadion, Teilnehmerzahl an einer Demonstration), dann sind solche Bilder nutzlos. Zumeist haben sie keine wirklich erkennbare Aussage und lenken zudem vom Wesentlichen ab.

Keine statischen Fotos – soll heißen, dass ein Bild im Idealfall ein Abbild des echten Lebens, eine reale Momentaufnahme ist. Man sieht Fotos sehr schnell an, ob sie ein solcher Ausschnitt oder doch nur eine inszenierte Szenerie sind. Ein sehr schönes Beispiel sind die zahlreichen Glückwunsch-Fotos, die jeden Tag in den Lokalteilen unserer Zeitungen erscheinen. Aufgesetztes Lächeln, sich gegenseitig die Hände gereicht – und dabei mit Blick in die Kamera. Kein Mensch gratuliert sich so. Selbst Laien erkennen sofort, dass es sich dabei völlig unmöglich um ein echtes Motiv handeln kann. Das Bild wirkt also langweilig, gestellt, uninteressant. Schwer vorstellbar, dass der dazu gehörende Text besser ist ...

Ran ans Objekt – ähnlich wie beim Umgang mit der Videokamera gilt auch hier: Wenn man ein Objekt nah vor sich haben will, bewegt man sich zu ihm hin und holt es nicht etwa mit dem Zoom an sich heran. Mut zur Nähe wird im Regelfall mit guten Bildern belohnt.

Lenken Sie Ihr Objekt ab – ein Ratschlag, der vor allem dann wichtig ist, wenn man es mit Leuten zu tun bekommt, die das Posieren vor einer Kamera nicht gewohnt sind. Bei Profis, die jeden Tag fotografiert werden, muss man das natürlich beherzigen und bei Naturtalenten, die sich frei und ungezwungen vor einer Kamera bewegen, auch nicht. Aber bei allen anderen – und sie dürften immer noch in der klaren Mehrheit sein – kann man die Neigung beobachten, dass sie verkrampfen, sobald eine Kamera auch nur auf sie gerichtet ist. Stocksteife Körperhaltung, starres Gesicht, aufgesetztes Lächeln – alles Komponenten, die dafür sorgen, dass man einem Foto sofort seine Künstlichkeit ansieht. Dagegen hilft nur eines: dafür zu sorgen, dass der zu fotografierende Mensch erst gar nicht auf die Idee kommt, gerade fotografiert zu werden. Dafür gibt es ein paar zuverlässige Methoden. Die erste hat etwas damit zu tun, was man unterlassen sollte, nämlich übermäßig lange das Objektiv auf das Motiv zu richten. Diese Unsitte ist häufig bei Amateurfotografen zu beobachten – ganz so, als würde das Bild umso besser, je länger man das Motiv fokussiert. Natürlich muss man, um die Qualität eines Motivs beurteilen zu können, es auch mal durch den Sucher bzw. das Display gesehen haben. Dennoch ist es ratsamer, so lange wie möglich mit blankem Auge zu arbeiten. Danach: abdrücken! Schnell und ohne großen Furor. Man darf dabei auch den Mut haben, seinem Motiv ein bisschen was zu erzählen, es gegebenenfalls sogar zum Lachen zu bringen. In einer entspannten, natürlichen Atmosphäre jedenfalls fotografiert man Menschen viel leichter, als wenn sie angespannt auf die eine entscheidende Sekunde warten, in der es endlich »klick« macht. Platzprobleme jedenfalls zählen heute nicht mehr, im Zeitalter digitaler Speicherkarten im Gigabyte-Bereich lassen sich theoretisch von jeder Veranstaltung Hunderte von Fotos machen. Diese neu gewonnene Freiheit (alle, die noch im analogen Zeitalter auf Terminen fotografierten, wissen, was gemeint ist) sollte man dringend ausnutzen.

Motiv schon vorher überlegen – das hängt auch mit der vorhergehenden Empfehlung ab. Wer sich erst lange auf die Suchen nach einem geeigneten Motiv macht, wird nicht gerade dazu beitragen, dass sich Menschen, die fotografiert werden sollen, entspannen. Besser also: Frühzeitig ein paar Motive ausdenken, was den Vorteil hat, dass man gegebenenfalls schnell eine Alternative hat, wenn sich ein Motiv dann aus welchem Grund auch immer in der Praxis als eher ungeeignet erweisen sollte. Das kommt erstens viel öfter vor, als man sich als Laie vielleicht vorstellen kann. Und zweitens ist es so oder so ratsam, Objekte vor unterschiedlichen Motiven zu fotografieren. Jeder Fotochef, jeder Art Director, jeder Redakteur, der mit Bildauswahl und Layout zu tun hat, wird dankbar sein, wenn er die Auswahl zwischen mehreren Motiven hat. Die Umstände, die zum Entstehen einer Seite führen, sind für Außenstehende meistens nicht nachvollziehbar, nicht bekannt – und letztendlich auch irrelevant. Demnach also: Alternativen anbieten, Alternativen fotografieren – und diese Alternativen schon frühzeitig planen.

Dem Foto Luft lassen – aus einem einfachen Grund: Fast nirgends kommt es vor, dass ein Foto eins zu eins gedruckt/veröffentlicht wird. Schon allein deswegen, weil dann insbesondere Zeitungen schnell unter einer tödlichen optischen Langeweile zu leiden hätten, müssten sie in diesem Fall doch jedes Foto im Postkartenformat abdrucken. Wer also für ein Medium arbeitet, das ein wenig Wert auf seine Optik legt (und das tun inzwischen fast alle), muss Fotos anbieten, die geschnitten werden können. Schneiden wiederum kann man ein Bild nur, wenn links, rechts, oben oder unten irgendetwas ist, was man wegschneiden kann. Wer im umgekehrten Fall ein Foto abliefert, das jeden Millimeter Platz nutzt, muss damit rechnen, dass es eben nur im langweiligen Postkartenformat oder im schlimmsten Falle gar nicht erscheint.

Gruppenbilder – sind gerade im Lokal-Journalismus häufig unvermeidbar. Wenn es um neu gewählte Vorstände, geehrte Mitglieder oder die Vereinsmeister geht, dann kommt man an diesem Motiv so gut wie nie vorbei. Doch selbst solche Fotos, die optisch zumeist wenig reizvoll sind, muss man nicht nach dem ewig gleichen Schema machen. Natürlich, echte Meisterwerke sind bei Gruppenbildern schwerlich zu erzielen, dennoch: Ein paar kleine Kniffe reichen schon aus, um bessere Resultate zu erzielen. Man kann beispielsweise zu den eigentlichen Personen noch einen Gegenstand oder einen Hintergrund wählen, der die Tätigkeit dieser Gruppe versinnbildlicht. Beispiel: Man lässt die Vereinsmeister des Billardklubs nicht einfach vor einer Wand posieren – sondern man stellt sie rund um einen Billardtisch auf. Und ansonsten sollte man einfach einen Grundsatz beherzigen: Wo auch immer Gruppenbilder zu vermeiden sind, sollte man sie auch vermeiden.

5.2 Software und Equipment

Ähnlich wie bei den Kameras und deren Zubehör verhält es sich mit der Software zur Bildbearbeitung. Ordentliche Programme finden sich als Freeware im Internet, sogar Verwaltungs-Anwendungen wie beispielsweise Picasa bieten schon zumindest die Grundfunktionalitäten zur Bildbearbeitung. Will man aber auch nur ein kleines bisschen mehr, dann reichen solche Programme zumeist nicht mehr aus. Im umgekehrten Fall muss es nicht gleich die teuerste Ausführung von Photoshop sein, wenn man zunächst einmal nicht sehr viel mehr machen will als die Bilder zuzuschneiden und sie so zu bearbeiten, dass sie für eine Veröffentlichung in Ordnung sind. Ein guter Kompromiss ist da beispielsweise die Elements-Ausführung von Adobes Photoshop. Preislich deutlich unterhalb des »richtigen« Photoshops angesiedelt, ist diese Software verhältnismäßig leicht zu erlernen, bietet alle wichtigen und entscheidenden Funktionen – und verzichtet auf all das, was semiprofessionelle Bildbearbeiter im Regelfall ohnehin nicht benötigen. Unbedingt können sollte eine Bildbearbeitungs-Software Folgendes:

- Korrektur der Farbeinstellungen, Kontrast, Helligkeit etc.
- Schnitt/Freistellen.
- Bilder drehen/spiegeln.
- Erstellen von Montagen/Arbeiten auf verschiedenen Formaten.
- Erstellen der wichtigsten Formate (jpg, tiff, gif etc.).

Mit diesen Funktionen sind zumindest die elementaren Schritte einer Fotobearbeitung zu leisten. Viel mehr – darüber sollte man sich im Klaren sein – allerdings auch nicht. Allerdings sollte man auch wissen, dass man, beispielsweise bei der Arbeit für Hochglanzmagazine oder Zeitungen mit gewissem Anspruch ans Layout, entweder als Fotograf erst gar nicht selbst zum Zug kommt oder aber die Endbearbeitung ohnehin dort vorgenommen wird. Und wer hauptsächlich sein Geld mit Fotos verdienen will, wird ohnehin ganz andere Ansprüche an seine Bildbearbeitungssoftware als die oben genannten stellen.

Zwei weitere Software-Anwendungen, über die man in jedem Fall nachdenken sollte: erstens eine Anwendung, mit der sich katalogisieren und archivieren lässt. Man wird schnell feststellen, dass ein rein ordnerbasiertes System für den durchschnittlichen Privatgebrauch ganz in Ordnung ist, einen wirklichen Katalog aber nicht ersetzt. Davon abgesehen, dass man sich auch beim Anlegen von Ordern eine konsequente Anordnung und am besten noch eine passende Syntax überlegen sollte, ist schnelleres Suchen einfach mit entsprechender Software deutlich komfortabler. Nicht nur, dass man dort die Bilder einfach nach Daten ordnen kann, zudem bieten viele Anwendungen auch die Kategorisierung nach Tags, also bestimmten Schlagwörtern an. Wenn man beispielsweise alle Fotos von Landschaften entsprechend verschlagwortet hat, lässt sich dementsprechend in den Tags auch suchen. Wer also seiner Datenbank sagt, sie solle alle Fotos mit dem Tag »Landschaft« anzeigen, der bekommt auch nur die entsprechenden Bilder ausgeworfen. Das erfordert natürlich neben dem technischen Können eine ziemlich strenge Disziplin. Wer die nicht hat und sie nicht walten lässt, hat bald ein heilloses Durcheinander auf der Festplatte.

Sinnvoll ist es auch, sich über die Anschaffung von Programmen wie Adobes Lightroom Gedanken zu machen. Mit solchen Programmen – ein Tool zur Nachbearbeitung von Bildern, nicht aber für den Zuschnitt etc. – kann man der digitalen Fotografie eine ihrer bislang größten Schwächen austreiben: Bisher nämlich liefern selbst teure und hochwertige Kameras Ergebnisse ab, die ein wenig blutarm wirken. Grauschleier, merkwürdig schwache Kontraste – man muss selbst bei teuren Modellen in jedem Fall noch mal mit der Bildbearbeitung ran. Lightroom gilt zwar offiziell ebenso wie Picasa nur als Bildverarbeitungsprogramm, tatsächlich aber ist die Bibliothek nur ein kleiner Bestandteil des Programms. Interessanter sind da schon die Nachbearbeitungsoptionen, mit denen selbst Profis glücklich sein dürften. Zudem lassen sich direkt aus dem Programm heraus HTML-basierte Slideshows exportieren; auch das ein Gimmick, das für Crossmedia-Journalisten durchaus interessant ist.

Weil wir gerade beim Thema Slideshows sind: Sie sind eine großartige und weithin in ihrem Potenzial unterschätzte und nicht wirklich gut genutzte Möglichkeit, der Darstellungsform des Fotos eine neue Dimension zu geben. Bisher handelt es sich – zumindest im deutschsprachigen Raum – um eine häufig lieblos aneinandergereihte Ansammlung von Fotos, die HTML-basiert vor allem eines machen sollen: Klicks generieren. Nicht umsonst werden Bildergalerien in vielen Online-Redaktionen auch einfach als »Klickmaschinen« bezeichnet. Dabei können Slideshows mehr, viel mehr. Sie können ganze Geschichten erzählen, in einer einzig- und neuartigen Erzählform. Man kann vor allem bei flash-basierten Galerien mit sanften Übergängen eine Art Mischform zwischen Bildergalerie und Film konstruieren, man kann mit Musik und Text etwas gestalten, was es in dieser Form bisher noch nicht gab. Man kann möglicherweise sogar so weit gehen zu sagen, dass es sich bei der vertonten Slideshow um die originärste Form des Online-Journalismus handelt. Alles andere – Bildergalerien, Filme, Texte, Audios, Fotos – gibt es in dieser oder leicht modifizierter Form bereits in der analogen Welt. Die vertonte Bildergalerie ist neu.

Dafür – und das macht die Sache für Journalisten so spannend wie kompliziert – braucht es mehr als ein paar gute Fotos. Es braucht wie im Video auch ein richtiges Storyboard, man muss eine echte Geschichte erzählen. Dazu benötigt man weitere Komponenten. Einen ansprechenden Text, jemanden, der ihn erzählen kann, etwas Musik vielleicht, etwas Atmo. Eine solche vertonte Slideshow kann, wenn man es richtig macht, ein kleines Kunstwerk sein, ein echtes journalistisches Highlight. In den USA jedenfalls sind solche Produktionen bei den großen und guten Anbietern inzwischen gang und gäbe und auch in Deutschland gibt es mehr und mehr Überlegungen, diese Stilform verstärkt anzubieten und zu entwickeln.

Dabei ist die Technik erstaunlicherweise eine ziemlich simple. In den meisten Anwendungen werden die Bilder, die man für eine Slideshow verwenden will, einfach hochgeladen und dann per Drag & Drop in die gewünschte Reihenfolge gebracht. Ebenfalls hochgeladen wird ein Audio-File (im Regelfall im MP3-Format), das dann für die entsprechende Vertonung sorgt. Manuell justierbar ist in den meisten Fällen die Zeitdauer, die ein Bild zu sehen sein soll.

Einziges kleines Manko: Viele Anwendungen gestatten nur eine Tonspur. Wer eine etwas aufwendigere Produktion mit mehreren Sounds plant, der kann das zumeist nicht innerhalb des eigentlichen Slideshow-Programms zusammenbauen, sondern muss sich mit einem Audioschnitt-Programm den Sound zu den Bildern zusammenbasteln und das Ganze dann als neues Audio-File hochladen.

Die Formate und Verwendungsmöglichkeiten für solche Slideshows sind vielfältig. Mit Photoshop beispielsweise lassen sich dort generierte Slideshows als WMV-Format (für den Windows-Media-Player) ausspielen. Besonders schön daran: Der »filmische« Charakter der Fotogalerie kommt dabei ausgezeichnet zur Geltung. Mit einem guten Konvertierprogramm (siehe hierzu auch das Kapitel »Video«) ist es übrigens ein Leichtes, die WMV-Fesseln zu sprengen und den Beitrag in jedes beliebige andere Videoformat umzuwandeln.

Speziell beim Thema Slideshow kommen übrigens der Reiz und die Vielfalt des Themas Crossmedia besonders schön zum Ausdruck. Man kann, wenn man es geschickt anfasst, die unterschiedlichsten Dinge aus dem Rohmaterial Foto machen. Und man kann diese Variationen für die unterschiedlichsten Plattformen verwenden. Mal theoretisch angenommen, man kommt von einem Termin mit 30 Fotos zurück – dann stehen neben der bereits angesprochenen vertonten, HTML-basierten Slideshow folgende Optionen offen:

- Konvertierung in ein Film-Format (WMV, Flash, DVD etc.) und damit Einsatzmöglichkeit auf allen videokompatiblen Plattformen.
- Export der Tonspur in ein Audioformat und damit Verwendung als Podcast.
- Verwendung der Fotos in einem Printmedium.

Müßig zu erwähnen, dass in Zeiten fotofähiger Handys und iPods die Mobilität eine entsprechend große Rolle spielt und zumindest die ersten beiden der drei genannten Varianten auch tauglich für mobile Medien sind.

5.3 Die Foto-Formate

Schauen wir uns die wichtigsten und gängigsten Bildformate an, die man kennen sollte, will man crossmedial zielgerichtet mit Fotos umgehen:

JPG, JPEG (Joint Photographic Experts Group): JPEG ist inzwischen das gängigste Fotoformat geworden, insbesondere bei der Nutzung im Internet. Dies hängt vor allem damit zusammen, dass in diesem Format die Bilder komprimiert werden, ohne dass die Qualitätsverluste dabei eine Nutzung unmöglich machen. JPEG ist sozusagen der Mittelweg zwischen hoher Qualität und brillanten Farben sowie der schnellen und unmittelbaren Verfügbarkeit. Bei der Komprimierung in JPEG werden reine Pixel gespeichert. Inzwischen gibt es auch das Nachfolgeformat JPEG2000, das von vielen die besseren Eigenschaften zugesprochen bekommt. Allerdings: Richtig etabliert hat es sich am Markt noch nicht.

BMP (Windows- oder OS/2-Bitmap): Auch bei BMP handelt es sich um ein reines Pixelformat. Allerdings: Dort wird so gut wie keine Komprimierung vorgenommen. Deswegen sind BMP-Fotos mit entsprechend großen Datenmengen versehen. Für das Internet sind sie somit praktisch nicht geeignet.

TIFF (Tagged Image File Format): Quasi das Gegenstück zum JPEG. TIFF wird sehr häufig zum Austausch von Daten beispielsweise in Druckvorstufen verwendet. Was bei Printobjekten der große Vorteil dieses Formats ist, wird im Internet zu seinem größten Nachteil. Zwar lassen sich mit TIFF im Gegensatz zum komprimierten und damit weniger hochwertigen JPEG besonders bei hochaufgelösten Bildern ausgezeichnete Ergebnisse erzielen, dafür aber braucht ein TIFF enorm viele Daten. Wer also beispielsweise als Journalist oder als Pressestelle Bilder zum verlustfreien Download zur Verfügung stellen will, wird sich für TIFF entscheiden. Auf einer Webseite hingegen, die schnell geladen werden soll, hat TIFF nichts verloren. Bei einem Foto kommen da schnell mal ein paar MB zusammen. Selbst im DSL-Zeitalter ist das Gift für die Ladezeit jeder Webseite.

RAW: Wie der Name schon sagt – hier haben wir es mit reinen Roh-Dateien zu tun. Profis schwören auf dieses Format, weil es tatsächlich mit den von der Kamera aufgenommenen Daten arbeitet. Die Kamera und ihre integrierten Programme legen dabei nichts fest – weder Farb-Sättigung und -Balance noch Kontrast oder Schärfe. Die Bilder sind sozusagen ein digitales Negativ. Das hat den Vorteil, dass man bei einer digitalen Bildbearbeitung zum einen noch enorm viel aus den Bildern herausholen und zum anderen sie nach seinem eigenen Geschmack gestalten kann. Wer also Wert auf eine sehr individuelle Gestaltung seiner Fotos legt, wird mit RAW am ehesten glücklich. Nachteile: Erstens ist eine Nachbearbeitung unerlässlich, zweitens brauchen die Bilder aufgrund fehlender Komprimierung viel Platz. RAW wird also demnach nur für Profis empfohlen, die eine entsprechende Nachbearbeitung am Rechner auch beherrschen. Wer »nur« Standards machen möchte, sollte von RAW getrost die Finger lassen.

GIF (Graphics Interchange Format): Fast jeder erinnert sich noch an die Anfangszeiten des Web, als auch die ersten privat betriebenen Seiten an den Start gingen. Fast überall blinkten irgendwelche Briefkästen, hüpften eigenartige Figuren quer durchs Bild oder leuchteten irgendwelche Lämpchen öder Förmchen auf – sogenannte »animated gifs«, eine Zeit lang mal schwer in Mode. Das lag daran, dass GIF als Fotoformat vor allem zum Austausch via Internet geeignet ist. GIF arbeitet mit sogenannten Paletten, d .h. es werden nicht alle Farben codiert, sondern nur die benötigten (maximal 256). Das bedeutet, dass die Bilder sehr klein und reduziert werden. Für hochauflösende Bilder ist GIF demnach völlig ungeeignet. Für Fotografen und Journalisten spielt es insofern in der Tagesarbeit keine wirkliche Rolle.

dpi (dots per inch): Kein Format, dennoch eine Abkürzung, die immer wieder auftaucht bzw. von Journalisten und Redakteuren abgefragt wird. Übersetzt heißt dpi »Punkte pro Zoll« – man kann daraus Rückschlüsse ziehen, wie hoch oder eben auch niedrig ein Bild aufgelöst ist. Ein Bildschirm zeigt 72 bzw. 80 dpi an. Wenn man ein Bild drucken will, dann sind 300 dpi Standard und somit Mindestanforderung. Je höher die dpi, desto höher ist also die Auflösung des Bildes. Das Bild selbst wird demnach entsprechend größer.

6 Online-Journalismus

Zugegeben: Wenn man ein Buch zum Thema Crossmedia schreibt und es geht dann in einem eigenen Kapitel um den Online-Journalismus, dann ist das mit der Trennschärfe so eine Sache. Man kann nicht von Crossmedia reden, ohne über den Online-Journalismus zu sprechen. Man kann keinen Online-Journalismus machen, ohne dass man nicht irgendwann beim Thema Crossmedia landet. Und trotzdem gilt es noch einmal zu unterscheiden: Zwischen einem digitalen Journalismus, dessen Begrifflichkeit sich in erster Linie auf die Produktionsweise (nämlich vollständig digital) bezieht und dem Journalismus, der Voraussetzung ist, um crossmedial produzieren zu können. Wenn diese digitale Arbeitsgrundlage gegeben ist, spielt es letztlich keine entscheidende Rolle mehr, ob wir bei einer Zeitung, für einen Fernsehsender, eine Webseite oder eben für alles zusammen arbeiten. Wenn wir von Online-Journalismus reden, dann muss das nicht zwingend crossmedialer Journalismus sein. Zwar werden wir über kurz oder lang als Online-Journalisten nicht an einem gekonnten Umgang mit diversen Darstellungsformen und profunden Kenntnissen über Video, Audio und Animation vorbeikommen, letztendlich aber produzieren wir im Gegensatz zum im Wortsinn crossmedial arbeitenden Journalisten eben nur für eine Plattform. Zu einem wirklichen crossmedialen Journalismus würde es gehören, auch über die inhaltliche Vernetzung mit anderen Plattformen wie eben beispielsweise einer Zeitung nachzudenken. Das muss der Online-Journalist erst einmal nicht. Er produziert zwar möglicherweise mit verschiedenen Darstellungsformen wie Video oder Audio, stellt aber seine unterschiedlichen Inhalte nur auf einer Webseite zur Verfügung. Allerdings: So wie sich immer mehr konventionell arbeitende Journalisten in den nächsten Jahren dem Thema Online annähern werden, so dürften wir auch die umgekehrte Entwicklung sehen. Vor allem Journalisten, die in den Anfangsjahren der Neuen Medien in reinen Online-Ablegern von analogen Medien gearbeitet haben, rücken jetzt näher an das alte Medium heran. Konkret: So wie die Fernsehredakteure eines Senders im Zeitalter eines neu gestalteten, voll digitalen Newsrooms und eines entsprechenden Workflows sich zunehmend mit der Produktion der Webseite beschäftigen müssen, so wird zwangsweise sich der bisherige Online-Redakteur zunehmend mit den Arbeitsweisen, den Inhalten und den technischen Abläufen beim Fernsehen (oder: der Zeitung/dem Radiosender) beschäftigen müssen.

Festzuhalten also ist zunächst einmal, dass der Online-Journalismus sich vor allem dadurch auszeichnet, dass man ziemlich vielseitig sein muss, wenn man in diesem Genre bestehen will. Dennoch ist es nicht zwingende Voraussetzung, auch für andere Plattformen mitzudenken oder an Strategien für eine sinnvolle Verknüpfung mit anderen Medien nachzudenken. Festzuhalten ist aber leider auch, dass der Online-Journalist allen positiven Entwicklungen zum Trotz immer noch unter einem vergleichsweise bescheidenen Ansehen innerhalb seiner Berufsgruppe zu leiden hat. Tatsächlich gilt er vielfach immer noch als der Inbegriff des schlecht ausgebildeten, wenig ambitionierten »Content-Managers«, der in erster Linie dazu da ist, mehr oder weniger große Datenmengen per Copy & Paste hin und her zu verschieben. Dabei verhält es sich damit wie mit allen Vorurteilen. Sie haben einen (vielleicht sogar wahren) Kern, aus dem dann eine sehr verzerrte und einseitige Wahrnehmung wird. Beginnen wir mit dem möglicherweise wahren Kern: Die (bisher immer noch sehr kurze) Geschichte des Online-Journalismus beinhaltet tatsächlich, dass anfangs wenig bis gar nicht ausgebildete »Journalisten« ziemlich abenteuerliche Seiten zusammenbastelten, die nicht immer den Ansprüchen des konventionellen und klassischen Journalismus genügten. Unbestritten ist leider auch, dass sich bis zum heutigen Tag die Arbeitsweise, Texte aus einer Zwischenablage einfach in ein Content-Management-System zu kopieren, erstaunlich gut gehalten hat. Dafür gibt es auch eine ganze Reihe von Gründen; man würde es sich zu einfach machen, würde man die bisweilen erstaunlich geringe Qualität von Online-Seiten ausschließlich auf das vermeintlich geringere Niveau der Online-Redakteure schieben. Stattdessen sind viele Online-Redaktionen immer noch personell ausgesprochen schwach besetzt und auch technisch eher bescheiden ausgestattet.

6.1 Die Charakteristika eines neuen Mediums

Dazu kommt eine Sache, die gleichzeitig das erste Charakteristikum des Online-Journalismus ist: Das Web ist das schnellste Medium der Welt. Journalismus im Internet kann – zumindest theoretisch – in Beinahe-Echtzeit stattfinden. Dem Online-Publizisten genügen ein Laptop, ein wenig Software und ein Internetzugang, um von jeder Stelle der Welt aus publizieren zu können. Er braucht keine Frequenzen, keine Schalten, keine Druckmaschine, einfach nur einen Rechner und einen Zugang. Es ist sicher keine Übertreibung, wenn man neben der Schnelligkeit des Netzes noch ein zweites Charakteristikum des Online-Journalismus hinzufügt: Noch nie war es zudem so einfach zu publizieren, zumindest was die Technik angeht.

Damit lassen sich zwei Paradigmenwechsel in der Entwicklung des Online-Journalismus innerhalb der letzten zehn Jahre festhalten:

- Einfache Bedienbarkeit: Noch zum Ende der 1990er Jahre musste man Online-Journalisten in spe halb warnend, halb ermunternd mit auf den Weg geben, dass sie sich dringend ein solides technisches Grundwissen aneignen müssen. Keine Form des Journalismus stellte bis dahin so hohe technische Ansprüche an Journalisten wie das Netz. Dabei hatte dies nicht einmal nur mit der Tatsache zu tun, dass damalige Content-Management-Systeme ungleich schwieriger und komplexer zu bedienen waren als es heutige Systeme sind. Dazu kam, dass man sich über die Auswirkungen dessen, was man da so produzierte, auch im Klaren sein musste. Eine Zeitungsseite sieht überall gleich aus. Eine Internetseite hingegen ist nicht einfach nur eine Seite. Im Gegenteil, sie kann, je nach Browser und nach Rechnerkonfiguration des Nutzers, höchst unterschiedliche Ergebnisse hervorbringen – die schwanken können zwischen voller Erfolg und Total-Desaster. Ohne technische Grundkenntnisse war und ist ein Online-Journalist also völlig aufgeschmissen und hilflos. Dennoch ist inzwischen sehr vieles erheblich einfacher geworden. Natürlich schaden ein paar HTML-Grundkenntnisse nicht, aber man kann inzwischen sein Online-Journalisten-Leben auch ohne sie ganz komfortabel verbringen.

- Schnelligkeit und Bedeutung: Unbestritten ist inzwischen, dass sich Medien die Schnelligkeit von Online-Plattformen gezielt zunutze machen, nachdem sie diese Schnelligkeit zuvor noch als latente Bedrohung ihrer bestehenden Publikationen sahen. Bestes Beispiel: Zeitungen, die über Jahre hinweg argumentierten, niemand würde mehr die Zeitung kaufen, wären deren Inhalte schon zuvor im Internet nachzulesen gewesen. Nunmehr begreift man, dass sich die Plattformen ergänzen können. Zeitungshäuser können somit, wenn sie es geschickt anstellen, den Schnelligkeitsvorsprung elektronischer Medien wieder einholen. Inzwischen ist es bei Medienkonsumenten ein völlig normaler Vorgang, wenn man sich mehrfach am Tag online mit dem Weltgeschehen und der aktuellen Nachrichtenlage synchronisiert.

Neben dieser deutlich gewachsenen Akzeptanz von Online-Medien beim Endverbraucher hat sich also herausgestellt, dass die Schnelligkeit der größte Trumpf des Online-Journalismus geworden ist. Tatsächlich ist eine Eilmeldung innerhalb weniger Sekunden abgesetzt und veröffentlicht.

Und hier beginnt die Problematik, der sich Online-Journalisten stellen müssen: Schnelligkeit verführt zu Schlampigkeit, der Druck zur Schnelligkeit hat sich in einem Zeitalter, in dem nicht mehr ein paar nationale Zeitungen, sondern Hunderttausende Seiten auf der ganzen Welt um Aufmerksamkeit buhlen, ganz erheblich erhöht. Was manchmal dazu führt, dass mit Eilmeldungen arg inflationär umgegangen wird, Inhalte dadurch an Relevanz verlieren und gleichzeitig die Fehlerquote steigt. Bei allem Verständnis, aber der Zeitdruck kann und darf natürlich nicht als Pauschalgrund für eine steigende Fehlerquote verwendet werden. Woraus man also schließen kann, dass Online-Journalisten zumindest potenziell ähnlich wie Agentur-Journalisten in der Lage sein müssen, auch unter erheblichem Druck ebenso schnell wie flexibel wie (dennoch) sauber und gründlich zu arbeiten.

Um keinen falschen Eindruck entstehen zu lassen: Wie alle anderen Formen des Journalismus ist auch der Online-Journalismus viel zu vielschichtig, um ihn auf die Formel »schnell und hektisch« reduzieren zu können. Natürlich gibt es auch das genaue Gegenteil: Journalisten, die lange an einem Projekt tüfteln können, deren Seiten eine lange Halbwertszeit haben und bei denen der Zeitdruck so gut wie keine Rolle spielt. Um dort bestehen zu können, braucht man ganz andere Eigenschaften; Kreativität und multimediales Denken seien nur stellvertretend genannt.

Doch ob nun unter Aktualitätsdruck oder nicht, Online-Journalismus ist mehr als einfach nur das Übertragen bisheriger journalistischer Darstellungsformen auf eine andere technische Plattform. Zum Online-Journalismus gehört beispielsweise zwingend der Gedanke der Vernetzung. Der Nutzer erwartet wie selbstverständlich, dass das Stück, das er gerade liest, nicht singulär und abgetrennt irgendwo im medialen Nirvana steht, sondern dass es potenziell möglich ist, mehr zum Thema zu lesen, zu hören, zu sehen. Und ganz im Gegensatz zu der früheren Maxime der alten Medien, Nutzer auf gar keinen Fall vom eigenen Programm wegführen zu wollen, gehört es im Online-Journalismus zum guten Ton, dass man auch externe Links setzt, auch wenn das Risiko natürlich unbestreitbar bleibt, dass der User danach weg ist.

6.2 Online-Journalismus = Multimedialität

Untrennbar mit dem Thema Online-Journalismus ist inzwischen auch Multimedialität verbunden. Was ganz einfach damit zusammenhängt, dass die in den letzten Jahren rasant gestiegenen Bandbreiten sowie die technische Entwicklung eine solche Multimedialität zulassen. Man muss also in der Herangehensweise generell völlig anders arbeiten als ein Journalist in den analogen Medien. Unterschiedliche Herangehensweise, das bedeutet (und hier verwischt die Trennschärfe zwischen Online-Journalismus und Crossmedia), nicht von vornherein auf eine bestimmte Darstellungsform fixiert zu sein. Es gibt im Online-Journalismus per se keine Form der Darstellung, die um ihrer selbst zu bevorzugen wäre. Auch hier hat sich in den vergangenen Jahren etliches gewandelt. In Schmalband-Zeiten war natürlich auch das Netz bevorzugt ein Lesemedium. Videos beispielsweise waren noch zwischen den Jahren 1998 und 2002 ein Luxusgut, das aus mehreren Gründen heraus nicht relevant war. Grund eins: die Bandbreiten. Mit einem Modem oder selbst mit einem ISDN-Zugang Videos anzuklicken, war kein wirkliches Vergnügen. Zum einen waren die Bildgrößen den schmalen Bandbreiten entsprechend klein; der Begriff »Mäusekino« traf es schon ganz gut. Und selbst dieses Mäusekino war dann keineswegs ruckel- und unterbrechungsfrei zu sehen. Aber auch aus Redaktionssicht war Video als Medium weitgehend irrelevant. Von Fernsehsendern abgesehen hatten die allermeisten weder die Produktionsmittel noch das entsprechende Know-how, um Videos zu produzieren. Außerdem war auch das Verständnis von einem sehenswerten Video im Vor-YouTube-Zeitalter sowohl bei Journalisten als auch bei Konsumenten ein grundlegend anderes als heute. Inzwischen ist die Erwartungshaltung bei Zuschauern im Netz keineswegs mehr so, dass ein Video automatisch eine HD-basierte Hochglanzproduktion mehr sein muss – »YouTube« sei dank, oder auch nicht, man kann eine solche Entwicklung ja auch bedauern. Tatsache ist jedenfalls inzwischen, dass Videokonsum kein Luxusgut, sondern vielmehr ganz alltäglich geworden ist. Ähnlich ist die Entwicklung auch beim Thema Audio und Animationen, auch wenn das Verwenden von Audios schon früher nie so problematisch war wie bei Videos oder aufwendigen Animationen.

Aber auch die technische Entwicklung – Grund Nummer zwei – spielt eine wesentliche Rolle dabei. Wollte man noch vor wenigen Jahren Videos im Netz anbieten, stand dahinter nicht nur die Produktion des Inhalts, sondern auch die Frage nach dem richtigen Format. Diese Frage war allerdings kaum eindeutig zu beantworten, man musste also, wollte man tatsächlich möglichst vielen Nutzern das Video zugänglich machen, in mindestens drei Formate encoden. Mit dem Siegeszug von Flash-Video hat sich diese Problematik weitgehend gelöst. De facto ist das standardisierte Bereitstellen von Videos heute nur noch eine Sache weniger Minuten. Verständlich also, wenn angesichts höherer Bandbreiten und weitgehend gelöster technischer Problematik Videos im Netz nicht einfach nur einen Boom erleben – sie sind zum unverzichtbaren Standard für alle Inhalteanbieter geworden.

Ähnlich verhält es sich mit allen anderen Darstellungsformen, die im weitesten Sinne unter der Kategorie Multimedia einzuordnen sind. Audios, Animationen, inzwischen bei Bedarf auch hochauflösende Fotos – die Bandbreite macht vieles möglich, was früher mit dem Hinweis auf lange Ladezeiten und hohe Kosten für die User abgelehnt wurde. Eine nicht zu unterschätzende Rolle spielt dabei natürlich auch die Tatsache, dass sich Flatrates für Online-Zugänge inzwischen weitgehend durchgesetzt haben und sich die Frage danach, ob die Ladezeiten für Nutzer überhaupt zumutbar sind, weitgehend erledigt hat. Selbstverständlich kann man argumentieren, dass wir aktuell immer noch weit davon entfernt sind, dass alle oder auch nur ein überwiegender Teil der Nutzer im Netz über flatratebasierte Breitbandzugänge verfügen. Aber die Entwicklung ist eindeutig. In nur wenigen Jahren wird Schmalband die absolute Ausnahme sein; Studien gehen sogar davon aus, dass im Jahr 2015 die Geschwindigkeit, die wir als DSL 1000 noch unlängst als Einstieg in das Breitbandzeitalter gefeiert haben, als langsam gelten wird. Man kann also getrost davon ausgehen, dass die Zugangsgeschwindigkeiten rasant steigen und damit in ebensolcher Rasanz die Multimedialität im Netz vorantreiben werden.

Das soll allerdings nicht bedeuten, dass Journalisten den Aspekt der Usability im Online-Journalismus völlig außen vor lassen können. So wie sich beispielsweise bei Zeitungen jeder Redakteur natürlich auch ein paar Gedanken um die Lesbarkeit seines Textes macht (oder zumindest machen sollte), so müssen Online-Journalisten immer im Hinterkopf haben, ob und wie sich ihre Produktion von einem Konsumenten nutzen lässt. Auch im Breitbandzeitalter ist es weiterhin sinnvoll, Dateien zu skalieren. Ein Foto für eine Nachrichtenseite beispielsweise in der Größe zu lassen, wie es aus der Kamera ausgeworfen wird, ist nutzlos. Auch wenn die dafür benötigten drei oder vier MB heutzutage viel schneller geladen sind als noch vor zehn Jahren, so ist es dennoch ein Ärgernis, wenn Seiten unnötig schwer gemacht werden. Ladezeiten sind also auch bei DSL-Zugängen immer noch ein sehr entscheidendes Kriterium.

6.3   Neuer (Schreib-)Stil für ein neues Medium?

Früher oder später wird man bei allen Debatten über Online-Journalismus mit der Frage danach konfrontiert, ob es denn eigentlich einen ganz besonderen Stil gibt beim Schreiben und Produzieren für Online-Medien. Subjektive Antwort: Jede Mediengattung hat Spezifika, die zu beachten sind. Wer jemals fürs Radio getextet hat, der weiß, dass dort die Sätze kürzer gehalten werden müssen, weil der Hörer schließlich nicht nachlesen kann, wenn er etwas nicht verstanden hat. Wer fürs Fernsehen textet, muss u. a. darauf achten, dass die Worte auch einigermaßen zu den Bildern passen, die man gerade sieht. Bei Texten fürs Web kann man sicher darüber streiten, ob sie nicht kürzer oder einfacher verständlicher sein müssten angesichts der Tatsache, dass beispielsweise die Lesegeschwindigkeit am Bildschirm nach wissenschaftlichen Untersuchungen deutlich unter der von gedruckten Seiten liegt. Das alles kann sein und mag auch diskutabel sein, ändert aber freilich nichts an der Tatsache, dass es sich bei diesen Kriterien eher um Petitessen handelt angesichts der wirklich relevanten Qualitätsmaßstäbe, die man an einen guten Text anlegen müsste. Bei allen anderen Darstellungsformen, die potenziell im Online-Journalismus verwendbar wären, ist die Sache noch deutlicher. Glaubt ernsthaft jemand, für ein gutes Foto, ein ansprechendes Audio, ein ordentliches Videostück würden andere inhaltliche Ansprüche gelten als auf den Plattformen, auf denen Fotos, Videos und Audios bisher zu sehen und hören waren? Auch hier ist natürlich richtig, dass man über äußere Formen wie beispielsweise die Länge oder auch das richtige Format streiten kann, aber an den grundsätzlichen Anforderungen an journalistisches Können ändert das nichts.

6.4 Usability – und immer an den User denken

In seiner bisherigen – gemessen an den anderen Medien – immer noch sehr kurzen Zeit seines Daseins haben sich im Übrigen im Online-Journalismus schon viele gängige Auffassungen gewandelt. Insofern ist es für ein Buch, das doch eine gewisse Halbwertszeit mitbringen soll, ein wenig schwierig, Prognosen über die Zukunft abzugeben. Dazu gehört es auch, dass aktuell vorherrschende Meinungen tatsächlich als solche gekennzeichnet und bewertet werden müssen. Um ein kurzes Beispiel zu nennen: In den Anfangszeiten des Online-Journalismus wurde nach vorherrschender Lehre die Tatsache, dass Inhalte vernetzbar sind, als die alles entscheidende Stärke, als das herausragende Merkmal dieses Mediums verstanden. Und deswegen hat man Ende der 1990er Jahren in vielen Texten nahezu alles unmittelbar verlinkt, was nicht niet- und nagelfest war. Wenn also in einem Nachrichtentext die Begriffe »Bundesregierung«, »Mercedes« und »Deutsche Bank« vorkamen, dann passierte es schon mal, dass in diesem Text drei Links gesetzt wurden: einer auf die Seite der Bundesregierung, einer auf die offizielle Mercedes-Seite und einer auf die der Deutschen Bank. Aus damaliger Sicht war das möglicherweise verständlich: Es war neu und ziemlich aufregend, wenn man vernetzen konnte, es war (nachdem es wirkliche Multimedialität noch nicht gab) das entscheidende, was Internet gegenüber anderen Medien leisten konnte. Heute würden wir eine solche Verlinkung als absurd bezeichnen. Man würde heute die Links tatsächlich nach ihrem Nutzwert beurteilen, die Tatsache alleine, dass ein Link gesetzt werden kann bzw. von einer Einrichtung wie der Bundesregierung eine eigene Webseite vorhanden ist, ist wenig aufregend, im Gegenteil: Es ist selbstverständlich. Man muss also niemanden mehr darauf hinweisen, dass es eine eigene Seite von Mercedes-Benz gibt, das weiß jeder. Man verlinkt also selektierter und sehr häufig inzwischen auch mit eigenen Linkboxen, anstatt einen ganzen Text mit sinnlosen Links zu pflastern.

Eine ähnliche Entwicklung findet sich auch beim Thema Navigation. Noch vor wenigen Jahren galt die Devise: zeigen, was man hat. Bei durchaus populären Seiten wie beispielsweise rtl.de fanden sich etwa in der Hauptnavigation rund vierzig Menüpunkte – und damit stand die Webseite der Kölner Privatfunker keineswegs allein da. Heute gilt es übereinstimmend als chic, möglichst viel zu subsumieren, auf der Startseite nur eine grobe Übersicht über die Themen zu geben, um dann die Nutzer über eine entsprechend stringente Subnavigation zu führen. Ähnliches gilt für die Farbgebung beim Webdesign. Bunte, grelle Farben haben aktuell ausgedient, gefragt ist häufig schlichtes weiß mit so wenig optischen Spielereien wie möglich. Wer heute noch die einstmals so beliebten animierten GIFs auf seiner Seite hüpfen lässt, muss sich dem Verdacht aussetzen, die letzten Jahre unter Ausschluss der Öffentlichkeit verbracht zu haben. Oder man denke an die Entwicklung bei Suchmaschinen. Anfangs starteten sie mit dem, was sie am besten beherrschen: suchen. Ende der 1990er Jahre tauchte auf einmal die Idee auf, dass um die Suche herum möglichst noch viel anderes drapiert sein müsse, um eine Suchmaschine als Startpunkt aller Exkursionen durch das Netz verwenden zu können – die Idee des Portals war geboren. Dann kam Google und eroberte mit brachialer Wucht den Markt – mit einer Idee, die es Jahre davor schon mal gegeben hatte: nämlich eine Suchmaschine, die sucht, sonst nichts (mit, zugegeben, weitaus besseren Ergebnissen als alle anderen Konkurrenten). Von der Suchmaschine zum Portal zurück zur Suchmaschine innerhalb weniger Jahre: Man sieht, wie rasant alle Formen von Online-Medien immer noch in Bewegung sind. Man darf getrost davon ausgehen, dass sich daran auch in den nächsten Jahren nichts ändern wird.

Soll also unter dem Strich heißen, dass viele inhaltliche, technische und optische Entwicklungen in diesem sich stetig rasant verändernden Medium nur von sehr bedingter Halbwertszeit sind und deshalb hier keineswegs als Maßstab für den Online-Journalismus der Zukunft genannt werden sollen.

Inhaltlich müssen sich Online-Journalisten mit einer Besonderheit abfinden: Nirgends, in keinem anderen Medium, ist es so einfach und so unzweideutig abzulesen, ob man den Geschmack seines Publikums getroffen hat. Klickstatistiken und viele andere Folterwerkzeuge des Usertrackings sind extrem präzise und leider völlig unbestechlich. Sie lassen keinerlei Raum für Interpretationen, man sieht gnadenlos genau, wie viele Leute auf einer Seite waren, wie lange sie sich dort aufgehalten haben und ob sie auch mal einen Content geklickt oder es doch nur bei oberflächlicher Betrachtung der Seite belassen haben.

Natürlich muss man an dieser Stelle dann doch zwei, drei Sätze über solche Messverfahren loswerden. Ähnlich wie bei den Quotenmessungen für das Fernsehen nämlich misst man auch beim Usertracking für Webseiten erst einmal nur quantitative Werte. Man weiß, welche Seiten aufgerufen werden und man weiß auch, wie lange sich ein User auf einer Seite aufhält. Allerdings sollte man dennoch ein paar Dinge nicht verwechseln. Quantität – also beispielsweise eine hohe Klickzahl auf einer bestimmten Geschichte – heißt noch lange nicht Zustimmung. Man kann aus dem Klickverhalten von Usern die unterschiedlichsten Rückschlüsse ziehen, Interpretation ist erlaubt, aber man muss sich dabei als Online-Journalist auch darüber im Klaren sein, dass man sich immer am Rande des Selbstbetrugs bewegt.

6.5 Klicks und Tricks – die Bedeutung von Messgrößen

Zwei kurze Beispiele dafür, warum die angeblich so punktgenaue Messung von Nutzerverhalten im Netz nur partiell das bringt, was man sich erhofft. Erstens: Die sogenannten Page-Impressions (was im Umgangsjargon gerne »Klicks« genannt wird, was übrigens streng genommen nicht richtig ist) lassen sich mit relativ einfachen Methoden steigern. Jeder, der schon einmal in einer Online-Redaktion gearbeitet hat, kennt den Begriff »Klickmaschine«. Bestes Beispiel sind die sogenannten »Bildergalerien« oder »Bilderstrecken«. Ihre Beliebtheit bei den Redaktionen erklärt sich nicht nur ausschließlich aus der Tatsache, dass Bilder ein attraktiver Inhalt sind, sondern auch daraus, dass eine Bilderstrecke die Zahl der generierten Page-Impressions in enorme Höhen treiben kann. Der Trick dabei: Die IVW, die jeden Monat die Klickzahlen von (registrierten) Online-Angeboten misst, baut in jede Seite einen sogenannten »IVW-Pixel« ein. Damit kann festgestellt werden, welche einzelne Seite wie oft aufgerufen wird. Bei den Bildergalerien ist jedes Bild mit einem IVW-Pixel hinterlegt, was wiederum bedeutet, dass jedes Bild wie eine geklickte Seite zählt. Hält man sich dann noch vor Augen, dass bei einer nachrichtlich-journalistisch geprägten Seite ein Verhältnis zwischen einzelnem Besuch und geklickten Seiten von eins zu zehn als ziemlich gut gilt, kann man es sich leicht ausrechnen, warum man als Anbieter einer Seite zehn Klicks mit einer einzigen Bildstrecke für eine sehr verlockende Sache halten kann.

Zweites Beispiel für die eingeschränkte Relevanz von Quoten und Klicks: Eine Studie kam 2007 zu einem überaus interessanten Ergebnis, was die Klickzahlen auf typischen journalistischen Webseiten angeht. Demnach nämlich stammen vier Fünftel der dort gemessenen und generierten Klicks überhaupt nicht aus klassischen journalistischen Angeboten, sondern aus Klickmaschinen wie Datenbanken, Tarifrechnern oder Partnerangeboten wie Singlebörsen. Das ist selbstverständlich völlig legitim, zeigt aber auch die Krux der restlosen Klick-Fixierung auf. Daraus zu schlussfolgern, eigentlich interessierten sich die User gar nicht für Journalismus, wäre allerdings grundfalsch. Das tun sie natürlich schon, aber zum einen kämpft man quotenmäßig mit ungleichen Waffen, wenn man sich mit Datenbanken messen muss. Und zum anderen muss man wohl vor allem bei Nachrichtenangeboten konstatieren, dass sie tendenziell wie eine Synchronisation des Nutzers mit dem aktuellen Weltgeschehen funktionieren. Der Rückschluss, Online-User seien eigentlich nur Oberflächen-Surfer, ist daher kaum zulässig. Wer fünf- oder sechsmal am Tag beispielsweise zu »Spiegel Online« surft, hat vermutlich nicht das Ziel, bei jedem Besuch das komplette Angebot zu lesen. Vielmehr schaut er nach, was es Neues gibt auf der Welt. Und man weiß ja, dass nicht alle drei oder vier Stunden derart dramatische Ereignisse passieren, als dass man sich jedes Mal vollständig neu einlesen müsste. Wenn also jemand ein paar Mal am Tag auf eine Nachrichtenseite geht und dort in erster Linie Schlagzeilen, Teasertexte, Fotos und vielleicht noch ein Drei-Minuten-Video konsumiert, dann ist das noch keineswegs ein Beleg dafür, dass Online-Journalismus per se oberflächlich und weitgehend befreit von anspruchsvollen Inhalten ist. Diese Form der Nutzung ist lediglich den neuen Möglichkeiten des digitalen Journalismus geschuldet. Man bekommt seine Nachrichten, seine Inhalte eben dann, wenn man will – und nicht dann, wenn sie gesendet werden oder die Zeitung ausgeliefert wird.

Und schließlich noch eine Prognose zum Schluss, wenn man über Online-Journalismus und seine Spezifika spricht. Ja, zugegeben: Online-Journalisten sind immer noch auf der Angesehenheitsskala ziemlich weit unten angesiedelt. Noch immer haftet ihnen etwas Exotisches an, viele haben immer noch kein klares Bild von ihrem Job und immer noch werden sie in eine arg technische Ecke gestellt, Das wird sich ändern, ebenso schnell wie sicher. In dem Maß, in dem das Publikum Online mehr und mehr zum Leitmedium macht, wird auch die Akzeptanz von Online-Journalisten steigen. Mittelfristig kann das der Qualität des Mediums nur gut tun. Wer keine Angst mehr haben muss, sich als Onliner in eine Schmuddelecke zu stellen, wird sich auch leichter für dieses Medium entscheiden. Und vermutlich steigen dann auch noch ein paar gute Journalisten ein, die das Medium zwar spannend fanden, sich aber bisher wegen eines drohenden Imageverlustes anders entschieden hatten.

7 Mobile Medien

7.1 Trends und Entwicklungen

Um ehrlich zu sein: Kaum eine Variante der Neuen Medien gab derlei viel Anlass für Fehleinschätzungen wie das Thema Mobilität. Die fanatischen Befürworter behaupteten schon vor etlichen Jahren, das nächste große Ding werde es, wenn Medien sich von ihren stationären Fesseln befreien und an jeder Stelle und zu jeder Zeit konsumierbar seien. Andere (zu jenen zähle ich mich) hatten zumindest noch vor Jahresfrist für solche Visionen nur ein müdes Lächeln übrig. Zum einen, weil eine Zeitung per se schon ein mobiles Medium ist und zum anderen, weil es schlichtweg an Vorstellungsvermögen fehlte, was sich auf einem Handy-Bildschirm sehr viel mehr abspielen können soll als eine SMS. Inzwischen muss man allerdings selbst als Mobile-Skeptiker einräumen, dass natürlich Mobilität bei den Medien eine erheblich größere Rolle spielt als noch vor ein paar Jahren. Das hat mit wesentlich verbesserter Technik zu tun, aber auch mit einem Paradigmenwechsel vor allem bei jungen Mediennutzern. Das Denken, das es noch in den 1980er und 1990er Jahren gab, nämlich das Inhalte an ein bestimmtes Trägermedium, an bestimmte Orte und womöglich an feste Uhrzeiten und Nutzungssituationen gebunden sind, ist passé. Wer mit dem Wissen groß geworden ist, dass – beispielsweise – Musik nur ein digitales File ist, das beliebig verschoben und genutzt werden kann, der wird dauerhaft kein Problem damit haben, auch Fernsehen, Online-Medien, Radio, Fotos und womöglich sogar digitale Zeitungen mobil zu nutzen. Umgekehrt muss man allerdings einräumen, dass zu fast jeder Studie, die mobilen Medien eine glänzende Zukunft bestätigen, eine Gegenstudie existiert, deren Kernaussage es in etwa ist, dass die meisten Menschen ihre Medien immer noch an bekannten Orten zu festen Zeiten konsumieren wollen. Trotzdem, so viel ist inzwischen sicher: Der berühmte 20-Uhr-Gong der »Tagesschau« kann inzwischen auch auf dem Handy ertönen und es muss dafür keineswegs 20 Uhr sein und 15 Minuten Sendezeit gibt es auch nicht. 100 Sekunden reichen vorerst fürs Handy. Nicht auszuschließen ist allerdings, dass sich auch das noch ändert. Aus anderen Ländern Europas ist beispielsweise bekannt, dass die hauptsächliche Nutzungszeit von Handy-TV am Abend zuhause ist. Man muss das nicht logisch finden, es ist aber immerhin bezeichnend.

7.2 Audio- und Videopodcasts – welchen Inhalt wofür?

Bedeutet das für uns Journalisten, dass wir alle möglichen Inhalte noch mal in einer kleineren und reduzierten Form für mobile Medien neu produzieren müssen? Benötigen wir tatsächlich neue, plattformgerechte Inhalte – oder reicht es nicht auch aus, die Inhalte zu kopieren und in einem neuen Format einfach als Reproduktion zur Verfügung zu stellen? Eine Frage, die sich so pauschal weder mit ja noch mit nein beantworten lässt, zumal hinzukommt, dass manche Inhalte für mobile Plattformen nur sehr schwer vorstellbar sind. Eine Seite-3-Reportage der »Süddeutschen Zeitung« beispielsweise – die möchte man lieber auf großflächigem, raschelndem Papier mit entsprechend opulenter Bebilderung haben (vorerst zumindest noch). Auf der anderen Seite stellt sich schlichtweg die Frage, ob wir es hier nicht ganz einfach mit Gewohnheiten und Sozialisation zu tun haben. Wenn jetzt heranwachsende und spätere Generationen damit groß werden, Medien auf Bildschirmen, mobil oder stationär, jeweils nach ihrem Gusto und ihrem aktuellen Bedarf zu konsumieren, ist es dann nicht mehr einfach nur eine Frage der Zeit, bis kein Mensch mehr erwartet, dass es beim Lesen einer Reportage auch rascheln und knistern muss? Wenn man noch längerfristiger zurückdenkt, erkennt man zudem auch, dass sich beispielsweise das Konsumentenverhalten beim Thema Nachrichten in den letzten 25 Jahren dramatisch gewandelt hat. Für den Normalverbraucher gab es de facto Nachrichten entweder zu festgelegter Stunde am Abend oder aber am Vormittag via Zeitung oder Radio. Dazwischen war – weitgehend – nachrichtenfreie Zeit, es sei denn, man schaltete sein Radio ein, um einmal in der Stunde das Neueste aus aller Welt zu hören. Wenn man das einem heute 20-Jährigen erzählt, amüsiert er sich. Für ihn ist das Ritual des Einschaltens von Radio und Fernsehen zu einer bestimmten Tageszeit, um dort Nachrichten zu bekommen, irrelevant geworden. Der Medienkonsument von heute kann sich minütlich mit der neuesten Lage auf der Welt synchronisieren, ihm steht dazu ein riesengroßes Angebot verschiedener Medien und verschiedener Endgeräte zur Verfügung. In der Konsequenz bedeutet dies einen Paradigmenwechsel. Mediennutzung war etwas, was die Generation der heute 40-Jährigen weitgehend mit heimischer, stationärer Umgebung verbindet. Die Zeitung, die morgens auf dem Tisch liegt, das Radio, das man zum Frühstück laufen lässt, der Fernseher, der seinen ganz besonderen Platz im Wohnzimmer hat und ritualartig abends eingeschaltet wird – all das lässt erst einmal nicht den Gedanken aufkommen, dass man Medien auch außerhalb der eigenen vier Wände konsumieren kann und will.

Natürlich ist es – wieder einmal – nicht möglich, langfristige Prognosen über die Entwicklung der Endgeräte und ihrer Möglichkeiten zu geben. Nach allem, was man bisher ahnen kann, spricht einiges für die Entwicklung von Multimediaplayern, mit denen man wahlweise auch Telefonieren kann (iPhone) oder eben auch nicht (iPod touch), Die beiden Apple-Geräte sind hier insofern sinnbildlich genannt, weil an ihnen sehr deutlich wird, dass der Unterschied solcher Player womöglich wirklich nur noch in ihrer Telefonie-Fähigkeit besteht, wobei keineswegs auszuschließen ist, dass bei Handys irgendwann mal die Telefonie ein sehr nachgeordneter Aspekt ist. Sicher ist also demnach, dass es schon möglich ist, Videos, Audios, Websites, Fotos und Textdokumente über ein einziges mobiles Gerät abzuspielen. Die zunehmende Verbreitung von schnellen drahtlosen Netzen wird zudem dafür sorgen, dass mobile Plattformen eine sehr ernst zu nehmende Alternative bzw. eine Ergänzung zu stationären Medien werden.

Und weil diese Entwicklung schon begonnen hat und bei jüngeren Medienkonsumenten inzwischen auch zu einer Selbstverständlichkeit geworden ist, sind auch das bisherige Denken, die bisherigen Gewohnheiten gerade im Wandel. Medien sind inzwischen immer und überall nutzbar und zumindest aus technischer Sicht muss Mobilität auch keineswegs eingeschränkte Qualität bedeuten. Handy-TV und mobile Videos können heute in nahezu der gleichen Qualität wie zuhause genutzt werden, die Bildschirme sind dann halt etwas kleiner. Wer allerdings jemals beobachtet hat, wie leidenschaftlich und intensiv sich junge Leute beispielsweise in der U-Bahn mit ihren Handys und Gadgets beschäftigen können, der bekommt eine Ahnung, dass die reine Größe eines Bildschirms künftig nicht mehr das alleinige ausschlaggebende Argument für die Nutzung von Inhalten ist. Und wer erst gar nicht mit dem Rascheln einer Zeitung aufgewachsen ist, dem wird auch nichts fehlen, wenn es mal nicht raschelt. Wenn man also nicht zwingend denkt, bei guten Texten müsse es rascheln und außerdem sei der Konsum von Nachrichten grundsätzlich nur in den eigenen vier Wänden ab 20 Uhr in der ARD gestattet – dann kann man sich generell auch mit dem Gedanken anfreunden, auf einem verhältnismäßig kleinen Schirm an einer beliebigen Stelle zu jeder nur erdenklichen Zeit Medien ganz nach Gusto zu nutzen.

Für Journalisten bedeutet dies zunächst einmal, dass wir es mit verhältnismäßig vielen Unbekannten zu tun haben. Über das Nutzungsverhalten der Konsumenten wissen wir ähnlich wenig wie über die geeigneten Inhalte, Plattformen und Formate, mit denen wir sie anbringen können. Wir wissen, dass wir es kleiner und kompakter machen müssen und dass wir es mit Menschen am anderen Ende zu tun haben, deren Zeit- und Aufmerksamkeitsbudget limitiert sind. Daraus lässt sich zumindest im Groben ableiten, dass wir für diese wirklich ganz neue Form von Medien auch tatsächlich neue, plattformgerechte Inhalte produzieren werden müssen. Niemand wird sich einen Spielfilm oder eine 90-Minuten-Dokumentation auf einem Handy ansehen wollen, kein Mensch wird ernsthaft daran denken, Fotos mit einem Inhalt, der sich erst bei einem sehr genauen Hinsehen auf einer großen Fläche erschließt, aufs Handy zu schicken. Woraus wir zumindest bei visuellen Inhalten schließen können, dass wir auf Spielereien – und seien sie noch so kunstvoll – verzichten werden müssen. Was zählt, ist die schnell und unverwechselbar erkennbare Aussage, sowohl bei Videos als auch bei Fotos.

Etwas anders gelagert ist die Sache bei Audio-Inhalten. Nicht nur, dass MP3-Player heute nahezu unbegrenzt Platz für Inhalte bieten, dazu kommt, dass es inzwischen so gut wie kein Handy mehr gibt, das nicht in der Lage ist, Audio-Files abzuspielen. Was bedeutet, dass innerhalb weniger Jahre zig Millionen von Endgeräten hinzugekommen sind, die journalistische Inhalte transportieren können. Noch mehr: De facto hat eigentlich fast jeder ein solches Gerät in der Tasche. Wäre es da also ein Wunder, würde man sich nicht überlegen, die Konsumenten genau an diesen Geräten zu erwischen, die sie ohnehin ständig bei sich tragen und zudem auch noch sehr häufig nutzen? Anders gesagt: Früher gab es für Audio-Beiträge mit dem Rundfunk de facto nur eine Verbreitungsmöglichkeit. Heute können Audio-Beiträge auf zig Millionen Endgeräte gebracht werden. Und möglicherweise stellt sich sogar die Frage, ob sie dort nicht deutlich besser aufgehoben sind. Schließlich hat sich Radio in den letzten Jahren zu einem Nebenbei-Medium entwickelt (Fernsehen ist übrigens, nebenbei bemerkt, auf einem ähnlichen Weg), das zwar quantitativ nach wie vor direkt hinter dem TV rangiert und immer noch zeitliche kleine Zuwächse auf hohem Niveau erzielt. Wie intensiv aber die Zuhörer originär journalistische Inhalte nutzen, oder ob nicht vielmehr die hohe Akzeptanz des Massenmediums Radio auch sehr stark mit Gewinnspielen, Verkehrsmeldungen und immer gleicher, formatierter Musik zusammenhängt, mag zumindest diskutabel sein. Wer allerdings bewusst ein Audio-File auf sein Handy oder seinen MP3-Player zieht, dem kann zumindest ein latent vorhandenes Interesse für den Inhalt und damit auch eine gewisse Aufmerksamkeit unterstellt werden. Das ist vermutlich ein gewöhnungsbedürftiger Gedanke, vor allem, wenn man groß geworden ist mit dem Radio als einem sehr dominierenden und wichtigen Medium, aber dennoch: Die Zukunft von Audio-Beiträgen liegt vermutlich darin, dass man sich erstens sein Programm weitgehend selbstbestimmt zusammenstellt und zweitens mit sich nehmen kann, wo und wann immer man will. Insofern gibt es einige sehr gute Gründe, mobile Medien auch als Journalist sehr ernst zu nehmen.

Paradoxerweise kann man inhaltlich sogar von einer umgekehrten Entwicklung ausgehen wie beim mobilen TV. Denn für bewegte Bilder bedeutet der Wechsel auf das mobile Medium Verknappung, Reduktion, Minimierung mit allen entsprechenden Konsequenzen. Das Audio hingegen erlebt eine Befreiung – raus aus der 1.30-Fessel des Formatradios, hin zu nahezu unbegrenzten inhaltlichen Möglichkeiten. Der Inhalt muss keine Rücksicht mehr nehmen auf Sendeuhren, Werbeblöcke und Formate, er steht einfach für sich selbst. Um es am bereits erwähnten praktischen Beispiel des Wartenden an der Bushaltestelle zu schildern: Wer an der Haltestelle wartet und dabei Nachrichten sieht, muss beim Einsteigen seinen Blick vom Bildschirm wenden – die Nutzung des Inhalts ist also zumindest unterbrochen, wenn nicht sogar beendet. Das muss beim Audiohören keinesfalls so sein, die Ohrhörer können ja weiterhin drin sein, während man einsteigt. Während also bewegtes Bild durch seine visuellen Elemente auch die entsprechende visuelle Aufmerksamkeit erfordert, kann Audio weitgehend unterbrechungsfrei und damit auch in höherer Dosierung genutzt werden. Wer also beispielsweise einen 20-minütigen Heimweg mit dem Bus hat, kann diese 20 Minuten mühelos zum Hören verwenden. Beim Schauen wird das schon schwieriger, man muss schließlich einsteigen und sich somit in seiner Konzentration auf das bewegte Bild ablenken lassen. Kurz gesagt also: Für das Medium Audio bieten sich enorm viele, spannende Perspektiven.

8   Digitale Workflows

Natürlich ist für Journalisten in erster Linie entscheidend, welche Inhalte für crossmedial strukturierten Journalismus relevant sind. Wie man sie vernetzt, wie sie sich ergänzen, wie sie letztendlich konvergent werden. Und natürlich kann man digitale Produktion über die unterschiedlichsten Plattformen, mit den verschiedensten Instrumenten vornehmen. Unter dem Strich ist aber eine Grundregel unmstößlich: In dem Moment, in dem in den digitalen Arbeitsprozess ein analoges Medium eintritt, wird die Arbeit ungemein erschwert, manchmal de facto sogar unmöglich gemacht. Natürlich lässt sich jedes analoge Bild, jeder analoge Text und sogar jedes analoge Video in eine digitale Form packen. Diese Konvertierungsvorgänge erfordern aber zumeist einen derart hohen Aufwand und verbrennen so viel Zeit, dass sie unter dem Strich irrelevant werden. Das heißt also: Jedes Medium, das man für eine Produktion anfasst, muss digital vorliegen. Ansonsten ist ein vernünftiger und halbwegs effizienter Arbeitsablauf nicht möglich.

8.1   Potenzielle Abläufe

Gleichzeitig stehen aber auch erfahrene Journalisten immer noch vor dem Problem, dass sie für die Produktion unterschiedlicher Medien leider auch mit den unterschiedlichsten Programmen hantieren müssen. Um ein konkretes Beispiel zu nennen: Um ein verhältnismäßig simples Video zu produzieren und es entsprechend mehrmedial zu verwerten, sind nach bisherigem Stand der Dinge folgende Schritte notwendig:

- Nach dem Dreh bzw. der Aufnahme Einspielen des Bild-Rohmaterials in ein digitales Schnittprogramm.
- Bearbeiten, schneiden.
- Fertigen Beitrag exportieren (zumeist in ein mpeg-Format).
- Encoding (neues Programm).
- Falls mehrere Formate gewünscht werden (z. B. für WMV, rm, mov): weitere Play-outs.

- Um die Tonspur als Basismaterial oder auch in der Originalversion für eine Audiodatei entweder im Web oder als Podcast zu verwenden: Exportieren der Tonspur aus dem Videoschnittprogramm (im Regelfall als WAV oder MP3).
- Bearbeiten der Tonspur bzw. Produktion eines themenverwandten Audios im Audioschnittprogramm.
- Um Stills aus dem Film für webfähige Fotos zu verwenden: Exportieren der Stills auf die Festplatte (im Regelfall als jpg).
- Bearbeiten der Fotos mit der Fotosoftware.
- Texte für Web oder andere Medien mit eigener Textverarbeitungssoftware erstellen.

Am Ende dieses Prozesses muss zunächst einmal nicht mehr als eine »Ausbeute« eines 1.30-Videos, eines kurzen Audiofiles, eines kurzen Textes und eines einzigen Fotos stehen. Trotzdem ist dieses Resultat, von dem ein freier Journalist als Tagesproduktion nur sehr mühsam leben könnte, mit einem gehörigen Aufwand verbunden. Und zudem mit einer technischen Infrastruktur, die man nicht nur schaffen und auch bezahlen, sondern zudem auch beherrschen muss. Fünf verschiedene Programme sind dafür notwendig. Davon abgesehen ist es zwar natürlich möglich, diese Produktion auf einem Rechner abzuwickeln. Allerdings: In der Praxis wird sich schnell herausstellen, dass ein zweiter Rechner zumindest sehr hilfreich ist. Gerade die Vorgänge zur Produktion von Videos sind zwar nicht unbedingt so kompliziert, als dass man sie nicht auch als Laie und Einsteiger erlernen könnte. Allerdings benötigen die Videodateien sehr viel Zeit und auch Rechenleistung, um produziert werden zu können. Wer also mal eben einen Film rendern und nebenher zum Beispiel noch ein paar Fotos bearbeiten will, wird schnell feststellen, dass selbst hochwertige Rechner dabei schnell an die Grenzen ihrer Leistungsfähigkeit kommen. Es empfiehlt sich also, gerade für sehr datenintensive Vorgänge, einen zweiten Rechner parat zu haben, der gegebenenfalls auch mehrere Stunden mit Prozessen wie Encoding oder DVD-Brennen beschäftigt sein kann.

8.2   Distribution – ein Inhalt, viele Kanäle

Das Rechnerproblem wird also so leicht nicht zu lösen sein, dazu müssten allein schon Prozessoren einen Quantensprung vollführen. Freilich aber träumt – und arbeitet – man immer wieder an Produktionslösungen, die es im Idealfall ermöglichen würden, alle Plattformen aus einer Hand zu bedienen. Die Anforderung seitens des Journalisten würde demnach lauten wie folgt: Das Content-Management-System hält zunächst einmal alle Medien datenneutral vor. Innerhalb des CMS müsste es dann möglich sein, alle klassischen journalistischen Vorgänge, die für crossmediale Produktionen nötig sind, unmittelbar und womöglich sogar parallel vorzunehmen. Konkret also: Wenn man ein Video schneidet, wäre es schön, wenn man im selben Fenster zusätzlich die Tonspur noch mal für eigene Zwecke editieren könnte. Oder zumindest in derselben Software – es wäre schon sehr viel gewonnen, müsste man nicht in ein eigenes Editierprogramm für Audios wechseln. Wenn man dann auch noch eine Art digitales Play-Out-Center hätte, wäre man endlich in der Lage, tatsächlich aus einer Hand alle Medien zu bedienen. Bisher ist das mit »aus einer Hand« so eine Sache – ein zumindest sehr dehnbarer Begriff, wie oben angeführtes Praxis-Beispiel zeigt. Eine Hand vielleicht schon, aber wesentlich mehr Programme und Handgriffe.

Vor allem große Fernsehsender, aber auch Nachrichtenagenturen hatten diese Gedanken schon zu Zeiten der New Economy in den Jahren 1999/2000. Damals sprach man noch nicht so viel von »Crossmedia« wie heute, dafür aber umso mehr von »Content Syndication«. Doch wie auch immer man es nennen wollte und welche Motivation dahintersteckte (beim Thema Content Syndication ging es eindeutig mehr um Geldverdienen durch Recycling), die Anforderung war dieselbe: Inhalte neutral vorzuhalten, um sie dann möglichst ohne Umstände konfektionieren und neu ausspielen zu können. Es war, um es vorwegzunehmen, eine weitgehend leidvolle Geschichte. Richtig funktioniert hat dies damals jedenfalls nicht, inzwischen aber gibt es durchaus vielversprechende Ansätze, mit denen der alte Traum vom mehrdimensionalen Publizieren aus einem System heraus doch noch verwirklicht werden kann. Würde es möglich gemacht, wäre man der Zielsetzung eines wirklich effizienten und einfachen crossmedialen Publizierens ein großes Stück nähergekommen.

8.3 Entwicklung der Endgeräte

Man sollte versuchen, sich das einmal konkret vorzustellen: wie damals, irgendwann in den 1950er Jahren, jemand den Fernsehmachern der ersten Stunde gesagt hätte, sie müssten sich ganz schnell neue Sendungen und neue Programme einfallen lassen, am besten so viele wie möglich und die so gut wie möglich. Wenn's dann noch möglich wäre, das Ganze bitte ohne lange Erprobungsphasen und Publikumstests, und, ach ja, internationale Vergleiche und andere Erfahrungswerte gebe es leider nicht. Aber ja, doch, es eile …

Absurd? Für damalige Verhältnisse ja, aus heutiger Sicht muss man konstatieren: Das ist die Realität. Inzwischen steht eine ganze Reihe neuer Endgeräte zur Verfügung, die alle in der Lage sind, auf einem vor wenigen Jahren noch nicht für möglich gehaltenen Level Medien wiederzugeben. Es gibt sogar, realistisch betrachtet, mehr Endgeräte als es Inhalte gibt und statistisch gesehen sogar mehr Endgeräte als User. Zumindest bei den Handys; dort geht man statistisch in Deutschland davon aus, dass auf 100 Erwachsene 120 Handys kommen. Nochmals zur Verdeutlichung: Das ist in etwa so, als hätte man den Fernsehmachern der 1950er Jahre gesagt, sie stünden insofern etwas unter Druck mit der Programmentwicklung, als dass es da draußen in Deutschland bereits in jedem Haushalt einen funktionierenden Fernseher gäbe, nur leider noch kein einziges richtiges Programm, lediglich ein paar Fragmente.

Das Handy spielt dabei erwartungs- und naturgemäß die größte Rolle (siehe auch Kapitel »Mobile Medien«). Tatsächlich ist das Thema Telefonie für diese kleinen Alleskönner nur noch eine eher untergeordnete Sache, tatsächlich sind zumindest die besseren Geräte unter ihnen voll funktionsfähige Mini-Computer. Klar nerven kleine und kleinste Tastaturen, und wenn es keine klassischen QWERTZ-Tastaturen sind, ist es zudem noch extrem umständlich, etwas einzutippen. Doch so ist das nun einmal mit der Mediennutzung: alles zu seiner Zeit an seinem Ort. Man wird also vermutlich nicht gerade eine lange Mail mit kompliziertem Text in ein Handy hämmern, sehr wohl aber wird man eine wichtige Sache, die schnell beantwortet werden muss, mal eben von unterwegs aus erledigen. Vermutlich irrelevant ist es auch, sich eine 90-minütige Dokumentation über die spektakulären Schönheiten des Grand Canyon am Handy anzusehen. Erstens wird man unterwegs kaum die Zeit haben, sich 90 Minuten am Stück anzusehen. Zweitens dürfte es auch für sehr gute Augen ziemlich anstrengend sein, 90 Minuten in ein zentimetergroßes Display zu schauen. Und schließlich, für alle diejenigen, die 90 Minuten Zeit und sehr gute Augen haben: Die Bilder, die man vermutlich für eine Dokumentation über Naturschönheiten verwenden wird, wirken auf einem kleinen Bildschirm nur sehr eingeschränkt. Das ist keine wirklich neue Erkenntnis und daran wird sich über kurz oder lang auch nichts ändern. Allerdings: Inzwischen sind nahezu alle Endgeräte vom Handy über den stationären PC bis hin zum Laptop nicht mehr einfach nur ein adäquater Ersatz für Fernseher, Radio oder Zeitung: Sie sind vollwertige Geräte geworden, jedes an seiner Stelle, zu seiner Zeit, an seinem Platz. Aber das Argument, Medien richtig nutzen könne man quasi nur daheim und das am allerbesten noch im Wohnzimmer (das gab es wirklich) ist ziemlich hinfällig geworden. Die entsprechende Konfiguration vorausgesetzt, spielt es keine Rolle mehr, ob die 20-Uhr-Nachrichten am Fernseher, am Laptop oder eventuell sogar dann doch auf einem mobilen Endgerät genutzt werden.

Auffällig ist die Entwicklung der Endgeräte in den vergangenen Jahren vor allem aus zweierlei Aspekten. Größe und Leistungsfähigkeit haben exorbitant zugenommen, unterm Strich bedeutet dies ein erhebliches Mehr an Mobilität. Nicht nur, dass Handys zunehmend mobile Kleinstcomputer werden, auch die Computer selbst, insbesondere Laptops, befreien sich aus dem Arbeitsplatz-Korsett. Natürlich waren Laptops schon immer mobil und sie haben in den vergangenen Jahren auch zunehmend an Gewicht und Umfang verloren, während sich ihre Leistungsfähigkeit immer weiter steigerte. Trotzdem: Wenn es nicht gerade zwingend erforderlich war, ließ man den Laptop lieber daheim. Doch spätestens mit der Entwicklung von Geräten wie dem »Eeh-Pee-Cee« und seinen entsprechenden Nachahmern hat das Thema Mobilität noch mal eine völlig neue Dimension erreicht. Diese Geräte der neuen Mini-Laptop-Generation wiegen nicht einmal mehr ein Kilo, lassen sich bequem auch in (zugegeben: etwas geräumigeren) Damen-Handtaschen verstauen und sind dennoch vollwertige Rechner.

Wie man das macht? Indem man etwas tut, was in einem Zeitalter des wachsenden Bedarfs nach mobilen Medien und Geräten eigentlich schon lange auf der Hand lag: Man verzichtet auf all die Dinge, die man für gewöhnlich nicht benötigt, wenn man unterwegs ist. Banal gefragt: Wer benötigt unterwegs eine 120-Gigabyte-Festplatte, wer benötigt hochwertige Grafiken, 15-Zoll-Bildschirme, optische Laufwerke? Wenn man stattdessen einen »Laptop light« mitnehmen kann, der gerade mal einen Bildschirm mit wenigen Zentimetern Diagonale, eine kleine Tastatur und einen vergleichsweise bescheidenen Speicherplatz von vier Gigabyte hat – reicht das für diese mobilen Bedürfnisse nicht völlig aus? Das tut es – weswegen Experten dem geschrumpften Laptop eine überaus erfolgreiche Zukunft und eine dementsprechend weite Verbreitung prognostizieren. Noch dazu, wo sich diese Mini-Laptops auch preislich weit entfernen von dem, was ein Laptop früher mal gekostet hat; vermutlich wird das durchschnittliche Preisniveau in etwa auf dem Level eines etwas besseren iPod liegen – und damit massenkompatibel sein.

Das gerne verwendete Gegenargument, was der Mensch denn bitteschön mit einer Vielzahl von Computern, Handys und Laptops anfangen soll, lässt sich schnell entkräften: Jedes Gerät bekommt seine eigene Nutzungssituation zugewiesen. Es geht also, wie überhaupt generell in der Entwicklung von Medien der Zukunft, nicht so sehr um eine Entweder-oder-Option. Gefragt ist vielmehr ein Sowohl-als-auch. Es ist also keinerlei Widerspruch in sich, wenn man einen hoch leistungsfähigen PC oder Laptop besitzt und man dennoch einen Kleinst-Laptop für unterwegs verwendet. Man muss halt wissen, was man damit machen kann oder, noch wichtiger, was eben nicht …

Eines jedoch haben unsere Endgeräte der (nahen und sehr nahen) Zukunft jedoch gemeinsam: Sie sind alle total digital, die Beschränkungen und Begrenzungen einzelner Mediengattungen spielt keinerlei Rolle. Jedes kann mehr oder weniger alles, der Unterschied in den Medienformen, die wir zu produzieren haben, liegen also nicht mehr in unseren konventionellen Unterscheidungen Print, Radio, Fernsehen (vulgo: lesen, hören, sehen). Lesen, hören, sehen (lassen) können die Endgeräte des digitalen Zeitalters im Regelfall alle. Der Paradigmenwechsel im crossmedialen Journalismus besteht also in erster Linie darin, diesen neuen Möglichkeiten gerecht zu werden und sich letztendlich von dem bisherigen, sehr eindimensionalen Denken zu verabschieden.

Weil wir gerade bei den Paradigmenwechseln sind: Die beschriebene Total-Digitalisierung der Geräte führt auch dazu, dass wir Crossmedia 2.0 sozusagen anders begreifen müssen als nur das richtige, vernetzte und sinnige Verteilen von verschiedenen Inhalten auf verschiedene Trägermedien. Das ist der eine Aspekt. Der andere wird sein, verschiedene Darstellungsformen für *ein* digitales Endgerät zu entwickeln. Eine ganz beträchtliche Herausforderung, schließlich stehen wir bei diesem Thema noch viel mehr am Anfang als bei unserem bisherigen Crossmedia-Verständnis.

Was man mit diesem einem digitalen Alleskönner ganz sicher machen kann: sich informieren, kommunizieren– wie Medien im klassischen Sinne. Es spielt übrigens dabei keine wirklich entscheidende Rolle, wie wir diesen Alleskönner nennen werden. Bestes Beispiel ist Apple: Das iPhone ist ein Stück weit auch ein iPod, und wenn man wollte, könnte man aus dem iPod auch ein iPhone machen. Muss man aber nicht, reicht ja schließlich, dass beide Geräte online-fähig sind, selbstverständlich ein Radio sein können und schließlich wiederum auch dazu in der Lage sind, Medien selbst zu erstellen. Wo alles in jede Richtung durchlässig ist, wo soll man da noch Grenzen einziehen. Und, möglicherweise noch wichtiger: warum?

Man kann sich aber auch ausmalen, was letztendlich auf uns Journalisten zukommt (im positiven Sinne gemeint: als Chance und Herausforderung), wenn die Medienmenschen der Zukunft unsere Inhalte immer und überall, zu jeder Zeit, zu jeder Stelle nutzen können. Die eigentliche Herausforderung für uns wird es also sein, für diese Vielzahl von neuen Medien, neuen Geräten und neuen Nutzungssituationen die entsprechenden Inhalte zu finden bzw. zu erstellen. Wer diese Aufgabe als Herausforderung begreift, wer es versteht, konzeptionell und vernetzt zu denken, der hat alle Chancen auf eine in jeder Hinsicht lukrative Zukunft im Journalistenberuf.

9 Der gute Ton – Sprechen für Audio und Video

Gerade für Journalisten, die sich bisher weitgehend in der Printwelt bewegen, stellt sich in der neuen digitalen Welt eine Hürde auf, mit der sie sich womöglich in ihrem bisherigen Berufsleben noch nie beschäftigt haben: Plötzlich sollen sie nicht nur schreiben, sondern auch sprechen. Das klingt erst einmal denkbar simpel. Sprechen? Kann doch jeder – schon allein deswegen, weil es jeder jeden Tag tut. Was also bitte sehr soll schwierig daran sein zu sprechen?

Auf diese Frage gibt es eine ganze Reihe von Antworten. Eine davon ist gegeben, wenn man sich mal fünf Minuten mit einem Mikrofon hinsetzt, seine eigene Stimme aufnimmt und sich diese Aufnahme dann anhört. Den allermeisten wird diese Stimme urplötzlich sehr fremd vorkommen. Und nicht nur das, man empfindet die eigene Stimme sehr häufig auch als unangenehm und unschön, jedenfalls nicht dafür geeignet, sie dauerhaft anderen Menschen zuzumuten. Wenn wir gerade schon dabei sind, die Aufnahme der eigenen Stimme abzuhören: Merken wir nicht auch, wie schwierig es ist, auch nur einen einzigen Satz wirklich fehlerfrei zu sprechen? Ohne Haspeln, Räuspern, Husten, geschweige denn falscher Betonung, falsch ausgesprochene Wörter und unzählige »ääähs«? Und schließlich: Lesen Sie sich den letzten Satz einmal laut vor. Sie werden sehr schnell feststellen, dass er sich zwar vielleicht schön liest. Schön sprechen lassen wird er sich aber nicht. Zu lang, zu viele Nebensätze und Einschübe – und kaum über die Runden zu bringen, ohne dass man mindestens einmal Luft holen muss.

Immerhin kann man aus diesen Fehlern schon etwas lernen. Nämlich, wie es nicht funktioniert und welche elementaren Fehler man vermeiden kann, ohne dafür gleich eine komplette Sprecherausbildung oder eine Sprecherziehung absolviert zu haben. Beides würde zwar keineswegs schaden, es widerspricht aber vermutlich der ökonomischen Realität zu glauben, jeder Freiberufler leiste sich eine solche Ausbildung bzw. jeder mehrmedial arbeitende und fest angestellte Redakteur bekomme eine solche Ausbildung von seinem Arbeitgeber finanziert. Wie in einigen anderen Zusammenhängen in diesem Buch bereits angedeutet, ist auch in Sachen »Sprache« wieder einmal entscheidend, was man in diesem Bereich überhaupt machen will.

9.1 Sprich wie du bist – Natürlichkeit vor dem Mikro

Klar ist: Wer multimedial arbeiten will, kommt an diesem Thema nicht vorbei. Wenn man nicht gerade einen Sprecher engagieren will oder zufällig einen an der Hand hat, dann wird man seine Texte für Audio und Video selbst einsprechen müssen. Das ist grundsätzlich gar nicht mal so schwer, wenn man sich erst einmal an seine eigene Stimme gewöhnt hat. Zwei Dinge dazu: Erstens wird eine Stimme selbst durch ein noch so gutes Mikro leicht verändert. Wenn man sich also einbildet, die Stimme klinge verändert, nicht wundern: Sie *hat* sich definitiv durch den Einsatz des Mikrofons verändert. Zweitens: Die Erfahrung zeigt, dass anderen Menschen unsere Stimme ganz normal vorkommt, während wir gerade voll der Unsicherheit sind. Das ist ein bisschen wie bei Fotos. Kaum wird man selbst fotografiert, findet man in neunzig Prozent der Fälle, man sehe irgendwie ganz furchtbar aus auf dem Bild. Letztlich also sind diese Zeilen nichts anderes als ein Plädoyer für ein gesundes Selbstbewusstsein beim Sprechen. Es verändert den Klang, es macht sie hörenswert. Wer sich verzagt hinter das Mikro setzt, darf sich nicht wundern, wenn statt der Gewissheit verkündenden Stimme nur ein klägliches Piepsen dabei herauskommt.

Allerdings – und das ist die Krux dabei: Jede Form der Schauspielerei ist einer Stimme ebenfalls anzuhören. Selbstbewusstsein also in allen Ehren, indes ist eines noch wichtiger: Man sollte sich selbst treu bleiben, einfach man selbst sein. Der eher introvertierte Mensch, der plötzlich dem zwanghaft fröhlichen Lautsprecher aus dem Formatradio Konkurrenz machen will, wird ebenso scheitern wie der fröhliche Satiriker, der den Intellektuellen geben will. Es empfiehlt sich also, gerade beim Thema Sprechen zu akzeptieren, dass man so ist, wie man ist. Dazu gehören bestimmte Eigenheiten und bis zu einem gewissen Grad auch noch liebenswerte kleine Marotten.

Das wiederum bedeutet nicht, dass man nun ins Mikro schnabeln kann, wie es einem gefällt. Ein paar Grundregeln gelten – sogar dann, wenn man keine Sprecherziehung genossen hat. Die erste davon: Wenn Sie nicht gerade beim Bayerischen Rundfunk Karriere machen wollen, wo eine gewisse süddeutsche Sprachfärbung nicht nur geduldet, sondern ausdrücklich erwünscht ist, dann ist Hochdeutsch Pflicht. Das gilt übrigens nicht nur für Journalisten aus Regionen mit sehr stark ausgeprägten und für andere kaum verständlichen Dialekten, sondern auch für diejenigen, die nicht richtiggehenden Dialekt, aber zumindest mit der Einfärbung eines Akzents sprechen. Im Sauerland also mag man es als einen Ausdruck von besonderer Bodenständigkeit empfinden, aus »jetzt« ein »gezz« zu machen. In allen anderen Teilen der Republik klingt indessen »gezz« ein bisschen nach Sprachfehler und ist auch durch eine bestimmte Toleranzgrenze der Liebenswürdigkeit nicht mehr gedeckt. Nichts ist einzuwenden gegen eine leichte Einfärbung; es stört niemanden, wenn man dem Bayern anhört, dass er aus Bayern kommt. Die Grenzen sind allerdings dort erreicht, wo aus der Einfärbung Dialekt wird. Dialekt ist tabu, sofern sie nicht gerade bei einem kleinen Stadtsender arbeiten.

Die Kunst des Sprechens hat auch damit etwas zu tun, dass die Sprache zwar klar, sauber, verständlich klingen soll, gleichzeitig aber möglichst natürlich und nicht gestelzt.

9.2 Lockern, ölen, entspannen – so hört es sich gut an

Wie aber soll das gehen, natürlich und in Perfektion sauber zu klingen? Dafür hat jeder seine eigenen Tricks, zwei davon seien hier genannt (mit der Anmerkung, dass sie meine persönlichen Hilfsmittel sind und es somit keineswegs garantiert ist, dass sie bei jedem funktionieren). Trick 1: Die Stimme lockern und ölen; vor der Aufnahme einfach ein bisschen rumspielen, sprechen, singen, was auch immer, jedenfalls sollte die Stimme »Betriebstemperatur« haben, bevor man eine Aufnahme beginnt. Wichtig auch: Flüssigkeit, am besten Wasser. Mit trockener Kehle spricht es sich meistens schlecht. Trick 2: Eine entspannte Haltung einnehmen, das Mikro wegdenken, keinerlei Verkrampfungen aufkommen lassen; gleichzeitig im Hinterkopf behalten, dass man gerade im digitalen Zeitalter keineswegs den ersten oder zweiten Take schon perfekt hinbekommen muss. Schnitte sind schnell gesetzt, eine Spur noch mal neu aufzunehmen ist mit einem digitalen Schnittprogramm gar kein Problem – also: Nichts ist für die Ewigkeit. Es sorgt jedenfalls für deutlich entspannteres Arbeiten und Sprechen, wenn man sich darüber im Klaren ist, dass man ein Husten, einen falsch betonten Satz oder ein unkorrekt ausgesprochenes Fremdwort mit einem sehr bescheidenen Aufwand wieder korrigieren kann.

Wichtig auch: Suchen Sie sich eine Position bzw. Haltung, die für Sie selbst möglichst entspannend ist. Wie das aussehen kann und wie dies im Einzelnen umgesetzt wird, muss jeder für sich selbst entscheiden. In vielen Radio- und TV-Studios ist man im Laufe der Jahre dazu übergegangen, dass die Moderatoren ihren Job im Stehen erledigen sollen. Unter anderem deswegen, weil dies angeblich eine natürlichere Haltung und somit auch eine »echtere« Stimme begünstigt. Aber das sollte man nicht zum Dogma machen. Man muss sich wohlfühlen, um gut zu klingen. Und wie und wann und wo man sich wohlfühlt, das ist von Fall zu Fall sehr unterschiedlich.

Ebenfalls vor Augen halte man sich die Crossmedia-Regel, die sich durch dieses Buch zieht: Man kann entweder ein guter Generalist oder ein Spezialist sein. Von einem Generalisten kann und darf man in keiner Disziplin Expertenwissen und -können verlangen. Soll heißen, dass man die Anforderungen an einen professionellen Sprecher und an jemanden, der ab und an einen Dreiminüter fürs Web bespricht, nicht miteinander vergleichen kann. Von einem Sprecher bei einem öffentlich-rechtlichen Sender beispielsweise wird neben Fremdsprachenkenntnissen und einer sehr guten Allgemeinbildung auch erwartet, dass er eine mehrjährige und abgeschlossene Sprecherziehung hinter sich hat. Das ist bei einer crossmedialen Tätigkeit nicht erforderlich.

Frei sprechen oder ablesen? Diese Frage stellt sich vor allem für diejenigen sehr häufig, die bisher keine Erfahrungen im Sprechen von Texten haben. Auch dafür gibt es keine eherne Regel, sondern nur den Hinweis auf den potenziellen Unterschied zwischen beidem: Abgelesene Texte klingen häufig sehr steril und steif, sie nehmen beinahe zwangsweise einen sehr verkündenden Tonfall an. Den allermeisten Sprechern merkt man an, ob sie sich an ein gelesenes Manuskript klammern oder ob sie wenigstens halbwegs frei und improvisiert ans Werk gehen. Indes, Letzteres erfordert schon ein enorm hohes Maß an Selbstbewusstsein und Sprechsicherheit; letztendlich auch an Erfahrung und Routine. Jemand, der Sprechen in ein Mikrofon nicht gewohnt ist, dürfte ohne Manuskript überfordert sein. Um allerdings keine Missverständnisse aufkommen zu lassen: Ganz ohne Manuskript wird es in den seltensten Fällen gehen, auch Audio-Beiträge benötigen ein Storyboard mit Texten und inhaltlichen Bausteinen. Die Frage ist lediglich, wie sehr man an einem Manuskript klebt. Auch hier der Verweis auf eigene Erfahrungen und Vorgehensweisen: Ich schreibe mir – natürlich – meinen Text erst einmal auf, lese ihn mir vor, bügle dann Holprigkeiten aus, lasse ihn als ausgedruckte Eselsbrücke vor mir liegen, versuche aber danach dennoch, ihn frei zu sprechen. Ein paar Improvisationen drin? Nicht schlimm, solange es nicht holpert und fehlerhaft klingt. Lieber so als abgelesen. Denn nichts verändert die persönliche und individuelle Note eines sprechenden Menschen so sehr wie ein Blatt Papier, an dem seine Augen gebannt hängen.

Weitverbreitetes Missverständnis: zu glauben, man könne sich Natürlichkeit und Spontaneität quasi ins Manuskript schreiben, um dann Sätze vorzulesen, die zwar vorgetextet sind, aber so klingen sollen, als entsprächen sie der freien Rede. In einem überwältigend großen Teil der Fälle geht das schief. Man muss sich also entscheiden: entweder authentisch beinahe frei gesprochen und das Risiko eingehen, dass manchmal Dinge nicht ganz perfekt sind. Oder ablesen. Dann aber mit allen Konsequenzen, sogar der, dass man etwas staatstragend wirkt.

9.3 Sprechen nach Thema und Tempo

Natürlich kommt es auch immer darauf an, welches Thema man gerade betextet. Einen nachrichtlichen Text oder einen, der gerade ein Wissenschaftsthema erklärt, muss immer seriös, gesetzt klingen. Hier darf man ruhig »verkünden«, der Ernsthaftigkeit einer Geschichte tut dies nur gut. Bei einem bunten, unterhaltsamen Thema wird sich niemand daran stören, wenn der Sprecher ebenfalls einen lockeren Ton anschlägt. Vorsicht aber bei Letzterem, wenn man Ironie und Satire rüberbringen will. Das sind Dinge, bei denen schon beim Schreiben höchste Vorsicht geboten ist. Die kleinen, aber feinen Zwischentöne zu vermitteln, das ist beim Sprechen noch heikler als beim Schreiben. Kurz gesagt also: Wenn man – wie das bei Generalisten meistens der Fall ist – das Sprechen nur als einen Teilbereich seines Berufs ausübt, sollte man sich an richtig komplexe Dinge nur dann heranwagen, wenn man sich seiner Sache sehr sicher ist, respektive sie mühelos beherrscht. Dreiminüter-Podcasts also ja – 15-Minuten-Features (ohne sehr viel Übung) eher nein.

Soweit die grundsätzlichen Erwägungen zum Thema Sprechen – die für Audio-Files auch ohne Einschränkung anwendbar sind. Erheblich komplizierter wird die ganze Sache aber, wenn wir vom Betexten von bewegten Bildern reden. Hier ändern und verschärfen sich die Anforderungen an einen Texter ganz erheblich. Wer selbst schon einmal sowohl einen Radiobeitrag als auch einen TV-Beitrag gemacht und selbst betextet hat, weiß, wie groß der Unterschied zwischen diesen beiden Medien ist. Auch hierfür gibt es eine ganze Reihe von Gründen (was die Angelegenheit natürlich nicht einfacher macht). Generell gilt zunächst einmal, dass die Sprechgeschwindigkeit bei Videobeiträgen langsamer sein muss als beim reinen Audio. Was auch nachvollziehbar ist. Bei einem Audio hat der Konsument nur eines, auf das er sich konzentrieren muss, nämlich den Ton. Beim Video kommen Bild und Ton zusammen, beides erfordert Aufmerksamkeit, beides kann und muss für sich wirken können. Halten Sie sich umgekehrt bitte zum leichteren Verständnis vor Augen: Bei einem Audio wirkt schon eine Pause von wenigen Sekunden irritierend, instinktiv denkt der Hörer, irgendetwas sei schiefgegangen. Bei einem Videobeitrag sind auch längere Sprechpausen kein Problem, sofern man gutes Bildmaterial hat, das für sich wirken kann.

Erschwerend kommt hinzu, dass der Sprecher von Videobeiträgen in der Wahl seiner Stimmung viel stärker gebunden ist als der Sprecher des Audios. Während man beispielsweise bei Audios sich generell überlegen kann, ob man einen eher ernsten, einen fröhlichen oder auch einen ironischen Tonfall wählt, gibt bei einem Videobeitrag das zu betextende Bild den Ton bereits vor. Ernste Bilder mit einer entsprechend ernsten Aussage sind nur schwerlich mit einem spöttischen oder ironischen Tonfall zu sprechen. Insofern muss man sich, wenn man einen Videobeitrag plant, schon vor dem Texten darüber im Klaren sein, welche Bilder man verwenden wird. Eine Text-Bild-Schere kann nämlich nicht nur wegen falscher Inhalte entstehen, sondern auch dann, wenn die Stimme und der Tonfall nicht zu den Bildern passen.

Und ansonsten gilt für alle Formen des Sprechens das, was für viele andere Bereiche auch gilt: Ohne stete Übung verlernt man die Dinge ganz schnell wieder. Ausprobieren, wiederholen, perfektionieren – und danach immer und immer wieder üben.

10 Web 2.0 – schöne neue Welt oder Hype?

Redet man über die Entwicklungen des sogenannten Web 2.0, dann gehen die Meinungen zumeist weit auseinander, sehr weit sogar. Kurz zusammengefasst: Die positive Sichtweise beinhaltet, dass Web 2.0 nichts Geringeres sei als eine vollständige Medienrevolution. Partizipation ist das Zauberwort, alle können teilhaben an einer basisdemokratischen Entwicklung, Produktion und Verwaltung von (neuen) Medien. Nicht mehr einige wenige Journalisten sind die »Gatekeeper« der Informationen, sondern alle tragen dazu bei, Information und Wissen gleichermaßen zu überprüfen und zirkulieren zu lassen. Projekte wie beispielsweise Wikipedia sind ein Beleg dafür, dass kollektive Intelligenz, die Intelligenz der Masse, der bisherigen Generierung von Wissen und Information nicht unterlegen ist. Zudem belegen sie, dass es in einer funktionierenden Community ein gemeinsames und gleichermaßen großes Interesse gibt, dass ihre Inhalte nicht in irgendeiner Weise negativ beeinflusst werden. Wer pfuschen will, fliegt raus. So einfach ist das.

Die andere Sichtweise – und die hört man ebenso häufig – ist genau entgegengesetzt. Demnach handelt es sich bei den Web-2.0-Inhalten um eine Ansammlung mehr oder minder laienhafter und häufig unrichtiger Inhalte. Journalisten sind demnach nicht nur unersetzlich, sondern notwendiger denn je. Will man sich wirklich verlassen auf ein Nachrichtenportal, bei dem die Nachrichten nicht von ausgebildeten Journalisten und aus geprüften Quellen stammen? Kann ein Hobbyknipser jemals einen ausgebildeten Fotografen ersetzen, produziert ein Laienfilmer tatsächlich ähnlich gutes Material wie ein ausgebildeter Kameramann? Und schließlich: Ist ernst zu nehmender Journalismus nicht etwas, was man nicht einfach Hobbyreportern überlassen sollte?

Man kann zu diesen Themen natürlich stehen wie man will, eines aber ist sicher: Web 2.0 wird nicht einfach wieder verschwinden, die einmal geöffneten Dämme schließen sich nicht von selbst wieder. In Communitys wie »Flickr« oder »YouTube« sind inzwischen zig Millionen Fotos und Videos zu sehen. Und wenn man ehrlich ist: Natürlich gibt es dort allerhand Kurioses und Unsinniges zu sehen, aber man findet eben auch grandiose Fotos und großartiges Videomaterial. Man wäre also ziemlich schlecht beraten als Journalist, sich mit diesen Themen und

Phänomen nicht wenigstens zu beschäftigen. Vor allem dann, wenn man strategisch arbeiten will bzw. muss. »YouTube« oder andere Videoportale beispielsweise sollte man dringend auch als einen zusätzlichen Vertriebskanal in Erwägung ziehen, wenn man die Devise der Neuen Medien berücksichtigen will, dass man die User dort abholen sollte, wo sie gerade sind. Dieser Gedanke erzwingt geradezu eine Mehrkanal-Strategie. Und wenn man die Sache mit den mehreren Kanälen wirklich ernst nimmt, kommt man an den großen Communitys, insbesondere an den Videoplattformen, so gut wie nicht mehr vorbei. Web 2.0 heißt also aus Sicht von Journalisten nicht nur, sich damit abzufinden, dass auch andere Inhalte produzieren, von denen wir bisher dachten, sie seien unser Vorrecht. Vielmehr heißt das, dass wir unsere Nutzer inzwischen auf einer Vielzahl von Kanälen ansprechen sollten; sogar auf solchen, die uns nicht – im bisherigen Verständnis gesprochen – »gehören«.

Diese These mag denen widersprechen, die aus Sicht von Medienunternehmen bisher viel unternommen haben, um genau das zu verhindern: nämlich dass eigene Inhalte auf fremden Plattformen auftauchen. Tatsächlich haben die bisherigen Erfahrungen diverser Branchen mit der Digitalisierung und den Neuen Medien eindrucksvoll gezeigt, dass dieser Kampf ein ziemlich aussichtsloser ist. Die Tatsache, dass die Reproduktion und Publikation von digitalen Medien so denkbar einfach ist, macht es umgekehrt so furchtbar schwer, mit den bisher bekannten Mitteln der Restriktion die Weiterverbreitung zu verhindern. Ein wenig erinnern die Kämpfe von Medienunternehmen gegen die digitale Basis an das Spiel von Hase und Igel. Anstatt die potenziellen Nutzer mit strafrechtlichen Maßnahmen zu belangen, könnte es also vernünftiger sein, sich mit ihnen zu arrangieren und ihnen in einem definierten Rahmen das zu geben, was sie möchten. Ist es für uns als Journalisten wirklich ausschlaggebend, ob ein User unsere Medien auf einer bestimmten, am besten noch unserer eigenen Plattformen konsumiert? Oder sind nicht vielmehr die Reichweite und die Tatsache, dass unsere Medien überhaupt konsumiert werden, das entscheidende Kriterium? Diese Fragen sind noch nicht endgültig beantwortet und vermutlich wird es in den kommenden Jahren noch viele Antworten auf sie geben. Nur: Ignoranz ist die schlechteste aller Möglichkeiten. Gehen wir also ruhig davon aus, dass es überhaupt kein Fehler ist, wenn man einen Inhalt für mehrere technische Plattformen produziert und auch die Distribution über alle möglichen Kanäle laufen lässt, egal, ob dann der eigene Markenname oder beispielsweise »YouTube« darübersteht. Das Argument, Plattformen wie »YouTube« verdienten Geld mit den Inhalten und den kreativen Leistungen anderer Leute, ist natürlich nicht vollständig von der Hand zu weisen. Auf der anderen Seite bieten solche Communitys für uns Journalisten auch einen echten Gegenwert: eine riesige Reichweite und Kontakt zu Zielgruppen, dir wir allein mit unseren Mitteln vielleicht gar nicht erreicht hätten.

10.1 Blogs – Kinderkram oder neues journalistisches Stilmittel?

»Jetzt müssen wir auch noch bloggen«. »Es gibt in Deutschland doch mehr Blogger als Leser.« Zwei (Vor-)Urteile, die man in Medien-Deutschland immer wieder zu hören bekommt, geht es um ein Thema, das insbesondere bei Journalisten echte Reflexe auszulösen scheint. Und die sind nicht immer die angenehmsten. Häufig wird versucht, Blogs entweder die inhaltliche Relevanz abzusprechen oder sie als ein vorübergehendes Phänomen abzutun. Tatsächlich gilt auch für Blogs (der Begriff ist übrigens eine Verkürzung von Web-Logs, Web-Tagebücher also), dass ihre Entwicklung zwei Seiten hat. Die eine Seite ist die rein mit Zahlen zu belegende: In Deutschland existieren schätzungsweise weit über 100.000 registrierte Blogs, eine genauere seriöse Angabe ist angesichts der enorm hohen Fluktuation und der rasend schnell kommenden und gehenden Blogs kaum möglich. Auf der anderen Seite muss man aber auch ganz nüchtern festhalten, dass es dem allergrößten Teil dieser Blogs in Deutschland an Relevanz für mehr als fünfzig Leute fehlt. Ein beträchtlicher Teil von Blogs wird nur sehr unregelmäßig gepflegt und auch die durchschnittliche »Lebensdauer« eines Blogs zeigt, dass es sich dabei um ein Phänomen handelt, das viele Menschen kurzzeitig fasziniert. Was nachvollziehbar ist, schließlich kann man mit nur wenigen Mausklicks und ohne Kosten selbst zum Blogger und Klein-Publizisten werden. Nachvollziehbar dürfte aber auch sein, warum viele Leute, die euphorisiert ein Blog eröffnet haben, bald wieder den virtuellen Bleistift aus der Hand legen: Ein gutes, lesenswertes und aktuelles Blog ist letztendlich neben allem Vergnügen ganz besonders auch harte Arbeit, die eine Menge Disziplin erfordert.

Greift dann also doch das (Vor-)Urteil, es gebe bald mehr Blogger als Leser? Das ist natürlich Unsinn, vor allem auch deswegen, weil dieser Satz impliziert, Blogs seien belangloser Zeitvertreib gelangweilter Hobby-Autoren. Das kann, muss aber keineswegs der Fall sein. Auf der anderen Seite gibt es aber eine beträchtliche Zahl von Bloggern, die das Gegenteil bewiesen haben (und es immer noch tun). Was sie schreiben, wird bei den Populärsten von ihnen am Tag von mehreren tausend Menschen gelesen und inhaltlicher Einfluss bzw. inhaltliche Relevanz ist ihnen auch nicht abzusprechen. Falls jetzt allerdings der Wunsch nach Namen auftaucht: So tickt die Bloggosphäre nicht. Namen, die jetzt hier stehen könnten, sind vielleicht bei Drucklegung des Buches aus der Szene schon wieder verschwunden. Bloggen ist nicht zwingend nach konventionellen Medienregeln zu verstehen – und nachdem die allermeisten aus reinem Spaß an der Freud und nicht zum Geld verdienen bloggen, darf man ihnen auch nicht böse sein, wenn sie ihr Hobby irgendwann wieder aufgeben. Zudem ist Bloggen eine subjektive Veranstaltung, weswegen die Empfindungen, welches Blog gut und welches weniger gut ist, zwangsweise sehr persönlich sein müssen und sich eine Empfehlung insofern von selbst verbietet. Nur so viel als Ratschlag: Blogs muss man sich erlesen und für sich selbst entdecken.

Wie dem auch sei, nicht wenige Journalisten stöhnen inzwischen unter den Aufforderungen ihrer Verleger oder Chefredakteure, doch mal selbst ein Blog zu machen. Weswegen in den letzten Jahren eine Unzahl von Blogs entstanden ist, die direkt an große Medienmarken angedockt sind. Fast niemand, der sich nicht einmal auch als Blogger versucht hätte, von der »Freundin« über die »Süddeutsche Zeitung« bis hin zu N24. Ihnen allen ist eines gemeinsam: der Misserfolg. Es waren nicht allzu viele, die die SZ und andere bloggen sehen wollten. Die Gründe dafür sind ebenso zahlreich wie vielfältig, unterm Strich kam jedenfalls heraus, dass die meisten der ambitionierten Blogprojekte mehr oder weniger schnell wieder eingestellt wurden. Natürlich gab und gibt es Gegenbeispiele, aber es wäre ziemlich vermessen, behauptete man, Journalisten und Blogs seien eine Erfolgsgeschichte.

Das muss man nicht weiter tragisch finden, schließlich gilt beim Thema Blogs nur eine Grundregel: Niemand muss bloggen. Bloggen ist Spaß, bloggen ist Kreativität. Wenn Bloggen ein dienstlich verordneter Zwang wird oder aus irgendwelchen strategischen Gedanken heraus betrieben wird, ist die Wahrscheinlichkeit eines Flops enorm groß. Zumal dann, wenn Journalisten anfangen, Blogs mit Kolumnen oder Kommentaren zu verwechseln. Merksatz also: Blogs sind eine völlig eigenständige Erzählform, in der nur um eines geht – nämlich gute Geschichten zu erzählen. Wie man dies im Einzelnen bewerkstelligt, bleibt jedem selbst überlassen. Das macht die Sache so reizvoll, so spannend und so schwierig zugleich. Insofern muss in diesem Kapitel auf konkrete Ratschläge zur inhaltlichen Gestaltung von Blogs weitgehend verzichtet werden, Grundregeln wie beispielsweise beim Nachrichtenschreiben gibt es nicht. Ganz einfach gesagt könnte man es so formulieren: Ein gutes, interessantes Blog wird seine Leser finden – und ein begabter Schreiber, ein guter Geschichtenerzähler seine richtige Tonart und seine richtigen Themen.

Was beim Thema Blogs und kreative Freiheit dazukommt: Was genau unter einem Blog zu verstehen ist, ist hochgradig umstritten. Oder besser gesagt: Es gibt auf die Frage »Was ist ein Blog?« sehr unterschiedliche Antworten. Eine Studie der Uni Leipzig aus dem Jahr 2007 belegt dies sehr schön: Von der inzwischen klassischen Antwort »Tagebuch« bis hin zu »tolles Publishing-Tool« fand sich im Sortiment der Definitionen zum Thema nahezu alles. Tatsächlich ist es ziemlich sinnlos, unbedingt die eine, spezielle, alles umfassende Definition für Blogs finden zu wollen. Das hat mehrere Gründe. Grund eins: Zwar ist das Wort »Blog« eine verkürzte Zusammenfassung von »Web-Log« und in der wortgetreuen Übersetzung ein Tagebuch, das im Internet veröffentlicht wird. Dass Blogs zumindest in ihrer Ursprungsform nahe an Tagebücher angelehnt waren, zeigt auch ihre inhaltliche und optische Gestaltung. Der neueste Eintrag steht immer ganz oben, Ältere rutschen automatisch nach unten. Diese chronologische Reihenfolge darf man also ruhig Tagebuch nennen. Aber: Wenn ein paar Millionen Menschen ein solches Blog führen, ist es dann nicht zwangsläufig, dass sich ihre Einträge, ihre Themen und ihre Intentionen ganz erheblich unterscheiden? Selbstverständlich haben unzählige Blogs den gefürchteten »Cat Content« (damit bezeichnen eingefleischte Blogger spöttisch Geschichten, die Hausfrauen über ihre Katzen veröffentlichen), aber es gibt eben auch ganz anderes. Da ist der Blogger »Don Alphonso«, dessen »Tagebuch« eher einem Projekt mit literarischem Anspruch folgt. Und da ist auf der anderen Seite der Medien-Journalisten Stefan Niggemeier, der mit seinem eigenen Blog und dem Gemeinschaftsprojekt »Bildblog« im Grunde genommen eine völlig neue Form von Medien-Journalismus kreiert hat: unmittelbar, täglich, authentisch. Beide Projekte Niggemeiers wurden mit dem Grimme-Online-Award ausgezeichnet, beide Projekte sind hochgradig journalistisch orientiert. Bevor man sich also leichthin aufmacht und Blogs in Bausch und Bogen verdammt, sollte man sich neben den »Cat Contents« eben auch die Blogger anschauen, die tatsächlich etwas zu sagen haben. Und das sind mehr, als man auf den ersten und zweiten Blick meinen könnte.

Grund zwei: So wie sich beispielsweise die ursprünglich nur für Blogger konzipierte Software »Wordpress« im Laufe der Jahre zu einem System entwickelt hat, mit dem man lupenreines Content-Management betreiben kann, so ist das, was in vielen Blogs inzwischen passiert, in seiner heutigen Form streng genommen kein »Bloggen« mehr. Die Debatte darüber, was nun noch als Bloggen gilt und was nicht, mag mühsam, akademisch und möglicherweise auch irrelevant sein. Unter dem Strich aber bleibt eine interessante Erkenntnis: Bloggen und Blogs, das ist so vielfältig, wie es auch Journalismus sein kann, wie es letztendlich jede Form der Kreativität sein sollte. Der Streit darüber beispielsweise, ob man das »Bildblog« überhaupt

Blog nennen darf, weil es nämlich auf einen ganz essenziellen Bestandteil von Blogs (nämlich: Kommentare) verzichtet, dauert nun schon so lange, wie es »Bildblog« gibt. Doch ist das wirklich entscheidend? Entscheidend dürfte vielmehr sein, dass eine völlig neue Form des Publizierens seinen Durchbruch geschafft hat. Einigen wir uns also erst einmal darauf, dass Bloggen die Möglichkeit bietet, sehr schnell, sehr authentisch, sehr unmittelbar zu publizieren und dass durch die häufig kostenlose, sehr einfach zu bedienende und webbasierte Software die Unterschiede zwischen Journalisten und Nicht-Journalisten ziemlich rasant verschwinden.

Wenn man sich aus welchen Gründen auch immer dafür entscheidet, unter die Blogger zu gehen, muss man sich allerdings über ein paar Dinge im Klaren sein. Beispielsweise darüber, dass über Blogs zwar viel gesprochen wird (vor allem von Bloggern, denen gerne nachgesagt wird, sie seien ungemein selbstreferentiell), das bedeutet aber nicht zwangsweise, dass die Häufigkeit, mit der über Blogs gesprochen wird, auch in Relation steht zu ihrer tatsächlichen Nutzung. Tatsächlich ist es so, dass nicht einmal zehn Prozent der Internetnutzer in Deutschland schon einmal überhaupt mit Blogs in Berührung gekommen sind. Wenn also mit rund neunzig Prozent der ganz überwiegende Teil der deutschen Internetnutzer mit Blogs überhaupt nichts am Hut hat, warum dann diese intensive Debatte über das Thema und die immer wieder auftauchenden Versuche von Medien und Journalisten, die »Bloggosphäre« für sich zu erobern? Die Antwort auf diese Frage ist verhältnismäßig einfach: Auch wenn Blogs quantitativ in einem möglicherweise zu vernachlässigenden Bereich liegen, so ist ihre Qualität häufig umso höher einzuschätzen. Oftmals finden sich in Blogs – nicht nur bei den Autoren, sondern auch bei den Kommentatoren – meinungsfreudige »investigative Multiplikatoren«, wie es die Autoren der Leipziger Blogstudie nennen. Eine Zielgruppe also, die aus den unterschiedlichsten Gründen heraus sehr interessant sein kann. Sei es, weil man sich als Leser von diesen investigativen Multiplikatoren neue Erkenntnisse, neue Meinungen oder auch einfach mal die Darstellung der »anderen Seite« erhofft. Oder weil man als Leser nicht erst warten will, wenn ein Trend die Masse erreicht. Betrachtet man die Bloggosphäre ganz nüchtern aus der Sicht eines Journalisten als Zielgruppe, dann ist dies ebenfalls interessant. So wie es Magazine im Printbereich gibt, die gerne die »Infoelite« als ihre Zielgruppe nennt, könnte es im Netz spannend sein, sich an jene Menschen zu richten, die man im Marketing-Deutsch gerne »first mover« nennt. Unter hochkarätigen Bloggern, die Cat-Content-Fabrikanten also mal ausgenommen, findet man solche »first mover« sicher in Hülle und Fülle.

Interessant am Rande ist übrigens, dass die meisten Blognutzer sehr wohl zu unterscheiden wissen, ob, wem und warum sie jemandem Glaubwürdigkeit und

Relevanz zubilligen wollen. Laut Leipziger Blogstudie beispielsweise erkennen Blogleser durchaus, ob jemand sozusagen mit einem ideellen, einem journalistischen und ernst zu nehmenden Anspruch bloggt – oder ob es sich einfach nur um einen Versuch handelt, sich den vermeintlichen Hype um ein neues Medium für Werbe- und PR-Zwecke zunutze zu machen. Gerade mal 29,8 Prozent der Befragten sind es demnach, die PR-Blogs bzw. Corporate-Blogs einen Einfluss auf ihre Meinungsbildung zugestehen. Umgekehrt bedeutet diese Zahl also, dass weit über zwei Drittel von Bloglesern PR-Blogs als das erkennen, was sie sind: PR eben. Hingegen gestehen rund 62 bzw. rund 69 Prozent Journalistenblogs und Fachblogs eine hohe Relevanz zu. Interessant am Rande: »Medienblogs« (also professionelle Blogs aus professionellen Redaktionen) werden nur zu rund 56,3 Prozent als wirklich relevant erachtet.

Umgekehrt ist natürlich auch eine denkbar simple Frage erlaubt: Wenn man ohnehin schon ein konventionelles Medium mit allen erdenklichen Darstellungsformen und Inhalten betreibt, warum muss es dann auch noch ein Blog sein? Die Frage lässt sich einfach beantworten. Wer um des Bloggens willen bloggt, denkt verkehrt. Nun könnte man sich natürlich fragen: Warum sollte jemand das tun und nur um der Sache willen bloggen? Warum das so ist, lässt sich nur für den jeweiligen Einzelfall beantworten, allerdings: Wenn man viele Redaktionsblogs liest, dann wird man das Gefühl nicht los, dass es dabei weniger um Überzeugung oder gar Spaß geht, als vielmehr um Pflicht.

Technisch gesehen jedenfalls gibt es beim Bloggen so gut wie keine Beschränkungen mehr. Die meiste Blogsoftware (z. B. wordpress.com, blogger.com, twoday.net) erlaubt inzwischen den weitgehend mühelosen Einbau von multimedialen Elementen, Videos und Audios sind kein Problem mehr. Im Gegenteil, Programme wie Wordpress beispielsweise haben etwas geschafft, woran die Entwickler von »richtigen« Content-Management-Systemen in den Jahren des ersten Multimedia-Booms in Zeiten der New Economy fast verzweifelten: Daten und Medien der unterschiedlichsten Arten über eine Plattform gleichermaßen zu verwalten wie zu publizieren. Insofern haben die technischen Entwicklungen bei Blogs auch die Technik für konventionellen Journalismus erheblich vorangebracht. Und für crossmedial arbeitende Journalisten sind Plattformen wie Wordpress ohnehin das Paradies: Mit ein paar Mausklicks ist es möglich, alle Stilformen, die man im Portfolio hat, zu veröffentlichen. Besondere Programmier- oder Softwarekenntnisse benötigt man dazu definitiv nicht. Und dadurch, dass zumindest die Basisversion beispielsweise bei Wordpress kostenlos ist, steht einem schnellen Selbstversuch nichts entgegen.

Was kann man also daraus lernen? Erstens: Bloggen nur um des Bloggens willen ist unsinnig. Zweitens: Das Publikum beäugt Blogs durchaus kritisch. Drittens: Man erreicht kein Massenpublikum mit Blogs, wohl aber vielleicht genau das Publikum, das man haben will. Insofern: Es lohnt sich, als Journalist oder als Redaktion intensiv über das Thema Blogs nachzudenken; sei es als aktiver Blogger oder als interessierter Leser. Wenn man letztendlich dann aber zu dem Schluss kommt, es beim Lesen zu belassen und auf das aktive Schreiben zu verzichten, dann muss das nicht per se ein Fehler sein. Im Gegenteil.

10.2 Jeder mit jedem – Communitys und Interaktion

Seien wir ehrlich: Früher waren die Zeiten für uns Journalisten einfacher. Unsere Position war weitgehend unumstritten, auf die Idee, uns frontal und direkt anzugehen, kamen nicht allzu viele. Man erwartete von uns, dass wir berichten, reportieren, kommentieren. Dass wir auch kommunizieren sollen mit unseren Lesern oder Zuschauern, das ist neu. Tatsächlich aber wächst zusehends die Erwartungshaltung des Publikums, dass wir nicht einfach nur einmal am Tag auf unsere Kanzel klettern und unsere Predigt verkündigen, sondern dass wir uns danach auch zur Diskussion bereit erklären. Das muss nichts per se Schlechtes sein, im Gegenteil: Es gibt genügend Debatten und Unterhaltungen – auch und vor allem in öffentlichen Foren oder Communitys – nach denen man nicht das Gefühl hat, dümmer als zuvor aus ihnen herausgegangen zu sein. Allerdings ist diese Form der Kommunikation nicht nur abhängig von der technischen Ausstattung, sondern auch davon, welche innere Haltung jemand zu diesem Thema einnimmt. Wer sich nur pflichtschuldigst der Diskussion stellen will, darf sich nicht wundern, wenn die Nutzer auf dieses Angebot dankend verzichten. Im Übrigen sollte man sich nicht entmutigen lassen, wenn gerade am Anfang eines neuen Angebots die Diskussionen zäh vonstattengehen. Über viele Jahre hinweg haben Medien ihren Nutzern klargemacht, dass Konversation eher unerwünscht ist und Diskussionen nur in dem Rahmen stattfinden, die Medienmacher ihnen einräumen. Das waren im Falle der Zeitungen meistens mehr oder minder knappe Leserbriefspalten, Radio und Fernsehen machten zumeist auch nicht sehr viel mehr als ein paar wenige Sendeminuten für Zuschauerbeteiligung frei – wenn überhaupt. Darf man sich dann wundern, wenn das Publikum sich auch erst einmal daran gewöhnen muss, dass Partizipation inzwischen nicht nur geduldet, sondern ausdrücklich erwünscht ist?

Mittel zur Unterhaltung gibt es ausreichend. Foren und Communitys beispielsweise gehören inzwischen auf zahlreichen Internetseiten zum absoluten Standard, wobei es sich grundsätzlich empfiehlt, falls man auf eine Moderation verzichten sollte, zumindest sehr regelmäßig einen gründlichen Blick auf die Inhalte der Diskussionen zu werfen. Das gilt auch für Kommentare in Blogs (sofern man sie zulässt).

Auf die Rechtsprechung jedenfalls sollte man sich nicht zwingend verlassen – denn tatsächlich existieren dort ziemlich unterschiedliche Auffassungen darüber, wer was zu verantworten hat, wenn User ihre Meinung kundtun. Grundsätzlich kann man dazu zwei Sichtweisen haben – problematischerweise nur haben Gerichte in Deutschland auch schon beide Sichtweisen vertreten bzw. in deren Interesse geurteilt. Sichtweise eins lautet: Wer sich öffentlich in einem Forum o. Ä. äußert, trägt allein und ausschließlich die Verantwortung dafür. Zumal es realistisch betrachtet einem Forum- oder Seitenbetreiber nicht zuzumuten ist, rund um die Uhr alle Inhalte darin zu überprüfen. Das aber müsste er de facto, wollte er sicherstellen, dass nie ein bedenklicher Inhalt auf seiner Seite erscheint. Erscheint dort dann trotz sorgfältiger Kontrolle ein zu beanstandender Beitrag, kommt er seinen Verpflichtungen als Seitenbetreiber dadurch nach, dass er den entsprechenden Inhalt sofort editiert, wenn er von ihm Kenntnis erlangt.

Die andere Sichtweise ist dem diametral entgegengesetzt. Sie sieht vor, dass ein Seitenbetreiber jederzeit und in vollem Umfang für das verantwortlich zeichnet, was auf seiner Seite steht. Selbst dann, wenn es sich um einen Fremdbeitrag handelt und selbst dann, wenn der Beitrag unbemerkt und ungewollt auf der Seite eingestellt wurde. Nach dieser Argumentation reicht es auch nicht aus, einen Beitrag nachträglich zu entfernen. Vielmehr muss der Seitenbetreiber dafür Sorge tragen, dass Inhalte, die gegen geltendes Recht verstoßen, erst gar nicht auf der Seite erscheinen. Kritiker dieser Haltung monieren, dass dies letztendlich das Ende jeglicher freien Meinungsäußerung im Netz bedeuten würde. Schließlich müssten demnach alle Foren, Communitys und auch Blogs moderiert und administriert werden, will man als Seitenbetreiber nicht für Dinge haften, die man selbst gar nicht gesagt hat.

Das letzte Wort in dieser Sache ist freilich noch nicht gesprochen. Und vermutlich wird es auch noch einige Zeit dauern, bis die Gerichte in Deutschland zu einer einhelligen Auffassung gekommen sind.

Unbeschadet dessen, zu welcher Rechtsauffassung Juristen kommen, sicher ist, dass wir Journalisten uns öffnen werden müssen. Man erwartet von uns natürlich Information, aber im Anschluss daran eben auch Kommunikation. Sowohl von Journalist/Redaktion und Konsument als auch von Usern unter- und miteinander. Online-Angebote, die keinen sehr ausgeprägten kommunikativen Charakter haben, stehen definitiv vor einer schwierigen Zukunft. Der Wunsch zur Diskussion ist augenscheinlich weit ausgeprägt. Ob man ganz persönlich glaubt, von dieser Form der Kommunikation zu profitieren, sei dahingestellt. Entscheidend ist des Users Wunsch und Wille ...

11 Ausblick – Was kommt?

Wenn man ein paar Jahre im Mediengeschäft verbracht hat, gewöhnt man sich eines schnell ab: jeder Studie, jeder Prognose zu glauben, die einem so auf den Schreibtisch kommt. Hätte man sich an solchen Studien orientiert, würde man vermutlich heute noch glauben, dass DAT-Rekordern und Minidiscs die Zukunft gehört und man würde vermutlich auch Zeit und Geld und Energie in die Fortentwicklung des digitalen Radios stecken. Gleichzeitig wäre die Zahl der privaten Internetnutzer in Deutschland bei rund sechzig Prozent stecken geblieben und außerdem würde Deutschland sich mit einer Handy-Anwendung namens iMode vergnügen (kennt die eigentlich noch jemand?). Das bedeutet, dass alles, was in diesem Kapitel zu lesen steht, unter Vorbehalt zu betrachten ist. Zumal es argumentativ auch eine verzwickte Geschichte ist: Es gibt so gut wie kein Ergebnis einer Studie, das man nicht mit dem genau entgegengesetzten Ergebnis einer anderen Studie kontern könnte. Das beste Beispiel ist die prognostizierte Entwicklung von Handy-TV. Es ist mühelos möglich, anhand von Studien und Untersuchungen eine Argumentationskette zu stricken, aus der sehr stringent folgendes Resultat hervorgeht: Handy-TV ist der Markt der Zukunft. Bis zum Jahr 2012 werden rund 500 Millionen Euro Umsatz in diesem Segment erzielt. Bei den Nutzern, vor allem dem jungen Publikum, besteht ein enorm hohes Interesse an diesem neuen Medium. Auffällig ist vor allem, dass dieses Publikum eine sehr ausgeprägte Bereitschaft hat, für neue Dienste und Inhalte zu bezahlen. Das heißt, dass die Abhängigkeit von Werbefinanzierungen deutlich sinkt und man stattdessen ein sehr solides Geschäftsmodell, basierend auf Abogebühren, entwickeln kann. Es existieren mindestens zwei Studien renommierter Institute, die diesen Schluss ohne Einschränkung zulassen.

Genauso mühelos lässt sich indes eine stringente und vernünftige Argumentationskette zusammenbasteln, die den Beleg dafür erbringt, dass Handy-TV in Deutschland ein sehr zähes Geschäft sein wird. Demnach trifft das Fernsehen auf dem Mobiltelefon auf ein eher eingeschränktes Interesse der Nutzer. Mobilität wird nicht per se als Mehrwert erkannt und akzeptiert, letztendlich hält man Handy-TV für ein nettes Gimmick, das »nice to have«, aber eben alles andere als wirklich wichtig und besitzenswert ist. Deswegen werden aus den von den Optimisten erwarteten 500 Millionen Euro Marktvolumen allenfalls 180 Millionen

Euro bis 2012. Und auch die prognostizierte Nutzerzahl solcher Studien liegt weit unterhalb von dem, was im »best case« angekündigt wird. Kurzum, nach dieser Auffassung ist Handy-TV bestenfalls ein Nischenmarkt, dessen Entwicklung schon heute weitgehend unbemerkt an den potenziellen Nutzern vorbeigeht.

Es gibt weitere Beispiele, deren künftige Entwicklung und ihre Bedeutung für Produzenten und Nutzer heftig umstritten sind. Es ist beispielsweise noch nicht lange her, als man »Mobile Blogging« eine gewaltige Bedeutung beimessen wollte – inzwischen redet man kaum mehr davon. Communitys und allerlei andere Web-2.0-Applikationen galten eine Zeit lang als die Retter des Journalismus. Inzwischen bemerkt man: Kommunikation, Diskussion und Interaktion sind schön und recht – aber diskutiert und kommuniziert wird nur dort, wo etwas zu diskutieren ist. Soll heißen: Ohne relevante Inhalte sind auch Web-2.0-Anwendungen nur nette Gimmicks, mehr nicht.

Spricht mal als von cross- und multimedialer Zukunft, so sollte man aus journalistischer Sicht über das reden, was selbst zu Zeiten von Web 0.0 unsere Kernkompetenz war: Inhalte. Dabei spielt es keine Rolle, ob wir über Blogs oder über Handy-TV diskutieren. Blogs, die nichts Lesenswertes bieten, werden nicht gelesen. Mobile TV-Programme, die keinen wirklichen Wert bieten, werden nicht eingeschaltet. Ein Podcast, der einfach nur langweilt, wird nicht einfach deswegen gehört, weil er das Label Podcast trägt. Dabei lohnt es dann durchaus, sich über anstehende Veränderungen Gedanken zu machen. Denn sicher ist zumindest, dass nichts mehr so sein wird, wie es einmal war.

11.1 Die drei wichtigsten Veränderungen

Veränderung 1: Die Bedeutung linearer Programme bzw. linear strukturierter Medien sinkt zunehmend. Im Gegenzug werden sich immer mehr Konsumenten ihre Programme und Inhalte selbst zusammenstellen. Die technischen Voraussetzungen dazu sind in Hülle und Fülle bereits vorhanden – und auch die Zahl der Nutzer dieser Tools wird steigen. Nicht zwingend, weil man unbedingt das Gefühl genießen will, sein eigener Programmdirektor zu sein. Sondern vielmehr deswegen, weil Selektion in Zukunft wichtiger denn je sein wird. Schon heute gibt es viel, viel mehr an Medien, als man jemals konsumieren könnte. Egal ob Zeitungen, Radiosender, Fernsehsender; gleichgültig ob öffentlich-rechtliche Medien, private Unternehmen oder Aktivitäten, die nicht-kommerziell an den »Grasroots« entstehen, ihre

Zahl ist so groß, dass man sich als Nutzer und Zuschauer wird entscheiden müssen. Entweder man selektiert, trifft eine gezielte Auswahl, stellt sich sein Bouquet selbst zusammen – oder man ertrinkt in einer Flut von Medien, ohne sie wirklich nutzen zu können, ohne einen echten Nutzen aus ihnen zu ziehen. Was wiederum nicht bedeuten soll, dass es künftig eine Reihe von Menschen geben wird, die von einer sinnvollen Mediennutzung abgehängt sein werden – für die einen also wird diese enorme Vielzahl von Medien zu einer Informationsquelle werden, wie sie noch vor zehn Jahren undenkbar gewesen wäre. Für die anderen werden Medien, wenn sie Pech haben, nur ein Haufen Schrott sein. Aber das ist letztendlich eine medienpolitische und medienethische Debatte und nicht Gegenstand dieses Buches.

Tatsache aber ist und bleibt, dass sich die Bedeutung einzelner Medien für den Nutzer ebenso dramatisch verschieben wird wie seine Nutzungsgewohnheiten. Wenn wir ihn also mit unseren Inhalten erreichen wollen, müssen wir neben der Qualität unserer Produktionen nicht nur immer im Auge haben, wen wir erreichen wollen, sondern auch wo wir ihn erreichen können. Das war früher eine Frage, die sich de facto nicht gestellt hat. Man kannte die Situationen, in denen Menschen Zeitung lasen. Man wusste, wann und warum sie Radio hören. Und schließlich waren auch die Gewohnheiten und Motivationen der Nutzung von Fernsehen weitgehend klar. Das ist inzwischen anders. Der Besitz eines Radiogeräts oder eines Fernsehers bedeutet mittlerweile nicht mehr, dass man diese Medien auch zwingend regelmäßig nutzt. Und was bedeutet schon Fernseher, was heißt schon Rundfunk? Zumindest in seiner Funktionalität – ohne eine medienpolitische Debatte beginnen zu wollen – ist jeder Computer auch ein Fernseher, ein Radio (weswegen inzwischen auch GEZ-Abgaben auf Computer erhoben werden). Wenn sich aber die Endgeräte ändern und zwangsläufig auch die Umgebung, in der diese Endgeräte genutzt werden, bedeutet das nicht zwingend auch eine gravierende Änderung der Inhaltsnutzung? Während diese grundsätzliche Frage noch verhältnismäßig einfach zu beantworten ist, sind die konkreten Antworten auf die Frage, wie sich die Nutzung der Inhalte verschieben wird, noch ziemlich offen. Um ein konkretes Beispiel zu nennen: Zum Ritual der »Tagesschau« gehört für viele vermutlich nicht nur, dass sie Schlag 20 Uhr beginnt und somit den durchschnittlichen deutschen Fernsehabend einläutet, sondern auch ein bestimmtes Ambiente, eine Nutzungssituation: Wohnzimmer, Couch, Zuhause, Vorfreude auf die nachfolgenden Programme. Wer Nachrichten am Rechner konsumiert, wird sich vermutlich nicht gerade auf der heimischen Couch lümmeln. Vielleicht sitzt er noch im Büro oder im Arbeitszimmer oder er ist mit dem Laptop im Hotel unterwegs. Welche dieser Varianten auch immer, sie ist jedenfalls eine grundlegend andere als die im heimischen Wohnzimmer – obwohl die Sendung die gleiche ist.

Gut möglich also, dass wir es mit der gleichen Motivation und zwei unterschiedlichen Interessen zu tun haben: Die Motivation ist jeweils, sich mit den Geschehnissen der Welt zu synchronisieren, das Interesse ist aber unterschiedlich. Der eine will es sich gemütlich machen, der andere sieht die Sendung nur als Mittel zum Zweck an. Information, schnell, solide, unprätentiös. Das würde wiederum den Schluss nahelegen, dass Nachrichten für die Nutzung in potenziell mobilen verwendbaren Plattformen (wie Laptops) und in unterschiedlichen Nutzungssituationen anders aufbereitet sein müssen als die, die ausschließlich stationär im privaten Umfeld genutzt werden.

Mit den unterschiedlichen Nutzungssituationen und den künftig sehr stark differenzierenden Anforderungen der Nutzer an Inhalte ändert sich auch das Verhältnis zwischen linearen und nicht-linearen Medien grundlegend. Abzusehen ist, dass der Gedanke, Medien ständig und überall nach den individuellen Wünschen von Nutzern verfügbar zu machen, in den Vordergrund rücken wird. Damit geraten Medienmacher noch stärker als bisher in die Position, nur mehr Angebote machen zu können. Wie sich der Nutzer dann aus diesen Angeboten bedient, wie er sie zu seinem ganz persönlichen Mix zusammenstellt, das bleibt letztendlich ihm überlassen. Umgekehrt wird damit aber auch klar, dass diejenigen auf der Strecke bleiben werden, die sich aus welchen Gründen auch immer weigern, dem Nutzer Angebote zu machen und sie ihm auf den vielfältigsten zumeist digitalen Wegen zur Verfügung zu stellen. Man mag diese Entwicklungen kritisieren oder sogar ablehnen – nur verhindern wird man sie nicht mehr können. Insofern sind nicht nur Strategen gut beraten, sondern auch wir Journalisten, die wir schließlich davon leben, dass man unsere Inhalte als relevant empfindet und deswegen auch konsumiert, wenn wir uns schon jetzt Gedanken machen, was die Zukunft von uns erwartet.

Veränderung 2: Die Position von Journalisten, die Bedeutung ihrer Inhalte sowie das Verhältnis von Journalisten und Konsumenten zueinander – all das hat sich bereits verändert und wird sich weiterhin radikal verändern. Die Zeiten sind vorbei, als auf einem Markt ein verhältnismäßig knappes Angebot auf ein vergleichsweise großes Interesse und damit eine dementsprechende Nachfrage gestoßen ist. Man muss sich das klar vor Augen führen: Es gibt inzwischen eine derartig riesige und unüberschaubar große Masse an Inhalten, dass niemand mehr in der Lage ist, sie auch nur halbwegs vollständig zu konsumieren. Eine nackte Zahl mag das belegen: Mitte der 1980er Jahre ging man von einer Zahl von rund 25.000 hauptberuflich tätigen Journalisten aus. Inzwischen spricht der Deutsche Journalisten-Verband von einer Zahl von rund 70.000 hauptberuflich tätigen Journalisten – all die nebenberuflichen freien Mitarbeiter, Blogger und andere Klein- und Kleinstpublizisten gar nicht mit eingerechnet. Früher stritten sie sich vor allem um den mehr oder minder großen Kuchen von Gehältern und Honoraren. Heute tun sie das natürlich auch (mit dem Ergebnis, dass die materielle Lage von Journalisten nicht unbedingt leichter geworden ist) – aber mindestens genauso wichtig ist mittlerweile der Kampf um Aufmerksamkeit. In Zeiten eines enormen Überangebots an Inhalten kommt diese Aufmerksamkeit erst einmal vor allem anderen. Oder anders gesagt: Wer keine Aufmerksamkeit bekommt, wird nicht existieren können, weder im ökonomischen noch im intellektuellen Sinne.

Das bedingt allerdings auch, dass wir noch umfassender und ausführlicher für unsere Nutzer da sein müssen. Ob uns das passt oder nicht – wenn wir es nicht tun, tun es andere. Und im Übrigen weiß man ja: Gerade im Internet ist die nächste gute Seite gerade mal einen Mausklick weit entfernt. Um ein simples Beispiel nochmals aus den 1980er Jahren zu nehmen: Der Regelfall bei einer Tageszeitung war damals der, dass abends irgendwann Redaktionsschluss und Andruck waren. Und zwar zu Zeiten, die das »Mitnehmen« eines abendlichen Ereignisses nur dann möglich machten, wenn es sich um ein herausragendes Ereignis handelte. Wenn also nicht gerade Bundestagswahl oder ein wichtiges Länderspiel stattfanden, konnte man als Zeitungsleser davon ausgehen, dass die Nachrichten, die man irgendwann morgens auf dem Tisch bekam, aus heutiger Sicht betrachtet ziemlich gut abgehangen waren – nämlich rund zehn bis zwölf Stunden, je nach dem. Aus heutiger Sicht völlig undenkbar, was zur Folge hatte, dass sich die meisten Zeitungen inzwischen bemühen, auch die nicht ganz so wichtigen Länderspiele des Abends noch in die nächste Ausgabe zu pressen. Naturgemäß ist das für Zeitungen wegen ihres langen technischen Vorlaufs ein echtes Problem und absehbar ist auch, dass die Zeitung bei allem Bemühen irgendwann an ihre Grenzen stoßen wird. Diese Grenzen bedeuteten noch vor einigen Jahren zwangsweise auch die Grenzen des Lesers. Das ist inzwischen völlig anders. Die Zeitung hat das Spiel nicht mehr drin? Na und – zwischen Abpfiff und Erscheinen der Zeitung ist so viel Zeit vergangen, dass der halbwegs aufgeschlossene User von der Spielanalyse bis hin zu den Reaktionen und dem ganzen üblichen Nachberichterstattungszeug ohnehin schon alles bekommen und gelesen hat, wenn er nur will. Insofern ist diese Geschichte exemplarisch: Niemand *muss* mehr die Zeitung lesen. Man *kann* natürlich, wenn man möchte und wenn man (womit wir wieder beim Thema sind) von der Zeitung ein so gutes Angebot bekommt, dass man ihr gerne einen Teil seiner Aufmerksamkeit widmet. Machen es andere besser, relevanter, schneller oder was auch immer – dann bekommen sie diese Aufmerksamkeit. Der

Automatismus jedenfalls, am nächsten Tag die Zeitung lesen zu müssen, um zu wissen, was los ist – den gibt es nicht mehr.

Veränderung 3: Wir werden immer mobiler. Das bezieht sich zum einen natürlich auf eine Gesellschaft, für die Mobilität per se zu einem Wert geworden ist. Nur, um sich noch mal die Dimension vor Augen zu führen: Man darf von einer Zahl von rund 30 Millionen Menschen allein in Deutschland ausgehen, die zur Arbeit pendeln. 1,5 Millionen von ihnen gelten als Fernpendler mit einem Weg von mehr als 50 Kilometer einfacher Strecke zum Arbeitsplatz – und dem entsprechenden Zeitaufwand, den sie dafür benötigen. Dass speziell Menschen, die unterwegs sind, gerne Medien nutzen, ist nichts wirklich Neues; man kennt das von früher wie heute: Kaum betreten Menschen einen Bahnhof oder einen Flughafen, suchen sie den nächsten Laden mit Zeitungen, Zeitschriften oder Büchern. Es ist keine sehr gewagte These, wenn man behauptet, dass die Menschen schon früher noch mehr und vor allem auch andere Medien als Zeitungen genutzt hätten, wenn es sie denn schon gegeben hätte. Der gute alte Walkman schließlich war vor allem deswegen ein Erfolg, weil erstmals ein Gerät da war, mit dem man Musik individuell an jeder beliebigen Stelle hören konnte. Hätte der Walkman all das gekonnt, was ein durchschnittlicher MP3-Player heute alles kann, wäre er das erste mobile Multimedia-Gerät geworden.

Inzwischen sind diese Geräte da. Ein nicht einmal herausragend modernes Handy kann heute alles sein: Radio, Fernseher, Online-Zugang, MP3-Player, Kommunikationsgerät für Mails, umgekehrt auch Produktionsgerät für Medien mit Kamera, Videofunktion und Aufnahmefunktion. Man kann also mühelos einen mobilen Tag irgendwo unterwegs verbringen und dennoch ständig mit der Welt in Kontakt sein und alle nur denkbaren Medien nutzen. Es reicht ein kurzer Blick auf eine Gruppe Jugendlicher irgendwo in einer U-Bahn oder einem halbwegs frequentierten Platz in einer beliebigen deutschen Großstadt, um ungefähr ein Gespür dafür zu bekommen, dass es sich dabei keineswegs um eine weit entfernte Vision handelt, sondern dass Mobilität in den kommenden Jahren zu einer völlig normalen, möglicherweise sogar von jungen Zielgruppen präferierten Form der Mediennutzung wird. Denn neben der Tatsache, dass gute Endgeräte inzwischen so weit entwickelt sind, dass sie ein beinahe vollständiger Ersatz für das stationäre Gerät zuhause sind, ist der Coolness- und Chicfaktor gerade bei einem jungen Publikum nicht zu unterschätzen. Das gilt übrigens sicher auch für die zweite potenzielle große Zielgruppe für mobile Medien – nämlich für all die, die von Berufs wegen tatsächlich sehr viel unterwegs sein müssen und deswegen entweder auf die Nutzung von Medien und ihre Informationen angewiesen sind oder aber zumindest per se ein ausgesprochen hohes Interesse an diesem Thema haben. Daraus resultierend kann man davon ausgehen, dass mobile Medien über kurz oder lang in den Planungen der meisten Medienunternehmen bzw. Redaktionen eine deutlich größere Rolle spielen werden. Und dass dies wiederum für Journalisten bedeutet, dass sie sich über potenzielle Inhalte für eine neue Form von Medien und eine Millionenzahl von neuen Endgeräten und Plattformen Gedanken machen müssen. Denn bisher stehen wir in Sachen mobile Medien vor einem ungewöhnlichen Phänomen: Erstmals in der Mediengeschichte sind potenzielle neue Endgeräte bereits in enorm großen Mengen vorhanden, Jugendliche ohne Handy gibt es fast gar nicht mehr. Nur an den Inhalten fehlt es bisher, sowohl, was die Ideen dafür angeht als auch am tatsächlichen, fertigen Content. Eine enorm große Chance für Journalisten und Redaktionen, zumal man die Prognose wagen darf: Ein Reisender, der kein einziges papierbehaftetes Medium mehr dabei hat, könnte schon in den nächsten Jahren eher die Regel denn die Ausnahme sein. Es wird in diesem Zusammenhang aber nicht einfach damit getan sein, die Inhalte eins zu eins zu übertragen. Denn bei aller stetig wachsenden Leistungsfähigkeit dieser Plattformen darf man zweierlei nicht vergessen: Selbst der ausgefeilteste mobile Bildschirm ist noch nicht vergleichbar mit einem Fernseher oder einem guten Laptop (apropos: auch die werden derzeit immer noch kleiner und damit noch beweglicher). Und auch die Nutzungssituationen unterscheiden sich. Vermutlich will derjenige, der mobile Medien nutzt, eher einen schnellen Überblick über die Lage auf der Welt oder er will sich kurz und schnell unterhalten lassen. Dass ihm der Sinn nach einer Reportage mit 10.000 Zeichen oder einem 30-Minuten-Feature steht, darf man getrost bezweifeln oder wenigstens aber als eine ganz große Ausnahme sehen. Man mag in diesem Zusammenhang eventuell beklagen, dass der Journalismus schneller, atemloser, hektischer und vielleicht auch oberflächlicher wird. Man wird es aber kaum ändern können, zumindest nicht, wenn es um Schnelligkeit und Aktualität geht. Keineswegs ist damit gesagt, dass im digitalen und crossmedialen Zeitalter kein Bedarf mehr an dem herrscht, was wir momentan noch klassisch als »Qualitäts-Journalismus« bezeichnen.

In diesem Zusammenhang steht auch eine Veränderung an, die symptomatisch ist für das, was wir in den vergangenen zehn Jahren im Bereich der Neuen Medien erlebt haben: Mobile Webseiten dürften wieder an Bedeutung zulegen. Um die Jahrtausendwende herum galten sie bereits schon einmal als »the next big thing«. Manche Strategen gingen damals, im Boom der New Economy, sogar so weit zu glauben, dass die konventionelle Internetseite schon bald nur noch eine sehr untergeordnete Rolle spielen würde. Ihre These damals: Das Handy werde die Schnittstelle der Zukunft, alle Medien würden mehr oder minder zentral auf dieses mobile Endgerät zulaufen. Das schwere, nur stationär zu verwendende Arbeitsgerät respektive der PC gehörten zu einer schnell veraltenden Generation aus der Steinzeit der Neuen Medien. Insofern – um die These weiter zu spinnen – sei es nicht sehr sinnvoll, sich auf die Entwicklung von Medien beziehungsweise Webseiten zu konzentrieren, die primär für den Konsum an stationären Arbeitsplätzen gedacht seien. Sinnvoller und zukunftsträchtiger seien die mobilen Applikationen.

Wie wir inzwischen wissen, ist es nicht so gekommen. Die Webseite als solche ist wichtiger denn je. Und auch, wenn man inzwischen wie beschrieben mobile Medien besser denn je nutzen kann, so ist dennoch unstrittig, dass der Computer zuhause, ob nun PC oder Laptop, alles andere als vom Aussterben bedroht ist.

In der Praxis sind die Auswirkungen dieser Entwicklungen inzwischen unübersehbar geworden. Es sind eben nicht mehr nur die Großunternehmen oder die ganz besonders innovationsfreudigen Redaktionen, die sich crossmedial aufstellen. Im Gegenteil: Jede Redaktion, die in diesen Tagen nicht wenigstens einen strukturellen Ansatz von Multimedia beheimatet, gilt mittlerweile als Anachronismus. Vorbei dürften bald auch jene Zeiten sein, in denen ein groteskes Missverhältnis der zahlenmäßigen Besetzung von Redaktionen Alltag ist. Noch bis in die ersten Zweitausender-Jahre hinein war es Alltag, dass sich eine regionale Tageszeitung mit hundert fest angestellten Redakteuren Online-Redaktionen mit einer Stärke von einem oder zwei Mann leisteten. Unschwer zu erkennen also, welchen Stellenwert man dem Thema Online beimaß – so gut wie gar keinen. Inzwischen positionieren sich sogar bisherige Totalverweigerer neu. Und wenn man natürlich über die mediale Zukunft längst noch nicht alles weiß, so viel ist sicher: In Zukunft wird es nicht mehr sehr viele Journalisten geben, die am Thema digitale Medien überhaupt noch vorbeikommen. Selbst altgediente Tageszeitungs-Lokalredakteure tun gut daran, sich auf dieses neue Zeitalter einzustellen.

Übermäßig sicher dürfen sich aber auch jene nicht fühlen, die momentan noch glauben, auf der extrem sicheren Seite zu sein: Auch dem Fernsehen stehen große Umwälzungen bevor. Das klingt zunächst einmal erstaunlich eingedenk der Tatsache, dass wir hier von einem Medium sprechen, dass über viele Jahre hinweg seine Nutzungs-Quantität immer weiter und weiter steigerte, sogar noch dann, als es sich auf einem Niveau befand, von dem man glauben konnte, es sei eigentlich kaum mehr eine weitere Steigerung möglich. Doch eine winzig kleine Zahl zeigt, dass auch das konventionelle Fernsehen, wie wir es bisher kennen, seinen Zenit überschritten hat: 4 Minuten. Um 4 Minuten ist die durchschnittliche Sehdauer beim Fernsehen im Jahr 2007 zurückgegangen. Was nicht weiter erwähnenswert wäre, würde es sich dabei nicht um den ersten Rückgang seit vielen Jahren handeln. Sicher, immer noch sieht der Durchschnittsdeutsche am Tag 208 Minuten fern. Trotzdem ist der Trend unübersehbar, nicht nur wegen des Rückgangs in den Durchschnittswerten. Zwei weitere Dinge sind es, die beachtenswert sind. Zum einen: 2006 war das Jahr der Fußball-Weltmeisterschaft in Deutschland. Müßig darüber zu spekulieren, aber man darf getrost davon ausgehen, dass dieses mediale Großereignis die Durchschnitts-Sehdauer nach oben getrieben hat – sonst wäre möglicherweise schon 2006 der erste leichte Rückgang zu verzeichnen gewesen. Und zweitens: Beim jüngeren Publikum liegt die durchschnittliche Sehdauer ohnehin schon deutlich unterhalb der Zeiten bei den Erwachsenen. Zudem ging sie 2007 auch in dieser Zielgruppe zurück und zwar schon deutlich spürbarer als beim Gesamtpublikum: von 184 auf 176 Minuten. Leichte Rückgänge also beim Gesamtpublikum und dazu ein Nachwuchs, der sich immer mehr auf das Internet konzentriert, als noch Fernsehen zu schauen – der Trend dürfte eindeutig sein.

Eine weitere interessante Erkenntnis aus dem Jahr 2007: Mehr und mehr macht die Vielzahl der kleinen und kleinsten Sender den Großen zu schaffen. Das muss kein Widerspruch sein zu der Tatsache, dass es immer noch die fünf oder sechs großen Sender sind, die den größten Teil der Zuschauer auf sich ziehen. Dass ARD, ZDF oder RTL auch weiterhin überragende Bedeutung haben, bezweifelt niemand. Trotzdem: 2007 schaffte es kein einziger der großen Sender, an Zuschauern zuzulegen. Die Sender der zweiten Generation hingegen verzeichneten Zuwächse, ebenso die Klein- und Spartenkanäle. Zusammengenommen sind es also drei Dinge, die den bisherigen Fernsehmarkt verändern:

Das Medium verliert Nachwuchs. Zumindest statistisch gesehen ist Fernsehen ein Medium, das den Durchschnittsdeutschen immer weniger erreicht. Der nämlich ist statistisch gesehen genau 43 Jahre alt. Der durchschnittliche Fernsehzuschauer ist acht Jahre älter. Das mag natürlich mit demografischen Entwicklungen zu tun haben, ist aber ganz sicher auch ein Beleg dafür, dass Fernsehen bei jüngerem Publikum langsam, aber stetig an Stellenwert verliert. Noch ist dies nicht dramatisch, aber genau das sind oft die gefährlichsten Entwicklungen. Ihre ganze Wirkung entfalten schleichende Erosionen nämlich nur sehr langsam. Wie dem auch sei, Fernsehen altert.

Man muss kein Kulturpessimist sein, um vor allem dem öffentlich-rechtlichen Fernsehen sinkende Breitenwirkung vorauszusagen. Schon jetzt klagen ARD und ZDF über eine zunehmende Überalterung der Zuschauer, mit einem Altersschnitt

159

von knapp über (ZDF) bzw. unter sechzig Jahren (ARD) sind die die öffentlich-rechtlichen Sender weit entfernt davon, ein jüngeres Publikum auch nur im
Ansatz noch zu erreichen. Sogar bei Formaten, die ganz bewusst an ein jüngeres
Publikum gerichtet sind, entscheiden sich die Jüngeren lieber gegen das öffentlich-rechtliche Programm. Ihre Domänen haben sie noch bei großen Sportereig-
nissen wie der Fußball-WM oder bei Nachrichten und Informationsprogrammen,
wo man ihnen nach wie vor die deutlich größere Kompetenz zubilligt. Ansonsten
aber macht sich vor allem beim jüngeren Publikum zunehmend die Erkenntnis
breit, dass ARD und ZDF irgendwie verzichtbar sein könnten.

Für die Privaten ist das allerdings noch kein Grund zum unbeschränkten Jubi-
lieren. Zwar ist ihr durchschnittliches Publikum um rund fünfzehn Jahre jün-
ger, bewegt sich damit aber eben auch außerhalb eines Publikums, dass man für
zukünftige und langfristige Strategien benötigt. Man kann die zunehmenden
Akzeptanzprobleme des Fernsehens damit noch nicht zwingend erklären, sehr wohl
aber anschaulich illustrieren. Ein paar Zahlen auch hierzu: Der durchschnittliche
Zuschauer von SAT 1 brachte es 2007 auf 51 Jahre, der von RTL war immerhin
noch 47. Der größte große Sender mit dem jüngsten Publikum war Pro 7 – und
selbst der bringt es nur auf einen 36-jährigen Durchschnittszuschauer. Ebenso wie
die Öffentlich-Rechtlichen sind auch die Privaten vom Rückgang der täglichen
Sehdauer betroffen.

Da passt es in der Tat ins (Fernseh-)Bild, dass just zu Jahresbeginn 2008 in den USA
eine neue Art und Generation von Fernsehern vorgestellt wurde, die mit unserem
bisherigen Verständnis eines Fernsehers nicht mehr viel zu tun haben. Stattdessen
sind diese Fernseher erst einmal nur Abspielgeräte für bewegtes Bild – egal welcher Art, egal von welchem Trägermedium. Diese »Fernseher« spielen Filme von
mobilen Datenträgern wie DVD (bzw. dem Nachfolger Blue-Ray) oder USB-
Sticks ebenso ab wie ein konventionelles Fernsehprogramm, das über Kabel oder
Satellit gesendet wird. Das bedeutet in der Konsequenz einzig und allein, dass
der Fernseher, der Mittelpunkt des Wohnzimmers, nichts anderes mehr ist als ein
Abspielgerät, das vermutlich im Laufe der Jahre auch noch wie selbstverständlich
einen Online-Zugang bekommen wird. Das Entscheidende daran ist nicht einmal
das, was vor Jahren noch als der Inbegriff der Konvergenz gefeiert wurde, nämlich parallel surfen und schauen zu können. Nein, der eigentliche Effekt ist ein
anderer: die völlige Freiheit des Zuschauers, auswählen zu können, wonach ihm
gerade der Sinn steht. Im Grunde also wird der Fernseher zu einem Gerät, wie es
der Computer heute schon ist (außer, dass man ihn nicht zum Arbeiten verwenden wird): ein Multimedia-Terminal, das in der Lage ist, alle erdenklichen Arten

von Entertainment (und natürlich auch Information) abzuspielen. Damit ist keineswegs gesagt, dass dieses Gerät das Ende des konventionellen Fernsehens, wie wir es bis heute kennen, bedeutet. Wer unbedingt Fernsehen nach einem linearen Programmschema will, kann das auch weiterhin so handhaben. Mit der Einführung der Geräte kann also noch keine wirklich verbindliche Aussage über deren mutmaßliche Nutzung getroffen werden. Wohl aber ist klar, wohin auch in diesem Fall der Trend geht: zu mehr Freiheit, zur Befreiung von Medien von ihrem eigentlichen, ursprünglichen Trägermedium. Und dies hat bisher noch immer in den vergangenen Jahren zu einer veränderten Nutzung der Dinge geführt, sei es nun mit Musik, mit journalistisch geprägten Medien, mit Audiofiles – oder eben künftig auch mit Videos. Der Kunde ist König und Souverän zugleich. Wäre man bösartig, man könnte hinzufügen: Es wird so einfach wie noch nie sein, sich von einem mediokren TV-Programm zu verabschieden, man wird dafür nicht einmal mehr den Raum verlassen oder das Gerät wechseln müssen.

Endgeräte-Trends, zweiter Teil: Noch ist so etwas keine Realität, aber es wird intensiv darüber nachgedacht und daran gearbeitet – eine Art Server für zuhause, auf dem Medien aller Art gespeichert werden können. Egal ob Fotos, Videos, ganze Spielfilme oder Hörbücher, alles liegt zentral an einem Punkt zuhause. Der Nutzer wiederum kann sich über eine drahtlose Verbindung auf seinen portablen Multimediaplayer all das aufs Endgerät holen, wonach ihm gerade ist. Das Prinzip ist das gleiche wie bei allen digitalen und crossmedialen Trends: Niemand muss deswegen darauf verzichten, über seinen Multimedia-Player ein ganz normales, lineares Radioprogramm zu hören. Umgekehrt aber kann ihn auch niemand daran hindern, statt der 17-Uhr-Nachrichten sich die Aufzeichnung der Tagesschau anzusehen, die vor einer Stunde zuhause auf dem Festplattenrekorder aufgezeichnet wurde. Man sieht unschwer: Der Medienkonsument gewinnt ganz erheblich an neuen Freiheiten dazu, während unser Kampf von uns Journalisten um seine Aufmerksamkeit sicher nicht einfacher wird. Was in der Konsequenz bedeuten wird, dass wir mehr Angebote machen werden müssen. Auch das ist ein letztendlich zwingender Grund für eine strikt crossmediale Ausrichtung von Journalisten und Redaktionen.

Warum diese Auflistung von Sehgewohnheiten, technischen Entwicklungen und statistischen Werten? Ganz einfach: In der Diskussion um Neue Medien und um Crossmedia ist viel von Zeitungen und den Änderungen, die auf sie zukommen werden, die Rede. Dabei sind auch Fernseh-Journalisten von diesen Änderungen ganz erheblich betroffen. Mindestens fahrlässig ist es, sich nicht intensiv Gedanken über die zusätzlichen Distributionskanäle und die für diese Kanäle erforderlichen Darstellungsformen Gedanken zu machen. Wie u. a. in diesem Buch nachzulesen, gibt es derer inzwischen reichlich. Bewegtes Bild – und das ist der entscheidende Paradigmenwechsel der vergangenen Jahre – ist inzwischen ebenso zu einem digitalen Rohstoff geworden wie es Bilder und Texte schon lange sind. Bewegtes Bild kann und wird überall sein. Vorbei die Zeiten, als sie noch das Privileg von Kino und Fernsehen waren …

11.2 Das Internet begreifen

Auch nach der ersten Dekade seines Bestehens als Massenmedium löst das Internet immer noch sehr heftige Reaktionen aus. Das Web polarisiert wie das Fernsehen in den Tagen, als es noch als eine gigantische Verblödungsmaschinerie für ein Massenpublikum verpönt war, als sich noch ganze politische Debatten um das Thema drehten und als eine Harmlosigkeit wie die US-Soap »Dallas« für aufgeregte Diskussionen im Bundestag sorgte. Inzwischen bekommt man den Eindruck, dass sich die Debatten auf das Thema Internet/Neue Medien verlagern – in dem Maße, wie aus dem Fernseh-Thema allmählich die Luft entweicht, konzentrieren sich die Aufgeregtheiten jetzt auf die neuen Herausforderungen. Was zunächst einmal den Schluss zulässt, dass Neuerungen auch von Journalisten erst einmal mit einer Mischung aus Angst und Ablehnung begegnet wird.

Tatsächlich kommen im Falle der neuen, digitalen Medien noch ein paar Besonderheiten hinzu. Noch nie ist ein Medium derart rasant zu einem Massenphänomen geworden. Innerhalb von nur zehn Jahren ist es aus einer kleinen Nische und einer minimalen privaten Verbreitung zu einem Gegenstand des täglichen Gebrauchs geworden. Deutlich über sechzig Prozent der Deutschen nutzten 2007 bereits privat das Medium Internet, ein Ende der Entwicklung ist allen früheren Unkenrufen zum Trotz nicht abzusehen. Man kann ziemlich sicher davon ausgehen, dass auch beim Thema Online eine ähnliche Entwicklung zu beobachten sein wird wie in grauen Vorzeiten beim Telefon oder in noch gar nicht so grauen Zeiten beim Handy: Irgendwann wird nicht mehr erst die Frage gestellt, ob man überhaupt Zugang zum Internet habe, sondern die Frage wird wie selbstverständlich sein: »Geben Sie mir bitte Ihre Mailadresse?« 14- bis 19-Jährige haben 2007 erstmals mehrheitlich angegeben, dass das Internet jenes Medium sei, aus dem sie sich die meisten Informationen besorgten. Internet als Leitmedium – und nicht nur das: Eine Mehrheit dieser Altersgruppe gibt auch eine eindeutige Antwort auf die Frage, auf welches Medium sie am ehesten verzichten könne: Wenn es denn sein müsse, so die klare Mehrheit, dann bitte lieber Internet und Computer behalten und auf den Fernseher verzichten. Zeitungen als Antwortmöglichkeit wurden übrigens erst gar nicht mehr vorgeschlagen. Was kein Wunder ist, wenn man sich vor Augen hält, dass 2007 der Prozentsatz derer, die angaben, noch Tageszeitungen zu lesen, bei den 12- bis 19-Jährigen erstmals auf unter 50 Prozent gesunken ist. Rückschlüsse sind aus einer solchen Entwicklung recht leicht und schnell zu ziehen: Wer mit fünfzehn Jahren mit Internet und Fernsehen groß wird und sich für Zeitungen so gut wie gar nicht interessiert, wird vermutlich nicht als 30-Jähriger sein Mediennutzungsverhalten derart radikal umstellen, als dass er plötzlich zum überzeugten Zeitungsleser wird. Ziehen wir daraus als Erstes einmal den Schluss, dass wir als Journalisten unser Publikum noch mehr als bisher über Online-Medien erreichen werden.

Das klingt erst einmal simpel. Welche Schwierigkeiten dieser Paradigmenwechsel mit sich bringt, ist allerdings schon in den vergangenen Jahren immer wieder zu beobachten gewesen. Mit dem Internet ist ein völlig neues Medium entstanden. Und das ist keineswegs nur technisch gemeint. Internet heißt nicht einfach nur, alles so weiter zu betreiben wie bisher, nur eben auf einem anderen Trägermedium. Mit dem Netz sind auch völlig neue Nutzungsweisen, neue Motivationen und de facto auch neue Nutzertypen entstanden. Das ist auch der Grund dafür, warum so viele etablierte Medien und auch Journalisten inzwischen in der Glaubwürdigkeitsfalle sitzen. Ihre Dünkel, ihr Duktus, ihr Selbstverständnis aus den alten analogen Zeiten decken sich schlichtweg nicht mit dem, was im Netz passiert. Zum Selbstverständnis des »neuen« Internetnutzers gehört beispielsweise wie selbstverständlich die Partizipation. In einem Zeitalter, in dem ganze Enzyklopädien durch die aktive Beteiligung von Nutzern entstehen, wirkt die Nicht-Kommunikation, die etablierte Medienhäuser mit ihren Nutzern betreiben, immer mehr wie ein Anachronismus. Vielen merkt man ihren Widerwillen deutlich an. Die Online-Ausgabe der »Süddeutschen Zeitung« beispielsweise, lässt Kommentare zu Artikeln nur noch zu ihren Bürozeiten zu – in der Regel zwischen 8 und 19 Uhr; wohlgemerkt nur werktags. Die Reaktionen der Nutzer waren entsprechend. Dass die Nutzer inzwischen zunehmend selbstbewusst geworden sind und den Damen und Herren der Schriftleitung nicht mehr mit einer angedeuteten Verbeugung begegnen, kann man daraus übrigens auch noch lernen.

Diese unbeholfene Reaktion zeigt, wie schwer sich Medien mit den neuen Anforderungen tun. Die meisten von ihnen begreifen das Internet immer noch als eine Fortsetzung des analogen Zeitalters mit den weitgehend gleichen Mitteln. Nur werktags kommentieren zu dürfen wirkt jedenfalls in einem Zeitalter der ständig erreichbaren Redaktion absurd. Überhaupt, die ständige Erreichbarkeit, die ständige Verfügbarkeit: Vielen ist noch immer nicht klar, dass sie ihre journalistischen Angebote so strukturieren müssen, dass sie diesem Wunsch nach ständiger Verfügbarkeit nachkommen. Das wird in den seltensten Fällen bedeuten, die an 7 Tagen in der Woche an 24 Stunden besetzte Redaktion zur Realität werden zu lassen. Schon allein deswegen nicht, weil man weiß, dass es sich nachts wegen der Nachrichtenlage kaum lohnt, eine Redaktion zu besetzen. Die merkwürdige Mentalität aber, die vor allem die Online-Ableger von Tageszeitungen an den Tag legen, ist im Web nicht überlebensfähig. Noch immer gibt es viele Online-Seiten von Tageszeitungen, die sich bei ihrer Erscheinungsweise stark an der Erscheinungs- und Arbeitsweise der Printausgaben anlehnen. Soll heißen: wochentags klassische »nine-to-five«-Redaktionszeiten, am Wochenende spärlich oder erst gleich gar nicht besetzt. Einem Internetuser ist das nicht klarzumachen; einem Nicht-Zeitungssozialisierten schon gleich gar nicht. Am Wochenende leider keine News? Dieses Denken stammt noch als ein Relikt aus den Zeiten, als Gewerkschaften reklamierten, samstags gehöre Papa der Familie. Damals mag es seine Berechtigung gehabt haben, auch das journalistische Geschehen auf eine Notbesetzung zurückzufahren. Doch die Zeiten haben sich geändert, unsere Gesellschaft auch. Sie ist schneller und atemloser geworden, ihr Hunger nach Information und Mediennutzung ungleich größer. Gerade in einer Freizeit- und Unterhaltungsgesellschaft spielt sich am Wochenende deutlich mehr ab als dies früher der Fall war. Allein das ganze Sport- und Entertainmentgeschehen an den Wochenenden wirft soviel Material ab, dass man mühelos damit eine Themen-Agenda setzen könnte. Stattdessen klinken sich viele Zeitungen auch online aus. Ein merkwürdiger Gedanke, der zudem nicht dem Wesen dieses schnellen, authentischen Mediums entspricht. Wenn man also schon für Neue Medien produzieren will, muss man sich tatsächlich mit ihnen beschäftigen und sie begreifen. Eine der banalsten Erkenntnisse aus dieser Beschäftigung: Die Gesellschaft, die von Montag bis Freitag arbeitet und am Wochenende pausiert, ist ein Relikt der Vergangenheit. Medien, die nach diesem Rhythmus ticken, sind ein Anachronismus. Vielleicht ein liebenswerter, dennoch aber immer noch ein Anachronismus.

In diese Glaubwürdigkeitsfalle tappt man auch, wenn man nicht gewillt ist, sich auf neue Nutzer einzustellen. Viele – insbesondere regionale – Tageszeitungen kommen immer noch in einer altväterlichen Form daher, sowohl was die Optik als auch die Inhalte und deren Duktus betrifft. In deutschen Tageszeitungen liest man regelmäßig noch Sätze wie »Die Band XY brannte ein wahres Feuerwerk von Rocksongs« ab (den Satz gab es wirklich – ich habe ihn mit eigenen Augen gelesen). Man kann sich vorstellen, wie viele User aus der »YouTube«- und »Myspace«-Generation man noch erreicht, wenn man in einer solchen Sprache schreibt und die Optik und die ganze Anmutung des Mediums dem Schreibstil anpasst. Dabei geht es keineswegs darum, sich mit Gewalt an Jugendliche, deren Szene und Sprache anzubiedern. Es geht lediglich darum, den künftigen Konsumenten Medien so anzubieten, dass sie ihren Nutzungsgewohnheiten so weit wie möglich entgegenkommen. Dazu gehört, dass möglicherweise schon bald eine Mehrheit ihre Medien sehr selbstbestimmt nutzen will. Zu dieser Selbstbestimmung gehört nicht nur ein Vormarsch der On-Demand-Medien (also von Medien, die auf dessen Abruf hin zum Nutzer kommen), sondern auch von mobilen Medien. Zur neuen Definition von Selbstbestimmung gehört nämlich auch, dass man sich nicht zwingend an einen ganz bestimmten Platz bewegen muss, um Medien zu konsumieren. Die Entwicklung der Musikindustrie ist da exemplarisch. Früher – bis in die 1980er Jahre hinein – war es selbstverständlich, dass man Musik nur an einem festen, stationären Ort hören konnte. Nämlich eben da, wo das entsprechende Abspielgerät für ein bestimmtes Trägermedium stand. Damals wäre vermutlich niemand auf die Idee gekommen, dass man Musik gerne fernab jeglicher Fremdbestimmung hören würde. Soll heißen: keine Bestimmung darüber, an welchen Ort man sich begeben muss, keine Beschränkungen, ob man nun gerade im Besitz einer Platte, einer Kassette oder eines anderen Trägermediums ist. Inzwischen hat eine Abstimmung mit den Füßen stattgefunden. Die Konsumenten haben (zugegeben: manchmal unter Einsatz illegaler Mittel) der Industrie klar zu verstehen gegeben, was sie haben möchten: Musik in digitalen Files, einzeln konsumier- und ladbar; kein Zwang also mehr, wegen zweier oder dreier Stücke eine ganze CD kaufen zu müssen. Musik, die sich überall dort hören lässt, wo ein digitales Abspielgerät steht. Die Musikindustrie hat zunächst versucht, sich mit Repressionen gegen die Konsumentenrevolte zu stellen. Erst als völlig branchenfremde Unternehmen wie Apple beispielsweise den Kunden das gaben, was diese wollten, gab die Musikindustrie – wenn auch zähneknirschend – klein bei. Heute sind legale Musikdownloads ein Millionengeschäft, das weiterhin wächst, während das lange Sterben der CD begonnen hat. Man muss diesen Satz bitte genau lesen, ihn verinnerlichen, ihn verstehen – und dann gegebenenfalls über eigene Analogien zu Medien nachdenken: Die CD ist tot. Endgultig. Erledigt.

Trotzdem ist die Musikindustrie in ihrer Entwicklung noch lange nicht am Ende. Ob es ausschließlich beim Modell bezahlter Musik bleiben wird, ist durchaus fraglich. Der Musiker Peter Gabriel beispielsweise hat mit »We7« ein durchaus interessantes Alternativ-Modell entwickelt: legale Downloads, kostenlos, am Anfang mit einem kurzen Werbejingle. Wer diese Werbeclips nicht möchte, kann sich als zahlendes Mitglied registrieren und dann die werbefreie Version laden.

Wie man sieht: Geschäftsmodelle gibt es potenziell sehr viele, man muss sich nur mal ein paar Gedanken darüber machen – und sich lösen von der Idee, es gebe nur den einen, bestimmten Königsweg. Inzwischen wachsen übrigens die beiden Themen Mobilität und Musik auch sehr schön und für jedermann sichtbar zusammen. Die neue Generation der iPods von Apple beispielsweise lässt sich über WLAN mühelos mit dem iTunes-Musicstore verbinden, woraus wiederum ebenso mühelos Songs oder ganze Alben auf das Gerät geladen werden können. Skeptiker mögen zu Recht die Frage stellen: Ja und – was bringt's? Die Antwort ist einfach: Erstens bekommt der Nutzer die absolute Freiheit an die Hand gegeben. Wo immer, wann immer er will, er kann sich (theoretisch) jeden Song der Erde innerhalb weniger Sekunden auf sein Endgerät holen. Keine Bindung mehr an einen stationären Computer, kein mühsames Synchronisieren – einfach nur: laden und hören. Umgekehrt darf man getrost davon ausgehen, dass der Betreiber Apple mit dieser Innovation sehr gut verdienen wird. Spontankäufe jedenfalls werden so sehr viel eher angeheizt, als wenn man sich erst wieder zurück an seinen PC begeben und vor dort aus den bisherigen konventionellen Kaufvorgang vornehmen müsste.

Warum dieser ausführliche Vergleich mit der Musikindustrie, wo man sich schließlich doch zu Recht die Frage stellen kann: Was haben Journalisten und Musikmanager miteinander zu tun? Nun, natürlich zunächst einmal nichts. Trotzdem sind die Ähnlichkeiten stellenweise frappierend. Ähnlich wie in der Musikindustrie ist in vielen Redaktionen noch der Glaube sehr weit verbreitet, wir allein als Anbieter würden die Spielregeln aufstellen. Und ähnlich wie Musikmanager denken viele von uns immer noch in den Kategorien gesamter, linearer und bereits konfektionierter Produkte. Konkret: Den Artikel gibt's nur in der Zeitung, den Beitrag gibt's nur in der Sendung. Zudem dürfte es keine allzu gewagte Schätzung sein, wenn man davon ausgeht, dass das Thema Mobile Medien bei nur sehr wenigen Redaktionen wirklich auf der Agenda steht. Dabei müsste man eigentlich jedem Journalisten, der dieses Thema derzeit noch negiert, einmal ein paar dieser mobilen Spielzeuge unter die Nase halten. Egal, ob es sich um Multimediageräte wie videofähige MP3-Player oder um hochleistungsfähige Handys handelt, bei denen telefonieren nur noch eine untergeordnete Rolle spielt und eine von vielen Funktionen ist: Im Grunde genommen nehmen diese Geräte gerade eine sehr ähnliche Entwicklung wie das Internet vor wenigen Jahren. Aus der Spielerei für Technikfreaks wird zunehmend eine ausgereifte Technologie, die sowohl preislich als auch in der Handhabung absolut kompatibel für einen Massenmarkt ist. Zugegeben: Es fiel lange Zeit relativ schwer, ein Handy oder einen iPod als echtes und vollwertiges, alternatives Endgerät zur Nutzung von Medien ernst zu nehmen. Inzwischen sind die iPhones und Smartphones vollwertige Taschencomputer, ein Büro im Westentaschenformat – und eben auch vollwertige Medien für unterwegs.

Auch der Gedanke, Medien verstärkt unterwegs auf mobilen Endgeräten zu nutzen, sei eine Sache, die weitgehend nur irgendwelchen Managern und anderen Geschäftsreisenden vorbehalten ist, greift zu kurz. Zwei Dinge, die das Gegenteil belegen: Zum einen liegt der Anteil derer, die in der Altersgruppe der 12- bis 19-Jährigen ein eigenes Handy besitzen, inzwischen bei deutlich über 90 Prozent. Zum Vergleich: Einen eigenen Fernseher besitzen nur etwas über 60 Prozent. Man darf also getrost davon ausgehen, dass das Handy mit all seinen Fähigkeiten und Finessen das Gerät ist, zu dem diese Generation inzwischen bevorzugt greift, wenn es Medien – in welcher Weise auch immer – nutzen will. Diese Nutzungsweise wird vermutlich eine andere sein, als wir sie aus den letzten Jahrzehnten kannten. Nicht mehr wir als Journalisten entscheiden via Redaktionsschluss und Vertriebskanal darüber, wer wann welche Information »zugestellt« bekommt, sondern der Nutzer bedient sich. Wann er will – und im Zuge gestiegener Mobilität auch zunehmend, wo er will.

Zum anderen haben Untersuchungen aus Großbritannien und Frankreich ein Ergebnis erbracht, das auf den ersten Blick ein wenig bizarr wirkt. Demnach nämlich wird mobiles Fernsehen auf dem Handy gar nicht in den klassischen mobilen Situationen genutzt. Also weder irgendwo in der U-Bahn, an der Bushaltestelle oder beim Mittagessen im Schnellimbiss; in all jenen Situationen also, die man vor seinem geistigen Auge sieht, wenn man an urbane, gehetzte Managertypen denkt, die zwischen Burger und nächstem Termin einen raschen Blick auf das Smartphone werfen und sich via 100-Sekunden-Newsflash mit der Welt synchronisieren. Nein, stattdessen wird Handy-TV dort am meisten in zunächst einmal unsinnigen Situationen genutzt: nämlich am Abend zuhause. Das ist vordergründig betrachtet erstaunlich: Warum sollte man ein mobiles Medium ausgerechnet da nutzen, wo man eigentlich nicht müsste und wo man potenziell eine viel komfortablere Möglichkeit zur Verfügung hätte als einen vergleichsweise winzigen Bildschirm? Die Antwort ist – natürlich – spekulativ, aber zumindest nachdenkenswert. Denn vielleicht ist es ja tatsächlich so, dass speziell für jüngere Mediennutzer das Handy nicht nur ein Statussymbol, sondern auch überaus cool ist. Vielleicht ist es für sie das »geborene« Endgerät, eines, mit dem sie groß geworden sind. Eines, das weniger sperrig ist als ein trotz aller Flachbildschirme immer noch verhältnismäßig großer und klobiger Fernseher. Vielleicht geht es dieser Nutzergeneration gar nicht so sehr um ein noch größeres, noch glänzenderes Bild. Sondern vielmehr um Selbstbestimmtheit und Schnelligkeit. Da greift wieder der Vergleich mit der Musikindustrie. Auch dort bemüht man sich immer noch nach Kräften, die Nachteile der neuen Technologien zu schildern. Beispielsweise den, dass selbstverständlich eine datenreduzierte digitale Datei nicht mit der klanglichen Qualität des Originals mithalten kann. Unbestritten ist auch, dass ordentliche Lautsprecherboxen dem Klang eines 20-Euro-Ohrhörers irgendeines MP3-Players weit überlegen sind. Aber trotzdem: Die Konsumenten nehmen die vermeintlichen Nachteile anscheinend gerne in Kauf, um dafür das zu bekommen, was ihnen offensichtlich wichtiger ist. Einzelne Stücke kaufen und hören zu können, Musik konsumieren zu können, wo auch immer sie wollen. Vielleicht ist das bei der Nutzung von Medien eine sehr ähnliche Denkweise.

Man könnte jetzt natürlich problemlos dagegen argumentieren und ins Feld führen, dass ein gutes Foto auf einer Internetseite auf einem 19-Zoll-Bildschirm ganz anders zur Geltung kommt als auf einem Miniscreen am Handy. Die Seite 3 der »Süddeutschen« sieht natürlich beeindruckender im Original aus als die E-Paper-Version auf dem Smartphone. Das allerdings ist die verkehrte Denkweise – und das ist letztendlich exemplarisch für das Thema Internet/Neue Medien begreifen. Es geht nicht so sehr darum, sich zwischen »entweder« und »oder« zu entscheiden (aus Journalistensicht) bzw. zwischen mehreren bestimmten Nutzungsarten (aus Konsumentensicht). Für beide geht es vielmehr um ein »Sowohl als auch«. Für uns Journalisten bedeutet das, dass wir Angebote machen müssen – und für den Konsumenten bedeutet das, dass er tatsächlich eine Auswahl bekommt. Man muss sich zudem als Journalist auch von dem Gedanken lösen, es ginge in Zukunft bei der Messung von Erfolg eines journalistischen Angebots nur noch um Auflage oder Einschaltquoten oder Page-Impressions. Was zählt, ist die Reichweite. Ob die auf eigenen oder fremden, auf stationären oder mobilen Plattformen erreicht wird, ist schließlich sekundär.

12 Aus- und Weiterbildung

Die Frage liegt auf der Hand: Wenn man fortan nicht nur ein Medium beherrschen, sondern in allen Medien zumindest sehr solide Grundkenntnisse mitbringen soll – wer bringt einem das eigentlich bei? Welche Ausbildungsgänge gibt es, wo kann ich mich gegebenenfalls weiterbilden, wie reagieren Universitäten, Schulen und Akademien auf dieses immer noch recht neue Thema?

Zunächst einmal: Immerhin haben die allermeisten in irgendeiner Form bereits reagiert. Unter den großen und bekannten Ausbildungseinrichtungen gibt es keine mehr, die nicht in irgendeiner Weise das Thema Crossmedia in ihre Lehrpläne mit einbezogen hat. Mit unterschiedlichen Inhalten zwar und auch mit zugegebenermaßen sehr unterschiedlichen Gewichtungen, aber trotzdem: Das Thema ist wahrgenommen und angekommen, und das ist zunächst einmal alles, was wirklich zählt. Gleichwohl ist unumstritten, dass sich momentan nahezu alle noch auf der Suche nach dem richtigen Inhalt und der richtigen Größenordnung für solchen Unterricht befinden. Man darf zudem getrost davon ausgehen, dass sich diese Suche noch einige Jahre hinziehen wird. Schließlich ist bei diesem Thema zu viel im Fluss, als dass man schon jetzt zu gesicherten Erkenntnissen für die nächsten Jahre gekommen sein könnte.

Zumindest aber eines scheint derzeit schon festzustehen: Crossmediale Produktion wird sich wie ein roter Faden durch die Ausbildungsgänge ziehen. Alles andere wäre unlogisch. Wenn man schließlich davon ausgeht, dass ein wichtiger Bestandteil des Themas Crossmedia die stetige und intelligente Vernetzung von Inhalten ist, dann hat es wenig Sinn, wenn man monomedial ausbildet. Monomedia heißt schließlich immer: keine Vernetzung, bestenfalls Reproduktion. Viel strittiger ist da schon, was man als Basis der Ausbildung verwendet und wie es dann hinterher weitergeht. Viele Fragen, viele potenzielle Antworten.

Ungleich anders sieht die Situation bisher bei denjenigen aus, die immer noch die große Masse an Ausbildungsarbeit für den deutschen Journalismus leisten. Regionale Tageszeitungen haben das Thema Crossmedia bisher nur sehr sparsam in die Ausbildung integriert. Ein kurzer Abstecher in die Online-Redaktion gehört zwar in den allermeisten Häusern durchaus zum Standard, aber eine konsequent crossmedial ausgelegte Ausbildung bieten bislang die allerwenigsten. Das könnte allerdings auch damit zu tun haben, dass die meisten dieser Häuser immer noch sehr damit beschäftigt sind, sich selbst vernünftige und zukunftsfähige Strukturen zu verpassen. Wenn man für sich selbst noch nicht weiß, wie Crossmedia einmal aussehen soll – wie will man dann in diesem Bereich verantwortungs- und planvoll ausbilden?

Trotzdem: Man kann davon ausgehen, dass es für Berufseinsteiger schon jetzt – und in Zukunft vermehrt – Angebote zur crossmedialen Ausbildung geben wird. Deutlich schwieriger ist es für diejenigen, die jetzt mitten in ihrem Berufsleben stehen und sich crossmedial weiterbilden wollen. Zahlreiche Einrichtungen, deren Job eigentlich genau dies wäre, bieten bisher nur rudimentär Veranstaltungen an, die sich zwar irgendwie mit Neuen Medien und Online-Medien befassen, keineswegs aber den Gedanken der Vernetzung konsequent weiterverfolgen. Freilich muss man umgekehrt den Weiterbildungseinrichtungen zugutehalten, dass bei älteren, schon »fertigen« Journalisten häufig eine Art Verweigerungshaltung anzutreffen ist, die oft in der kategorischen Feststellung mündet: Das tue ich mir nicht mehr an!

Erheblich schwieriger als für Studenten und/oder Berufseinsteiger sieht die ganze Sache für diejenigen aus, die nicht mehr in einer Phase ihres beruflichen Lebens sind, in denen Ausbildung wirklich im Fokus stünde. Redakteure mit ein paar Jahren Berufserfahrung, möglicherweise sogar schon ersten Erfahrungen in Führungspositionen – für sie gibt es leider bisher so gut wie kein richtiges Angebot zur crossmedialen Weiterbildung. Was ein kleines bisschen auch damit zu tun hat, dass dieses Problem systemimmanent ist: Weiterbildung ist nichts, was im Alltag der meisten Redaktionen tatsächlich oft vorkommt. Dabei wären gerade diese neuen Entwicklungen, die im Zuge der Digitalisierung entstanden, es wert, sich intensiv mit ihnen auseinanderzusetzen. Auch und gerade für Journalisten, die schon länger im Geschäft sind. Denn nicht nur, dass ihr Wissensvorsprung vor einer jüngeren Generation gerade spürbar schmilzt, nein: noch vielmehr. Die kommende Generation an Journalisten ist bereits total digital aufgewachsen. Wer von den »Älteren« sich also jetzt nicht digitalisiert, der läuft ernsthaft Gefahr, innerhalb weniger Jahre richtiggehend abgehängt zu werden.

Auf der anderen Seite: Die Nachfrage nach solchen Angeboten wird in den kommenden Jahren sicher wachsen – das Angebot dann hoffentlich auch. Schließlich muss man den Ausbildungseinrichtungen zugutehalten, dass sie sich erst einmal selbst auf eine sich rasant verändernde Situation einstellen und entsprechende

Ausbildungsgänge entwickeln müssen. Zumal man ja auch weiß, dass die Entwicklung solcher Aus- und Weiterbildungsangebote gleichzeitig ein hohes Maß an Flexibilität verlangt. Schließlich ist bisher noch fast nichts in Stein gemeißelt – und vieles von dem, was auch in diesem Buch hier zu lesen ist, könnte bereits in zwei oder drei Jahren von der Wirklichkeit überholt worden sein. Bis dahin allerdings hat man leider nicht das Gefühl, man sei im Journalismus auf seine größte Zukunftsherausforderung richtig gut vorbereitet.

Im Grunde haben wir es mit einer kuriosen Situation zu tun: In etlichen Stellenausschreibungen und auf etlichen Podien und Veranstaltungen wird inzwischen fast schon vorausgesetzt, dass Journalisten mehr oder minder in der Lage sind, trimedial zu arbeiten. Die Infrastrukturen in den größeren, progressiven Häusern sind bereits geschaffen, es fehlen nur noch die Leute, die aus einer Hand und an einem Arbeitsplatz Video, Audio, Text und Fotos gleichermaßen steuern. Nur mit der Aus- und Weiterbildung, das ist eine unverändert schwierige Geschichte. Nach wie vor ist die Nachfrage nach den »Trimedialen« deutlich größer als die Zahl derer, die sie für die neuen Anforderungen im digital produzierten Journalismus vorbereiten. Das liegt naturgemäß daran, dass noch immer wenige Journalisten tatsächlich trimedial arbeiten und dieses Arbeiten auch wirklich beherrschen – und somit in der Lage sind, dieses Wissen hausintern weiterzugeben. An den Journalistenschulen und den diversen Akademien in Deutschland hat inzwischen ein weitgehendes Umdenken eingesetzt. De facto gibt es inzwischen keine Ausbildungseinrichtung von Relevanz mehr, die nicht in irgendeiner Form das Thema Crossmedia in ihre Lehrpläne mit aufgenommen hat. Man kann natürlich trefflich darüber diskutieren, wie umfangreich dieser Teil der Ausbildung sein muss, wie er gestaltet wird, ob man ihn als einzelnen Abschnitt behandelt oder ihn in die komplette Ausbildung vom ersten Tag an integriert. Für beides sprechen gute Argumente, letztendlich ist die äußere Form auch nicht entscheidend. Was zählt ist, dass man zumindest begonnen hat, Crossmedialität als journalistische Schlüsselqualifikation ernst zu nehmen und die Journalisten der Zukunft entsprechend darauf vorzubereiten.

12.1 Ansprüche an eine gute Ausbildung

Man kann also als junger Journalist oder als Berufseinsteiger an eine gute Ausbildung die Frage nach der crossmedialen Ausrichtung mit gutem Gewissen als ein gewichtiges Kriterium anlegen – mehr noch: Man muss das inzwischen sogar. Selbst dann, wenn man eigentlich eine Spezialisierung auf ein bestimmtes Medium mittelfristig im Auge hat, man sollte dies so nüchtern wie klar sehen: Ohne Grundkenntnisse im Bereich Multimedia sind künftige Journalisten auf dem Markt so gut wie chancenlos.

Eher unerfreulich sind die Perspektiven in Sachen Ausbildung bei jenen, die man jahrzehntelang mit bestem Gewissen für jede Ausbildung empfahl. Das Volontariat in der Tageszeitung, klassischer Weg in den Journalismus, hat erheblich an Relevanz verloren. Zwar haben es sich zumindest die größeren und besseren der Tageszeitungen in Deutschland angewöhnt, ihren Nachwuchs verpflichtend auch mal in einer Online-Redaktion des Hauses einzusetzen. Aber in der Praxis sieht es häufig noch so aus, dass ein eklatantes personelles Missverhältnis zwischen Print- und Online-Redaktion besteht. Häuser mit hundert fest angestellten Printredakteuren und drei Onlinern sind immer noch nichts Ungewöhnliches. Man kann sich also unschwer vorstellen, was man als junger Volontär vom wichtigsten Zukunftsthema unseres Berufs mitbekommt, wenn man in einer Vier-Mann-Truppe ein komplettes Online-Angebot am Laufen halten soll. Mit Journalismus im eigentlichen Sinne wird da nicht mehr viel passieren; vermutlich bekommt man nicht einmal einen ordentlichen Einblick in die wichtigsten Darstellungsformen des Multimedia-Journalismus. Machen wir uns also nichts vor; in vielen Online-Redaktionen ist die wohlfeilste Aufgabe immer noch, via Copy & Paste ein CMS zum Durchlauferhitzer für Agenturmaterial zu machen. Natürlich widerspricht es jeglicher Realität, würde man nun angesichts dessen künftige Volontäre ermuntern, eine verstärkte Crossmedialität in der Ausbildung zu verlangen. Man muss sich nur darüber im Klaren sein, welcher Paradigmenwechsel sich in den vergangenen Jahren vollzogen hat. Man konnte über viele Jahre hinweg mit gutem Gewissen behaupten: Wer zwei Jahre lang eine solide Tageszeitung durchlaufen hat, sollte danach in der Lage sein, nahezu überall zu bestehen. Wo eine entscheidende Schlüsselqualifikation wie digitaler Journalismus nicht ausreichend geliefert wird, kann man dies nur noch sehr eingeschränkt behaupten, im Gegenteil: Wer nach seiner Ausbildung immer noch analog durchs Journalisten-Leben geht, wird auf Dauer mit ein paar Problemen zu tun haben.

Um nicht zu viel von Tageszeitungen zu reden: Der Weg hin zum digitalen Allrounder ist auch für all jene nahezu unerlässlich, die heute bei einem Fernseh- oder Radiosender sitzen. Der Nachrichtensender N24 beispielsweise hat 2008 sein Online-Portal nicht nur nach der Devise »Video first« relauncht, sondern damit einhergehend auch seine redaktionellen Strukturen vollständig geändert. Statt der weitgehend autarken Online-Redaktion, die mehr oder minder parallel neben den TV-Kollegen die Seite produziert, gibt es jetzt das Selbstverständnis der multimedialen Newsredaktion. Das bedeutet für die ehemaligen Onliner natürlich, dass sie sich klassischen TV-Themen wie eben der Produktion von Videos deutlich stärker widmen müssen als zu der Zeit, als die Seite von N24 noch ein weitgehend klassisches Lesemedium war. Aber das bedeutet eben auch umgekehrt, dass die einstmaligen TV-Leute auf einmal in der Lage sein müssen, ein komplettes Online-Angebot zu stemmen. Kurz gesagt: Der TV-Redakteur respektive der Online-Redakteur existiert nicht mehr. Es gibt den N24-Redakteur und der macht Nachrichten für N24. Auf welcher Plattform diese Nachrichten dann gespielt werden – einerlei.

Man kann inzwischen mit ein wenig Recherche, Hartnäckigkeit und Glück auf eine Ausbildung stoßen, die den künftigen Ansprüchen an Journalisten gerecht wird. In den allermeisten Ausbildungseinrichtungen, Journalistenschulen und den großen Medienhäusern hat das Umdenken inzwischen eingesetzt; gehören crossmediale Grundkenntnisse inzwischen fest zur Ausbildung. Erheblich problematischer ist die Lage aktuell für all jene, die mitten im Berufsleben stehen und sich jetzt für die Zukunft fit machen wollen. Crossmedia-Weiterbildung ist tatsächlich noch ein ziemlich vernachlässigter Bereich; dementsprechend selten findet man gute und solide Angebote. Vermutlich wird sich auch das in den kommenden Jahren noch ändern, momentan jedenfalls sind solche Angebote am Markt eher Mangelware.

12.2 Journalistenschulen und Akademien

Nachfolgend ein Überblick über Ausbildungseinrichtungen, Verbände und Organisationen, die entweder selbst ausbilden oder aber (wie im Falle des Mediencampus Bayern) als Dachverband von Ausbildungseinrichtungen agieren:

Akademie für Publizistik
Warburgstraße 8-10
20354 Hamburg
Telefon: (0 40) 41 47 96-0
Telefax: (0 40) 41 47 96-90
info@akademie-fuer-publizistik.de
www.akademie-fuer-publizistik.de

Axel-Springer Akademie
Axel-Springer-Straße 65
10888 Berlin
Telefon: (0 30) 25 91-7 88 00
Telefax: (0 30) 25 91-7 88 01
info@axel-springer-akademie.de
www.axel-springer-akademie.de

Berliner Journalisten-Schule
Karl-Liebknecht-Straße 29
10178 Berlin
Telefon: (0 30) 23 27 60 02
Telefax: (0 30) 23 27 60 03
bjs@ipn.de
www.berliner-journalisten-schule.de

Burda-Journalistenschule
Arabellastraße 23
81925 München
Telefon: (089) 9250-2496
Telefax: (089) 9250-2484

Am Kestendamm 2
77652 Offenburg
Telefon: (0781) 84-3311
Telefax: (0781) 84-3424
bewerben@burda.com
http://www.burda.de/job_U_karriere/journalistenschule

Deutsche Journalistenschule
Altheimer Eck 3
80331 München
Telefon: (0 89) 2 35 57 40
Telefax: (089) 26 8733
post@djs-online.de
http://www.djs-online.de

Evangelische Journalistenschule
Jebensstraße 3
10623 Berlin
Telefon: (0 30) 3 10 01-12 21
Telefax: (0 30) 3 10 01-12 50
ce@ev-medienakademie.de
http://www.ev-medienakademie.de

Henri-Nannen-Journalistenschule
Stubbenhuk 10
20459 Hamburg
Telefon: (0 40) 37 03-23 76
Telefax: (0 40) 37 03-56 98
hns@guj.de
http://www.journalistenschule.de

Georg-von-Holtzbrinck-Schule für Wirtschaftsjournalisten
Kasernenstraße 67
40213 Düsseldorf
Telefon: (0211) 887 2133
Telefax: (0211) 887 97 2133
http://www.holtzbrinck-schule.de

Institut zur Förderung publizistischen Nachwuchses e. V. (ifp)
Rosenheimer Str. 145 b
81671 München
Telefon: (0 89) 54 91 03-0
Telefax: (0 89) 5 50 44 86
info@ifp-kma.de
http://www.ifp-kma.de

Journalistenschule Ruhr
Schederhofstr. 55-57
45145 Essen
Telefon: (02 01) 8 04-19 60
Telefax: (02 01) 8 04-19 63
http://www.journalistenschule-ruhr.de

Kölner Journalistenschule für Politik und Wirtschaft e. V.
Im MediaPark 6
50670 Köln
Telefon: (02 21) 99 55 87-0
Telefax: (02 21) 99 55 87-79
info@koelnerjournalistenschule.de
http://www.koelnerjournalistenschule.de

MedienCampus Bayern e. V.
Wagmüllerstr. 16
80538 München
Telefon: (0 89) 21 66 91-0
Telefax (0 89) 21 66 91-70
buero@mediencampus-bayern.de
http://www.mediencampus-bayern.de
Master Programm Medien Leipzig (MML)

Mediencampus Villa Ida
Poetenweg 28
04155 Leipzig
Telefon: (03 41) 56 29 67 01
Telefax: (03 41) 56 29 67 91
www.newmediajournalism.net

RTL Journalistenschule für TV und Multimedia
Aachener Str. 1040
50858 Köln
Telefon: (02 21) 4 56-64 00
Telefax: (02 21) 4 56-64 99
info@rtl-journalistenschule.de
http://www.rtl-journalistenschule.de

Weblogs

Crossmedialer Journalismus entwickelt sich in einem rasanten Tempo weiter. Für Journalisten bedeutet dies in erster Linie eines: immer dranzubleiben an diesem Thema. Nachdem ein Buch naturgemäß nur eine Momentaufnahme zu einem bestimmten Zeitpunkt sein kann, werden hier anstatt der obligatorischen Literaturliste einige Weblogs aufgelistet, die sich im weiteren Sinne mit den in diesem Buch beschriebenen Themen beschäftigen. Bitte beachten Sie dabei aber zweierlei: Blogs sind subjektiv und müssen vor diesem Hintergrund eingeordnet werden. Und zweitens ist die sogenannte »Blogosphäre« andauernd in Bewegung. Soll heißen, dass es keineswegs sichergestellt ist, dass die Blogger, die hier zur Lektüre empfohlen werden, zu dem Zeitpunkt, zu dem Sie dieses Buch lesen, auch tatsächlich noch aktiv sind. Zum Zeitpunkt der Drucklegung im Mai 2008 waren sie es jedenfalls.

www.onlinejournalismus.de
Gemeinschaftsblog mehrerer Autoren und Online-Journalisten, die sich mit aktuellen Entwicklungen im digitalen Journalismus beschäftigen.

www.fabianmohr.de/iso800
Der Münchner Journalist Fabian Mohr beschreibt in diesem Blog nicht nur, wie sich multimedialer Journalismus entwickelt, sondern legt dabei auch einen Schwerpunkt auf Fotos und Videos, insbesondere dabei aus dem Bereich multimedialer Reportage und Reportagetechniken.

www.stefan-niggemeier.de/blog
Der Medienjournalist Stefan Niggemeier über alltägliche positive wie negative Entwicklungen im (Multimedia-)Journalismus.

www.blogbar.de
Der Blogger »Don Alphonso« befasst sich in diesem Blog nahezu ausschließlich mit dem Thema Weblogs.

www.buzzmachine.com
Der US-Journalist Jeff Jarvis gehört inzwischen zu den einflussreichsten Medien-bloggern weltweit. Sein Blog »Buzzmachine« zeigt umfassend die Veränderungen auf, die die Digitalisierung vor allem für Journalisten mit sich bringt.

www.blog-cj.de
Das Weblog des Autors Christian Jakubetz.

Index

MENSCHEN MACHEN MEDIEN
ver.di

Die medienpolitische Fachzeitschrift für Journalismus, Verlage, audiovisuelle Medien, Rundfunk und Multimedia

Hiermit bestelle ich, beginnend mit
Monat .... 2008, ... Exemplar(e)
«M» – Menschen Machen Medien.
Der Abonnementpreis beträgt 36,– Euro jährlich.

Ich bin ver.di-Mitglied
(Mitglieds-Nr. ....).
Für mich gilt daher der ermäßigte Bezugspreis
von 18,– Euro.
Sollte ich nicht bis zum 15. November des
Bezugsjahres schriftlich beim Verlag kündigen,
läuft mein Abonnement weiter.

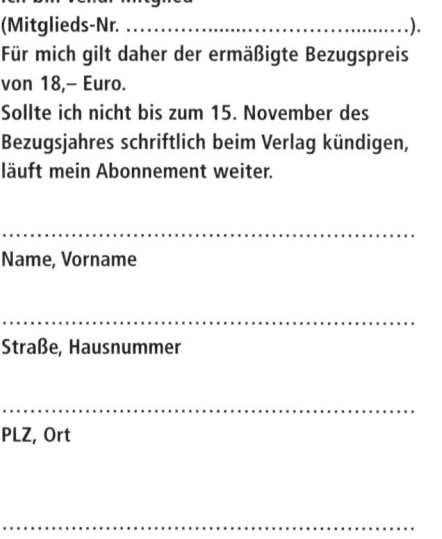

....
Name, Vorname

....
Straße, Hausnummer

....
PLZ, Ort

....
Datum und
Unterschrift

Die Fachzeitschrift «M»
ist exklusiv, denn:
«M» gibt es nicht am Kiosk!

Probeheft und Abonnement:
Verlagsgesellschaft
W. E. Weinmann,
Postfach 1207,
70773 Filderstadt
Tel. 0711 / 700 15 30
oder per Abo-Formular bei:
http://mmm.verdi.de/

Rechtlicher Hinweis:
Ich kann diese Bestellung
binnen sieben Tagen
widerrufen. Zur Wahrung
der Frist genügt die
rechtzeitige Absendung
(Poststempel) an:
Verlagsgesellschaft
W.E. Weinmann mbH,
Postfach 1207,
D – 70773 Filderstadt.

....
Datum

....
Unterschrift
(für Widerrufsrecht)